大学生思想政治教育协同研究

肖慧 著

中国社会科学出版社

图书在版编目（CIP）数据

大学生思想政治教育协同研究/肖慧著—北京：中国
社会科学出版社，2023.11
ISBN 978 - 7 - 5227 - 2704 - 2

Ⅰ.①大… Ⅱ.①肖… Ⅲ.①大学生—思想政治
教育—研究—中国 Ⅳ.①G641

中国国家版本馆 CIP 数据核字（2023）第 195010 号

出 版 人　赵剑英
责任编辑　杨晓芳
责任校对　李　锦
责任印制　王　超

出　　版　中国社会科学出版社
社　　址　北京鼓楼西大街甲 158 号
邮　　编　100720
网　　址　http://www.csspw.cn
发 行 部　010 - 84083685
门 市 部　010 - 84029450
经　　销　新华书店及其他书店

印　　刷　北京明恒达印务有限公司
装　　订　廊坊市广阳区广增装订厂
版　　次　2023 年 11 月第 1 版
印　　次　2023 年 11 月第 1 次印刷

开　　本　710×1000　1/16
印　　张　17.5
插　　页　2
字　　数　220 千字
定　　价　89.00 元

序　言

　　肖慧博士的武汉大学法学博士学位论文《大学生思想政治教育协同研究》即将改编成书，由中国社会科学出版社出版。作者嘱我为其作序，作为她的论文指导老师，我欣然应允。

　　2014年9月，肖慧在武汉大学在职攻读高校辅导员思想政治教育专业专项博士学位。因为有11年的高校辅导员工作经历，再加上她之前参与了高校辅导员专项计划的学习，按照学校培养大纲，对辅导员思想政治教育专项博士的培养更倾向于结合工作实际开展研究。所以，对于她提出的结合辅导员工作开展大学生思想政治教育协同研究的想法，我比较赞同。这也是我一直关注的领域。作为一名思政课教师，我也经常思考如何去做好大学生思想政治教育协同。所以，深入开展大学生思想政治教育协同研究也是我的一个愿望。学生愿意去尝试研究，将理论与实践有机结合，是一次不错的尝试。于是，2016年年底，肖慧便开始了《大学生思想政治教育协同研究》课题的研究。但是，这个题目真正写起来还是有一定难度的。一方面，"协同"理论涉及很多管理科学的内容，如协同论，理论理解起来有一定的难度，想要阐述清楚，并用它来分析、指导大学生思想政治教育协同实践更是难上加难，且可供借鉴的研究成果并不多。另一方面，高校关于开展大学生思想政治教育协同的提法很多，但实践层面可供参考的经验比较有限，需要作者本人结合工作实践慢慢揣摩与探寻。好在肖慧本人有一定的工作经验，也是管理学出身，这为她开展本课题的研究奠定了比较坚实的基础。经过两年的认真撰写和无数次修改打磨，肖慧的博士论文《大学生思想政治教育协同研究》终于定稿并顺利通过了校外专家盲审以及校内毕业论文答辩。

文章写作思路清晰，结构完整。首先，作者运用协同学理论阐述了什么是大学生思想政治教育协同以及大学生思想政治教育协同的特点和作用。接着，作者运用发生学理论探讨了大学生思想政治教育协同形成的主客观条件，其中主观条件包括主体强烈的协同意愿、科学的共享观念、开放的育人思维、良好的沟通素质、高效的团队协作；客观条件包括政策引导、社会需要、科技推动、学科支撑、机制保障。然后，作者结合大学生思想政治教育协同实践，阐述了大学生思想政治教育协同构成的四要素——协同主体、协同目标、协同动力、协同环境，揭示了大学生思想政治教育协同的样态及规律，重点对大学生思想政治教育智库协同、校企协同、网络协同、高校联盟协同和高校内部协同进行了探讨和分析。最后，作者借鉴帕森斯结构功能主义理论的主要思想，从协同的资源条件、影响力、管控水平和文化基础四个维度构建了协同的评价指标体系，并对实践检验法、目标检测法、专家评价法和层次分析法四种评价方法的实施步骤和优缺点进行了阐述和分析。通读文章，看得出作者在写作中下了很大的功夫，不仅有对文献的大量阅读，更有对自己工作实践的反思，在一定程度上丰富了大学生思想政治教育协同的研究，也为开展大学生思想政治教育协同实践提供了宝贵的借鉴。

　　总之，肖慧博士的《大学生思想政治教育研究》，对于大学生思想政治教育协同理论和实践都有较为细致的考察，为深入开展大学生思想政治教育协同研究提供了比较丰富的学术资源。但是由于本书出版距离肖慧博士毕业已经 5 年，关于大学生思想政治教育协同的理论研究又有了新的进展，关于大学生思想政治教育协同的高校实践又有了新的特点，希望作者能够继续耐住性子，认真、细致地进行延续性的研究，也希望她能够有更多的作品面世。作为她的导师，我郑重向各位读者推荐本书。是为序。

倪素香

2023 年 6 月 18 日

目录

CONTENTS

绪 论 ……………………………………………………………（1）

  第一节 选题缘由及研究意义 …………………………………（1）

  第二节 国内外研究现状述评 …………………………………（9）

  第三节 研究思路、方法与创新点 ……………………………（39）

第一章 大学生思想政治教育协同的内涵特点和作用 …………（43）

  第一节 大学生思想政治教育协同的内涵 ……………………（43）

  第二节 大学生思想政治教育协同的特点 ……………………（56）

  第三节 大学生思想政治教育协同的作用 ……………………（72）

第二章 大学生思想政治教育协同的形成条件 ………………（84）

  第一节 大学生思想政治教育协同形成的主观条件 …………（84）

  第二节 大学生思想政治教育协同形成的客观条件 …………（106）

第三章　大学生思想政治教育协同的构成要素 ················ （125）

第一节　协同主体 ······································· （126）

第二节　协同目标 ······································· （143）

第三节　协同动力 ······································· （150）

第四节　协同环境 ······································· （155）

第四章　大学生思想政治教育协同的方式 ·················· （163）

第一节　大学生思想政治教育智库协同 ··············· （163）

第二节　大学生思想政治教育校企协同 ··············· （173）

第三节　大学生思想政治教育网络协同 ··············· （182）

第四节　大学生思想政治教育高校联盟协同 ·········· （191）

第五节　大学生思想政治教育高校内部协同 ·········· （203）

第五章　大学生思想政治教育协同的评价 ·················· （212）

第一节　大学生思想政治教育协同评价指标体系 ········· （212）

第二节　大学生思想政治教育协同评价方法 ············ （228）

结　语 ·· （240）

主要参考文献 ··· （243）

致　谢 ·· （267）

绪　　论

第一节　选题缘由及研究意义

一　选题缘由

我们党长期以来高度重视大学生思想政治教育工作，并致力于通过理念创新、制度革新、载体更新、平台焕新来探索建立全员、全过程、全方位的三全育人格局，不断提升大学生思想政治教育的科学性和实效性。特别是 2004 年以来，为加强和改进大学生思想政治教育，党中央颁布了一系列文件，着力于整合大学生思想政治教育资源，形成大学生思想政治教育合力，标志着党中央对大学生思想政治教育协同问题的重视进入了一个新的阶段。

2004 年 10 月，中发〔2004〕16 号文《关于进一步加强和改进大学生思想政治教育的意见》指出："面对新形势、新情况，大学生思想政治教育工作还不够适应，存在不少薄弱环节。"同时，文件还指出加强和改进大学生思想政治教育必须遵循一些基本原则，坚持做好六个结合：教书与育人相结合、教育与自我教育相结合、政治理论教育与社会实践相结合、解决思想问题与解决实际问题相结合、教育与管理相结合、继承优良传统与改进创新相结合。2008 年，为深入贯彻党的十七大精神，切实落实〔2004〕16 号文件，充分发挥"两课"在大学生思想政治教育中的主渠道作用，中宣部、教育部出台了《关于进一步加强高等学校思想政治理论课教师队伍建设的意见》（教社科〔2008〕5 号），指出："要建立开放、灵活的人才配置机制……探索建立校际之间的教学协作机制……形成网上网下教学互动、校内校外资源共享。"2012 年 3 月，教育部、财政部联合颁发了《关于实施高等学校创新能力提升计划的意见》，该意见旨在突破高校机制体制的内外部壁垒，充分释放人才、教育平台、教育载体、教育资源等创新要素活力。在此之后，关于协同创新、建立协作机制的提法越来越频繁。同年 8 月，中国人民大学在我国成立首个马克思主义协同创新中心——马克思主义与中国道路协同创新中心。随后，马克思主义理论与中国实践协同创新中心、社会主义核心价值观协同创新中心、马克思主义理论与区域实践协同创新中心等中心如雨后春笋般应运而生。这些协同中心为新时期开展大学生思想政治教育提供了新的思路。依托全社会力量来开展大学生思想政治教育成为一种趋势。2015 年 1 月，中共中央办公厅、国务院办公厅印发《关于进一步加强和改进新形势下高校宣传思想工作的意见》，指出了加强和改进新形势下高校宣传思想工作的基本原则，"坚持齐抓共管、形成合力。推动校内外协同配合、全社会支持参与，构建高校宣传思想工作新格局"赫然在列。同时，文件也把"立足学生全面发展，努力构建全员全过程全方位育人格局，形成教书育人、实践育人、科研育人、管理育人、服务育人长效机制……努力办好人民满意教育"作为加强和改进新形势下高校宣传思想工作的主要任务之一。2016 年 12 月，习近平总书记在全国高校思想政治工作会议上强调："各级党委要把高校思想政治工作摆在重要位置，加强领导和指导，形成党委统一领导、各部门各方面齐抓共管的工作格局。"2017 年 2 月，中发〔2017〕31 号文件再次强调要坚持全员全过程全方位育人，把思想价值引领贯穿教育教学全过程和全环节，形成教书、科研、实践、管理、服务、文化、组织多维育人的长效机制。2017 年 12 月，中共教育部党组《高校思想政治工作质量提升工程实施纲要》颁布，详细规划了课程、科研、实践、文化、网络、心理、管理、服务、资助、组织等"十大育人"体系的实施内容、载体、路径和方法，为开展大学生思想政治教育协同提供了坚实支撑。2020 年 4月，教育部等八部门《关于加快构建高校思想政治工作体系的意见》指出："加快构建目标明确、内容完善、标准健全、运行科学、保障有力、成效显著的高校思想政治工作体系。"2021 年 7 月，中共中央、国务院印发《关于新时代加强和改进思想政治工作的意见》，再次提出"推动新时代思想政治工作守正创新发展、构建共同推进思想政治工作的大格局"。

在以上文件和论述中，大学生思想政治教育协同的准确概念虽然没有被明确提出，但协同的思想一直内蕴其中，溢于言表。特别是近 5年，关于协同育人、"三全育人"的倡导和提法日益增多，树立大学生思想政治教育协同意识的呼声也越来越强烈。新时期，如何践行与发展协同新理念，探索大学生思想政治教育协同的运行方式与运行机制，逐步增强大学生思想政治教育的整体合力，值得所有思政人深思并为之努力。

与此同时，我们也看到党中央对大学生思想政治教育协同的认识经历了从简单到复杂、从不完善到逐步完善的过程。认识的不断深化也在一定程度上反映出大学生思想政治教育协同的复杂性、长期性和艰巨性。事实上，当我们仔细回顾大学生思想政治教育协同发展的过程，立足于大学生思想政治教育实践的历史来认真审视当前的大学生思想政治教育工作，我们不得不承认大学生思想政治教育协同依然任重而道远。

首先，从教育主体角度看，大学生思想政治教育主体协同尚未有效形成。高校人才培养需要多部门齐抓共管、配合联动。尽管中发〔2004〕16 号文明确规定了大学生思想政治教育队伍的主体包括高校党政干部、共青团干部、学生辅导员、班主任、思想政治理论课教师、哲学社会科学课教师，但在实际工作运行中这几支队伍却鲜有交集，相互分离和各自为政成为大学生思想政治教育的常态，各协同主体的联动机制尚未有效建立。党政干部和共青团干部把握着校园的政治方向，负责大学生的思想引领和校园文化氛围的营造，对学生日常事务关注不多；思政课教师往往忙于繁重的教学工作，缺少对大学生关注的现实问题的回应，因此难以调动大学生理论学习的兴趣和积极性，课程效果不甚理想；辅导员队伍苦于思想政治教育理论功底薄弱，对学生的引导教育缺少理论支撑，难以解决学生深层次的思想问题。同时，繁重琐碎的事务性工作以及重于泰山的安全责任也严重消磨着辅导员的意志，不利于构建辅导员的职业认同。大学生日常思想政治教育从某种程度上说流于形式。这种局面不仅大大削弱了思想政治教育的效果，也不利于学校整体育人氛围的形成。

其次，从教育对象角度看，大学生思想状况和特点的新变化对大学生思想政治教育协同提出了更高的要求。以"00 后"为主体的大学生群体中，独生子女的比重很高。他们中的大多数人能够较为客观地分析和评价自身的优势与不足，对未来持有积极乐观的态度，勇于挑战现实，具备较好的心理素质。但与此同时，极少数"00 后"大学生在心理素质上也表现出抗挫折能力与情绪控制能力较弱的特点。由于学生抗挫折能力和情绪控制能力较弱，学业和就业方面的压力也极容易造成大学生人生观、价值观的扭曲，引发大学生严重的心理问题，给高校校园安全带来隐患。而追根溯源，学生心理问题的产生往往与原生家庭有着千丝万缕的联系，甚至在很大程度上源于家庭支持系统的弱化和缺失，就业问题的解决更需要依靠企业和社会的力量。家庭、社会和学校若不能形成合力，大学生群体所集中关心和关注的问题很难得到重视和卓有成效的解决，思想政治教育的最终效果也将大打折扣。

最后，从教育环境角度看，大学生思想政治教育协同的环境有待进一步优化。当前世界面临百年未有之大变局，国内政治、经济、社会环境也都在发生巨大的变化。经济体制变革、社会结构调整、利益格局变动以及思想观念多元多维变化，增加了大学生思想政治教育的难度。市场经济的自私自利与学校倡导的集体主义形成鲜明对比。特别是以互联网、大数据和人工智能为代表的信息技术的全面渗透，使大学生思想政治教育的环境更加复杂化。如何推动大学生思想政治教育的传统优势与信息技术有效融合，将影响大学生思想政治教育的互联网最大变量变成助力培养中国特色社会主义事业建设者和接班人的最大增量，优化思想政治教育的整体环境，营造良好的社会舆论氛围，值得所有思政人为之思考并付诸努力，更需要全社会的共同努力。同时，在高校内部，教师、管理人员、后勤服务人员三支队伍协同关心支持大学生思想政治教育的氛围还不太浓厚，思想政治教育贯穿于教育教学全过程的理念尚未形成，育德工作举步维艰。提起思想政治教育，众多老师的直观感觉便是"这是马克思主义学院老师或者学工的事，与自己无关"。建立思想政治教育协同的长效机制任重而道远。

综上所述，新时期，要加强和改进大学生思想政治教育工作，必须强化主体间的协同。从系统科学的角度来看，系统整体功能的有效发挥，依赖于系统要素按照一定的机理相互作用。大学生思想政治教育系统本身就是一个复杂系统，是多种因素相互联系、相互影响和相互作用的整体。要进一步实现思想政治教育系统的整体功能，就必须综合借鉴和运用系统论、协同论的相关观点，建立起大学生思想政治教育各要素的有效协同。当前，大学生思想政治教育协同理论研究还很薄弱，难以对大学生思想政治教育协同实践提供有效指导。因此，全面梳理并整合关于协同研究的相关内容，深入探讨大学生思想政治教育协同，不仅必要，而且迫切。正是基于以上时代特点、理论指引和实践需求，笔者决定开展大学生思想政治教育协同研究，希望尽自己的最大努力，为新时代大学生思想政治教育提供积极的理论指导与实践参考。同时，以此研究来反思和总结自己多年的大学生思想政治教育实践工作，不断推进大学生思想政治教育的新发展。

二　研究意义

深入研究大学生思想政治教育协同是贯彻落实党中央系列文件精神的重要体现。它不仅是对大学生思想政治教育现实问题深刻反思的现实需要，也是对时代发展提出的新情况、新问题的积极回应，具有重要的理论意义和实践意义。

（一）理论意义

1. 有助于丰富大学生思想政治教育的宏观理论

思想政治教育是一门交叉性和综合性极强的学科。学科的发展应积极借鉴和吸收相关学科的研究成果和前沿理论，取人之长补己之短，以不断丰富和完善学科的理论体系。大学生思想政治教育也不例外。当前，专家学者关于大学生思想政治教育的研究更多是借鉴教育学、伦理学和心理学等相关学科的理论内容，在其他学科的借鉴方面略显不足。本书的研究将系统学、协同学、管理学相关理论和研究成果运用于其中，是对过去一直在教育学、伦理学和心理学领域寻找大学生思想政治教育理论基础的大胆突破，有助于进一步拓展、深化和完善大学生思想政治教育的宏观理论。

2. 有助于拓宽大学生思想政治教育协同研究视野

思想政治教育协同是一个复杂系统，既需要顶层设计、系统推进，又需要立足实践、层层探讨；既需要对过去大学生思想政治教育协同成效和经验进行梳理和总结，又需要结合时代发展需要进行创新和发展。本书的研究立足大学生思想政治教育协同研究的既有理论和成果，从协同的内涵特点、构成要素、形成条件、方式及评价等方面来揭示协同的内在规律，有助于夯实大学生思想政治教育的理论基础，提高大学生思想政治教育协同研究的整体水平。

3. 有助于促进大学生思想政治教育协同的科学化

自中共中央国务院〔2004〕16号文件实施以来，各高校逐步意识到大学生思想政治教育在国家社会发展中的极端重要性，坚持立德树人，不断创新大学生思想政治教育的理念、理论、内容与方式方法，有力地提升了大学生思想政治教育的科学化水平。全员育人、全过程育人、全方位育人的基本局面逐渐形成。但在大学生的思想政治教育协同实践领域依然暴露出很多问题。本书的研究旨在回应大学生思想政治教育协同实践应用中的重大现实问题，有利于提高大学生思想政治教育协同的科学化水平，为其提供学术支撑和有益借鉴。

（二）实践意义

1. 有助于推进全员育人、全过程育人、全方位育人局面的形成

理论研究是为了更好地指导实践的开展，提升实践能力。对于大学生思想政治教育协同的研究，并不仅仅是为了从理论上分析和阐述大学生思想政治教育协同的要素、形成条件和作用方式，进一步完善思想政治教育的理论体系；更是为了进一步将理论运用于教育协同实践，不断推进协同育人局面的形成。从《关于进一步加强和改进大学生思想政治教育的意见》（中发〔2004〕16号文）到《关于进一步加强和改进新形势下高校思想政治工作的意见》（中发〔2017〕31号文），2021年中共中央、国务院印发的《关于新时代加强和改进思想政治工作的意见》，党中央出台了众多文件来推进协同，不断拓展大学生思想政治教育协同的广度和深度。但协同的效果并不太理想。本书的研究揭示了大学生思想政治教育协同的规律性，回答了协同如何形成、以何种方式开展以及效果如何评估等一系列问题，具有较强的操作性，相信对全员育人、全过程育人、全方位育人局面的形成具有较好的推动作用。

2. 有助于提升大学生思想政治教育协同工作的系统性和科学性

从协同学的理论视域来看，大学生思想政治教育是个庞大复杂的系统。高校教师、宣传、学工、教务等要素系统自成体系、相互独立。但在实际工作中，这些要素系统都有着相同的价值取向，共同服务于高校立德树人的根本任务，都着力于培养能够勇于担当民族复兴大任的时代新人。因此，推进大学生思想政治教育协同，形成同向同行、协调互补的大思政格局，是提升大学生思想政治教育亲和力和获得感

的必然举措。但是，由于大学生思想政治教育协同具有多主体性、多环节性，在大学生思想政治教育实践中，各要素、环节、功能之间协调和配合的程度还不是很高，这也导致大学生思想政治教育的整体功能尚未有效发挥。要提升大学生思想政治教育协同工作的针对性和实效性，必须全面把握大学生思想政治教育协同各子系统、要素之间的关系，使它们协同作用，形成合力，发挥 $1+1>2$ 的协同效应。本书将大学生思想政治教育协同看作一个整体，从系统论、协同论的视角来探讨大学生思想政治教育协同的形成机理及作用方式，有利于有效指导大学生思想政治教育协同实践，着力提升思想政治教育协同实践的效果，推动思想政治教育协同工作的落地。

第二节　国内外研究现状述评

一　国外研究现状述评

"协同"一词由德国著名物理学家哈肯于 1971 年提出，后广泛应用于社会学、经济学、教育学领域。当前，国外学者对大学生教育协同的研究主要集中于思想政治教育领域。具体来说，包括以下几个方面。

（一）关于德育主体协同的研究

国外特别重视教育主体之间的协同，与之相对应的术语有"家校合作""协同教学""协同教育"等。由于德育是教育的重要组成部分，所以在此首先对以上相关理论的观点进行一些梳理。比较有代表性的理论是重叠影响阈理论、共同责任理论以及和谐教育理论。

重叠影响阈理论认为，"家庭、学校与其他社会组织对于孩子的发展的影响力是重叠且不断累积的，将持续地影响不同年龄、年级学生的成长"①。因此，家庭、学校以及其他社会机构都应注意其对孩子的教育责任，加强彼此之间的联系与合作，以更好地发挥合成的影响力。在这方面，共同责任理论也持有相同的观点。他们承认家庭和学校教育在学生教育体系建设中的重要作用，认为家长和教师在对子女的教育方面负有共同的责任，教师和家长应重视双向的沟通，保持紧密的联系，并随时准备为学生的学习进步采取介入行动。这种共同责任体现在家长协助学校履行责任以及教师支持家庭履行责任两个方面。除了以上两个学派，和谐教育理论学派也比较系统地阐述了主体协同的观点。其代表人物是苏霍姆林斯基。他强调教育是项系统工程，多位施教主体应该和谐共处。在"塑造"人的系统工程中，有七位"雕塑家"共同参与，他们分别是教师个人、师生集体、父母和家庭、亲朋戚友、街头伙伴、书籍和传媒以及受教育者个人。而要协调各方力量，就必须有一个总指挥。这个总指挥就是学校，亦即校长和教师。② 以上理论学派为德育主体协同研究奠定了坚实的基础。

（二）关于德育情境协同的研究

情境性是学习的根本特征。正是在与具体情境的相互作用中，学习者得以实现对情境的适应。也正因如此，西方道德教育理论特别重视情境在德育中的作用。进步主义代表杜威认为道德的发展取决于有

---

① 杨启光：《重叠影响阈：美国学校与家庭伙伴关系的一种理论解释框架》，《外国教育研究》2006 年第 2 期。

② 王义高：《和谐教育——苏霍姆林斯基的"和谐教育"核心思想解读》，《比较教育研究》2008 年第 4 期。

机体与环境的相互作用，"教育并不是强制儿童静坐听讲和闭门读书，教育就是生活、生长和经验改造"①。在这个过程中，环境对未成年人智力和道德倾向产生着重要的影响。"社会环境能通过个体的种种活动塑造个人行为的智力的和情感的倾向。这些活动能唤起和强化某些冲动并具有某种目标和承担某种后果。"②而学校环境的职责就是优化环境，尽力排除环境中的不利因素对儿童心理习惯的影响并创造一个崭新的环境来保证每个个体突破原来环境的限制，实现个体的个性化发展。

认知学派代表科尔伯格继承了杜威关于道德和环境的思想，承认了个人和社会之间的关联性，认为"道德发展源自社会情境中的社会性相互作用"③。儿童道德的成熟在于儿童道德判断能力的提升。而道德判断能力提升的关键在于儿童与社会之间积极的相互作用和儿童对社会情境中提出的众多道德问题的审慎考量。同时，他还指出了"道德教育的目的是促进道德的阶段性发展，而不是灌输特定学校、教会和国家的固定的习俗"④。社会学习理论代表班杜拉"从社会学习交互论原理出发，把人的道德品性的形成与发展看作是个人在与环境相互作用中的社会化过程"⑤。他认为儿童道德行为可以通过社会学习即观察学习和模仿学习获得，其影响因素也是多样化的，包括环境、客观

① ［美］约翰·杜威：《民主主义和教育》，王承绪译，人民教育出版社 2014 年版，第 14 页。
② ［美］约翰·杜威：《民主主义和教育》，王承绪译，人民教育出版社 2014 年版，第 22 页。
③ Kohlberg, L. and Mayer, R., "Development as the Aim of Education", *Harvard Educational Review*", Vol. 42, No. 4, November 1972, p. 455.
④ Peters, R. S., *Authorit, Responsibility, and Education*, London: Allen and Unwin, 1973, p. 155.
⑤ 沈莉萍：《试论班杜拉社会学习理论的道德发展观》，《教育探索》2001 年第 1 期。

条件、社会文化关系以及榜样强化等。20 世纪 80 年代的品格教育复兴运动，虽然流派众多，但都强调课堂和学校氛围对德育的影响，强调合作学习、团体环境对儿童品格形成的影响，"已有研究证明：品格是通过严明的纪律和有秩序的课堂与学校氛围形成并加强的，合作学习方法和公正团体环境对学生品格的影响说明学生可以与团体相联系的动力结构促进学生积极品格的发展"[1]。此外，苏联教育家苏霍姆林斯基也特别强调环境在道德教育中的作用，提出了"让学校的墙壁也说话"的主张。

（三）关于德育方法和载体协同的研究

在德育方法和载体协同方面，威尔逊强调直接方法和间接方法的有机结合，主张把道德教育作为一门正式的、专门的学科向学生开放，并将道德的直接教学与社会活动融为一体。同时，他主张把"家庭模式"引入学校道德教育体系。"这种方法是为了使儿童从家庭自然过渡到社会而设计的，体现了学校在联结家庭和社会中的桥梁作用。它要求学校既要体现家庭独特的教养方式，又要体现社会对未来儿童的要求。"[2] 杜威则强调知行合一，从做中学，并把"在活动中培养儿童道德品质"作为德育的重要原则。同时，他主张教师要根据儿童的心理特点科学设计活动内容，并以参与者或伙伴的身份取代监督者或旁观者的身份，让儿童在不知不觉中受到教育；各学科要把道德的目的作为教学的共同的和首要的目的，把各科目作为理解社会生活方式的手段，从而使教学成为道德教育的重要环节。"在杜威看来，地理、历

---

[1] Leming, J. S., "In Search of Effective Character Education", *Educational Leadership*, 51. November 1993, p. 69.

[2] 戚万学：《冲突与整合——20 世纪西方道德教育理论》，山东教育出版社 1995 年版，第 267 页。

史、数学等学科的教材，都应与生活紧密结合，绝不该和社会现实绝缘，否则教学纵有学术价值，对德育也起不到作用。"① 这与我们今日的全员育人、全过程育人、全方位育人具有异曲同工之妙。此外，杜威认为教材、方法和行政或管理是学校工作的三个主体，三者是有机统一的整体。教材为德育提供了共性的经验，方法为教材达到各种目的进行有效的指导。

苏霍姆林斯基强调课堂学习与"精神生活"的有机统一。他认为课堂学习和课外学习没有主次之分，课堂学习不过是"教育"这整朵花上的花瓣，"只有通过丰富的精神生活，也即让学生在多方面、多领域充分表现自己的天赋、兴趣、爱好、特长，才能促进个性全面发展，挖掘个人天赋才能，保证学习富于成效"②。品格教育流派也极力主张在各科教学中进行品格教育活动，凸显活动的道德教育价值，"品格教育无论发生在何处，都必须给青年人提供各种不同的机会去行动，去实践他们正在形成的价值观和理想，根据他们的道德经验去思考他们认为有价值的东西"③。品格教育流派主张学校应坚持特色办学，尊重学生人格，让学生拥有更多的自由活动时间和自主学习时间。"学生的教养、精神上的发展、道德品质的形成等许多方面都依赖于在课外时间里获得。学生的素质和天资也只有他每天有时间从事自行选择的喜爱的活动时，才能得到发挥。"④ 此外，美国波士顿大学教授瑞安在总

① ［美］约翰·杜威：《民主主义和教育》，王承绪译，人民教育出版社 2014 年版，序第 31 页。

② 王义高：《和谐教育——苏霍姆林斯基的"和谐教育"核心思想解读》，《比较教育研究》2008 年第 4 期。

③ Kevin, R., and Mcleans, G. F., *Character Development in Schools and Beyond*, New York：Praeger Publishers, 1987, p. 26.

④ 徐元怀：《苏霍姆林斯基"和谐教育"思想对校长工作的启示》，《学校党建与思想教育》2012 年第 23 期。

结第二次世界大战后美国道德教育得失的基础上，提出了根植于古典教育思想的5E新道德教育方法（榜样、解释、劝诫、环境、体检），旨在通过不同方法的组合，提升道德教育的针对性。

除了以上理论中渗透的关于德育协同的思想，国外思想政治教育机制建设在国家全面干预、政府指导调控、社会政策引导、社会广泛参与、隐性活动教育、环境营造、参与社会行动、寻求国际合作8个方面也还有一些好的内容值得我们借鉴。但这些理论的产生都有特定的时代背景，对新时期我国大学生思想政治教育协同研究缺乏较强的指导性。本书的研究将立足于我国的国情，注重协同的时代化和本土化特征。

二　国内研究现状述评

2018年以前，国内学界对大学生思想政治教育协同的研究较少，文献资料也比较有限。2018年后，大学生思想政治教育协同研究日益丰富。为了更好地反映国内对大学生思想政治教育协同研究的现状，考虑到学者们对协同的研究已经涵盖了协同研究的事实，本书特扩大文献搜索的范围，对"大学生思想政治教育协同"相关文献进行梳理。

（一）大学生思想政治教育协同研究文献统计分析

在中国国家图书馆·中国国家数字图书馆官方网站以"思想政治教育""思想政治工作""学生工作""德育"并含"协同"为检索词进行检索，共检索到书籍五部。《高校思想政治理论课教师与辅导员队伍协同育人优化研究》一书系统分析了两支队伍协同育人的理论基础，认真梳理了自新中国成立以来我国高校两支队伍协同育人的发展历程及其主要启示，并选取多所高校开展了扎实细致的实证调研，掌握了大量新鲜的第一手资料，运用相关数理软件，深入分析了当前高校两支队伍协同育人取得的主要成绩、现实困境，并剖析了深层次原因，提出了两支队伍协同育人面临的新时代机遇、基本原则和行之有效的路径选择。《高校思想政治教育协同育人研究》一书旨在探究高校思想政治教育主渠道与主阵地的协同育人问题，明确科学内涵，追溯理论渊源，遵循规律依托，夯实实践基础，实现主体构建，强化思维创新，明晰基本路径。构建新时代的大学生思想政治教育协同育人体系，更好地落实高校立德树人的根本任务。《高校思想政治教育和创新创业教育协同育人研究》一书分析了高校学生创新创业形势，重点分析了高校思想政治教育与创新创业教育协同育人的必要性、可行性，提出高校思想政治教育与创新创业教育协同育人的路径。《高校德育的协同及其实践研究》一书以西北师范大学的德育实践为例，结合其他高校在德育方面的成功经验，以马克思主义关于人的全面发展的理论为指导，着重研究了高校与社会以及高校内部各机构、各部门在大学德育工作中的协同建构、协同育人作用发挥等方面的问题，共收集论文36篇。《协同理论视域下的高校大学生思想政治教育工作机制优化研究》一书依托管理协同及教育管理理论，从制度优化的目标着手，在分析当前高校大学生思想政治教育制度化建设存在的问题及其原因基础上构建高校大学生思想政治教育制度化体系，并提出了优化协同理论视域下的大学生思想政治教育工作机制的现实路径，即树立理念、完善制度、构建平台、培育环境。①

---

① 郑吉春：《协同理论视域下的高校大学生思想政治教育工作机制优化研究》，科学出版社2016年版，序。

学位论文方面，在中国知网数据库以"思想政治教育协同"为主题词进行检索，共检索到相关学位论文 390 篇，其中博士学位论文 147 篇，硕士学位论文 243 篇。这些论文大多发表在 2018 年后。2018 年前，仅仅搜到 1 篇博士学位论文——李晓莉博士的《思想政治教育协同创新研究》①。该论文从协同论的理论视域出发，探讨思想政治教育协同创新的理论基础、价值引领、参与主体、发展动力等问题，旨在构建思想政治教育协同创新理论体系，探寻思想政治教育向发展型、人文化、资源整合型现代教育转变的创新发展之路。当前最新的一篇博士学位论文——崔晓丹博士的《大学生思想政治教育主渠道与主阵地协同研究》②，将思想政治理论课教学和日常思想政治教育定义为"主渠道"与"主阵地"，分析了稳步推进主渠道与主阵地协同的一些现实困境，在确立基本原则和明确目标要求的前提下，提出把握协同育人推进的具体策略。

为了客观反映大学生思想政治教育协同的研究情况，本书主要运用文献计量法、内容分析法对学术期刊的研究现状进行研究和分析，探讨大学生思想政治教育协同研究的现状。

1. 文献情况统计分析

本书所有文献资源均来自中国知网，数据的获取通过以下步骤完成。第一步：以篇名为检索项，然后分别以"思想政治教育""思想政治工作""学生工作""德育"并含"协同"为检索词对中国学术期刊网络出版总库所收录的 2000—2022 年发表的论文进行主题检索，得到

---

① 李晓莉：《思想政治教育协同创新研究》，博士学位论文，兰州大学，2016 年。
② 崔晓丹：《大学生思想政治教育主渠道与主阵地协同研究》，博士学位论文，北京科技大学，2021 年。

期刊论文 8966 篇，其中以"思想政治教育"并含"协同"检索得到文献 4617 篇，以"思想政治工作"并含"协同"检索得到文献 1041 篇，以"学生工作"并含"协同"检索得到文献 445 篇，以"德育"并含"协同"检索得到文献 2863 篇；在此之中，核心以及 CSSIC 期刊，以"思想政治教育"并含"协同"检索得到文献 773 篇，以"思想政治工作"并含"协同"检索得到文献 209 篇，以"学生工作"并含"协同"检索得到文献 48 篇，以"德育"并含"协同"检索得到文献 354 篇。第二步：通过进一步核查关键词、摘要、参考文献和正文信息，排除大学生思想政治教育协同领域以外的论文（包括书评、研讨会议通知）22 篇，剩余 196 篇期刊论文，其中核心及 CSSIC 期刊 51 篇。第三步：统计论文发表年度、学科、基金项目、作者及机构来源等信息，建立文件基本情况数据库。

2. 论文数量分析

在中国知网数据库中检索"大学生思想政治教育协同"，共得到相关文献 1126 篇，其中学术期刊 686 篇，学位论文 322 篇，会议论文 7 篇。以年度论文发表数量为统计项，我们发现各年度发表的论文呈逐年上升趋势，可大致划分为三个发展阶段：2005—2009 年是第一个阶段，在此阶段共发表相关文献 30 篇，表明在此时期关于大学生的思想政治教育的协同问题还没有引起学界足够的重视；2010—2016 年是第二阶段，在此阶段发表相关论文 239 篇，2014—2016 年连续三年论文数量都维持在 30 篇以上。导致这一趋势形成的可能原因在于"2011 计划"（即"高等学校创新能力提升计划"）的出台、一大批马克思主义协同创新中心的建立，凸显了政府对高校协同创新的重视，也引发了理论学者们对大学生思想政治教育协同问题的广泛关注。同时，党的十八届五中全会对"创新、协调、绿色、开放、共享"五大发展理念的创造性提出，为大学生思想政治教育协同研究提供了新的契机。2017—2022 年是第三阶段，这一阶段论文数量明显增加，在此阶段发表相关论文 833 篇，平均每年均稳定在 100 篇以上。

3. 学科类别分析

从学科类别来看，这些文献主要集中在高等教育、中国共产党、职业教育、教育理论与教育管理等学科，其中 1081 篇文献属于高等教育学科，占比 86.55%；67 篇文献属于中国共产党学科，占比 5.36%；31 篇文献属于职业教育学科，占比 2.48%；22 篇文献属于教育理论与教育管理学科，占比 1.76%（以上数据可能涉及学科交叉，重复计算）。以上分析表明，关于大学生思想政治教育协同的研究主要集中于高等教育领域，而在思想政治教育领域尚未引起足够的重视。这也为本书后续的研究提供了广阔的空间。

4. 基金项目分析

从论文受基金项目资助的情况来看，整体态势并不理想。1126 篇文献中仅有 142 篇得到基金项目的资助，在文献总样本中占比非常低，仅为 1%。其中江苏省教育厅高等学校哲学社会科学资助的基金项目有 25 篇，国家社会科学基金项目有 24 篇，教育部人文社会科学研究项目有 16 篇，这也说明大学生思想政治教育协同理论研究尚未引起足够的重视。而从论文分布年份来看，比较分析三项基金项目发表的文献，从 2016 年开始整体呈现上升的趋势，这又从另一个角度说明大学生思想政治教育协同问题研究状况在 2016 年后有所改观。

5. 作者及机构来源分析

从第一作者来源来看，相关文献作者分布较为广泛，涉及人次较多，发表文献4篇的有2人，分别是上海中医药大学的王鑫（4篇），泰州职业技术学院的王春燕（4篇）；发表论文3篇的有8人，发表论文2篇的有20人（据不完全统计）。从作者来源机构的统计来看，发表3篇论文的高校仅有河海大学、北京师范大学珠海分校、长沙理工大学、石河子大学、西安交通大学、昆山登云科技职业学院、北京工业大学、中国铁路成都局集团有限公司7所高校和1家公司，其他学校均发表1—2篇。以上结果也说明，无论是作者个人还是高校，对大学生思想政治教育协同问题的研究成果所占比重都很低，尚不足以成为大学生思想政治教育协同研究的主力军。

（二）大学生思想政治教育协同理论研究的特征分析

国内专家学者对于大学生思想政治教育协同的理论研究，主要集中在以下方面。

1. 关于大学生思想政治教育协同意义的研究

将协同概念及协同学理论引入大学生思想政治教育的客观必然性与现实可行性研究，是大学生思想政治教育协同研究的重要前提。针对此问题，学者们从不同的视角进行了阐释。大体上看，存在以下几种思路。

第一，基于协同创新的视角，认为协同创新是高校思想政治教育创新的必然选择。如刘征等通过分析大学生思想政治教育暴露出的问题，提出了思想政治教育协同创新的必要性，"在思想政治教育过程中融入协同创新理念是新的教育环境下的现实需要，这既是教育主体的需要，更是教育客体的呼唤"[①]。步海洋立足"协同创新"，引出"高

① 刘征、左殿升、张莉等：《新时代大学生思想政治教育协同创新论析》，《学校党建与思想教育》2021年第12期。

校思想政治教育协同创新"，分析了高校思想政治教育协同创新的现实之需，认为高校思想政治教育协同创新是提高思想政治教育实效性的必然要求，是整合思想政治教育资源的重要途径，是培育社会主义核心价值观的必然选择。① 沈琳认为高校学生党建与思想政治教育二者在目标、内容及方法上存在一定的共通点，"需要将两者紧密联系、互相推动，进一步处理新形势下这两项工作环节中产生的心浮气躁、功利性等问题，进而充分发挥高校党建与思政教育协作互动的积极作用"②。岳龙从思想政治教育协同创新的视角探讨了高校全员育人体系建构，指出 "思想政治教育协同创新的核心意蕴在于坚持系统思维，注重优化分解育人目标，培育凝聚育人共同体价值理念，强化教育主体和资源要素的融合协同、优势互补，统筹分类提升育人质量，可为高校全员育人体系的建构提供方法路径指引"③。王海建从协同创新与高校思想政治教育创新发展的逻辑关系入手，指出协同创新过程中目标的一致性、系统的开放性、机制的协调性、作用的非线性同高校思想政治教育创新发展的过程存在内在统一的逻辑关系，高校思想政治教育创新发展中的多参与主体性、多环节性、多领域性是高校思想政治教育迫切需要进行协同创新的重要原因。④ 赵君等立足于思想政治教育管理队伍建设，指出："高校思想政治教育管理队伍是一个集合体，其存在和发展也需要外在和内在的因素不断推动，协同创新就是很好的促进

---

① 步海洋：《新时代高校思想政治教育协同创新探析》，《江苏高教》2023 年第 2 期。

② 沈琳：《学生党建工作与思想政治教育教学协同创新》，《山西财经大学学报》2022 年第 S2 期。

③ 岳龙：《思想政治教育协同创新视域下的高校全员育人体系建构》，《思想教育研究》2022 年第 8 期。

④ 王海建：《协同创新：高校思想政治教育创新发展的必然路径》，《探索》2013 年第 1 期。

方式。"① 田智等从研究生德育工作弱化的现状入手，指出协同创新在研究生德育队伍建设中的重要作用在于"能使分散的培养队伍结合形成一个整体并产生积极的效应"②。

第二，基于复杂性视角，认为思想政治教育的复杂性特征客观上要求进行思想政治教育协同。如冷文丽等认为如何将具体的协同学模型和研究方法应用到大学生思想政治教育系统是一个具有理论价值和实践价值的问题。他们通过分析思想政治教育机制和系统的复杂性，提出将协同学原理运用于思想政治教育领域，探索新时代大学生思想政治教育的新机制、新方法。③ 王相东通过分析辅导员复杂多样的工作，认为辅导员队伍角色固化现象严重削弱了高校思政教育的成效，提出应加强大学生辅导员队伍建设和思政教育的协同发展机制研究，从而加强大学生思政教育和辅导员队伍建设。④ 郑广祥认为大学生思想政治教育是一项复杂的系统工程，他通过分析系统协同作用及序参量，提出大学生思想政治教育有序发展的内在动力是协同，是存在于大学生思想政治教育系统中的要素之间、要素之内及要素与环境之间的协同。⑤ 朱松柏等强调用协同学观点来呈现思想政治教育内部的非线性互动机理，应对复杂性。他们通过分析现代思想政治教育所遭遇的全球

---

① 赵君、张瑞：《高校思想政治教育管理队伍协同创新机制研究》，《学校党建与思想教育》2014 年第 23 期。

② 田智、王艳、王骥：《协同创新视野下的研究生德育队伍建设研究》，《江苏高教》2015 年第 6 期。

③ 冷文丽、罗来松、史久林等：《新时代大学生思想政治教育协同机制研究》，《江西师范大学学报》（哲学社会科学版）2022 年第 2 期。

④ 王相东：《大学生思想政治教育与辅导员队伍建设协同发展研究——评〈高校思想政治教育与辅导员队伍建设研究〉》，《中国学校卫生》2022 年第 11 期。

⑤ 郑广祥：《大学生思想政治教育的协同作用及序参量的探析》，《系统科学学报》2019 年第 4 期。

化浪潮和技术理性席卷的复杂外部环境以及思想政治教育内部结构的复杂状况，探究了思想政治教育过程中自身信息的生成、衍生和流动的复杂情形，并提出了应对机制。① 王起友等认为思想政治教育工作是一个复杂的系统，教育者、受教育者、组织和环境各子系统内部以及彼此之间的相互协同，能够产生整体功能大于部分功能之和的协同效应，保证大学生思想政治工作系统的有序运行。② 巫春庚等认为自媒体的草根性、匿名性等网络时代特征客观上增强了思想政治教育工作的复杂程度，思想政治教育的传统模式在当今网络时代很难取得理想的教育效果。要想提升思想政治教育的有效性和针对性，协同创新势在必行。③

第三，基于协同育人的视角，认为协同育人是高校思想政治工作的新理念。如王惠认为协同育人已成为高校大学生思想政治教育改革创新的必由之路。只有实现协同育人，真正动员全社会力量投入培育时代新人的伟大事业，才能构建思政教育新格局，形成思政教育的强大合力，从而激发思政教育的内生动力，促进学生实现全面发展，为社会培养出更多高素质、高能力、高水准的人才，进而确保立德树人的根本任务得以落实。④ 陈武元等认为作为高校思政教育的主要承担者——思政课教师、专业课教师与辅导员的协同育人意识和能力决定着思政教育的实际成效，继而提出"落实好立德树人根本任务，要着

① 朱松柏、李秀铎：《试论思想政治教育的"复杂性"——基于协同学的观点》，《自然辩证法研究》2012 年第 7 期。

② 王起友、张东洁、贾立平：《协同理论视角下的大学生思想政治教育创新研究》，《学校党建与思想教育》2013 年第 10 期。

③ 巫春庚、雷志成：《自媒体时代的高职院校思想政治教育工作协同创新机制》，《教育与职业》2015 年第 32 期。

④ 王惠：《新时代大学生思想政治教育协同育人实践》，《食品研究与开发》2023 年第 11 期。

力构建高校思想政治教育协同育人机制，构建横纵联动的协同育人队伍，实现思政课教师、专业课教师、辅导员的横向配合，以及学校、教务部门、二级学院（系）的纵向协调"①。蔺伟等认为推动研究生思想政治教育协同育人，是立足发展大局，在"三个转变"中把握研究生教育教学规律的必然要求，符合一流大学建设发展的根本要求、高层次拔尖创新人才成长的现实需求和高校思想政治工作质量提升的实践诉求。②孙建认为协同育人是高校思政工作应对高等教育发展的客观需要。当代高校育人方式和载体的分化使思想政治工作与学术事务割裂开来，要完成高校思想政治教育工作的目标，完善高校思政工作方式方法，提高思想政治工作效果，必须坚持协同育人的理念。③

2. 关于大学生思想政治教育协同问题及影响因素的研究

协同实践中的问题及影响因素研究是大学生思想政治教育协同研究的基础内容。不同学者也从不同角度进行了分析。如于翔等以专业研究生为研究对象，基于协同视角，分析了专业学位研究生思想政治教育存在"培养理念与育人目标不契合""队伍建设与育人需求不匹配""教育内容与学习主体不适应"等现实困境。究其原因，主要在于专业学位研究生思想政治教育协同系统不完善，导致运行机制难以适应主客体变化，实施过程未能形成有效的育人合力，显隐性教育结合不能影响教育效果。④刘三宝等总结了大数据背景下高校思想政治

---

① 陈武元、吴彬:《推进高校思想政治教育协同育人的路径探析》,《中国高等教育》2023 年第 1 期。

② 蔺伟、王军政、纪惠文:《研究生思想政治教育协同育人机制构建论析》,《学位与研究生教育》2022 年第 1 期。

③ 孙建:《论协同育人视角下高校思想政治工作机制及实践反思》,《学校党建与思想教育》2014 年第 24 期。

④ 于翔、刘永杰、杨金:《专业学位研究生思想政治教育的现实困境及其纾解理路》,《黑龙江高教研究》2023 年第 5 期。

教育协同面临的四大困境，即"协同的理念和环境尚未形成的思维困境，协同的内容和方式亟须改进的管理困境，数据的收集和分析有待挖掘的数据困境，话语的主体和方式面临挑战的话语困境，信息的保密和使用有待规范的伦理困境"①。王石在文章中分析了高职校园文化与思想政治教育协同的理论依据与现实依据，认为二者的协同具有相互增强的作用，但是二者协同也存在差异性与同质性、静态性与动态性、主动性与竞争性、局限性和开放性等困境。② 李成龙和秦泽峰立足研究生德育工作，指出研究生德育工作系统还存在协同管理体制有待完善、各子系统协同性发挥有待增强、协同文化氛围有待加强等方面的问题；而导致这种状况的主要原因在于传统德育体制的缺陷、目标价值认同的差异以及协同评价激励机制的不完善。③ 徐敏华认为当前院系研究生思想政治教育协同的现实困境在于教育主体定位认识存在偏差、资源缺乏有效整合、协同内外动力不足。④ 李友富以"卓越计划"为背景，指出高校内部思想政治教育工作子系统、工作队伍子系统、校企合作子系统中还存在一些突出问题，如高校、思政工作者和学生之间相互脱节，辅导员、班主任、德育课教师和专业课教师之间配合不够，大学生思想政治教育工作内容、方法、载体、工作评价制度和要素有待完善，企业缺乏合作主动性、不愿意深度参与校企联合培养等，而整体协同发挥有待增

---

① 刘三宝、谢成宇：《基于大数据的高校思想政治教育协同创新研究》，《广西社会科学》2021 年第 4 期。

② 王石：《高职校园文化与思想政治教育协同的依据、困境与路径》，《教育与职业》2020 年第 23 期。

③ 李成龙、秦泽峰：《研究生德育工作系统协同性现状分析与对策》，《思想教育研究》2012 年第 3 期。

④ 徐敏华：《强化"四方主体"作用 提升协同育人质量——论高校院系研究生思想政治教育工作的创新》，《研究生教育研究》2016 年第 6 期。

强、目标机制认同有待深化、整体协同有待完善是造成以上问题的
主要原因。① 孙建认为当前高校思想政治工作开展还存在育人目标偏
颇、子系统之间脱节甚至损耗现象，主要表现为学生专业技术培养
目标的强化与思想道德素质培养要求的弱化和淡化，传道、授业未
能成为所有教师遵循的准则，工作职责任务交叉重叠等。② 龙妮娜以
互联网为背景，指出当前大学生思想政治教育中还存在网上网下育
人观念意识不强、育人机制建设存在一定的滞后性、育人缺乏足够
的资源等问题，要努力探索适应各高校具体情况的网上网下协同育
人模式。③

　　3. 关于大学生思想政治教育协同途径和方法的研究

　　协同途径和方法研究是大学生思想政治教育协同研究的重要内容。
当前，学者们围绕此内容从宏观和微观两个层面进行了探讨。

　　在宏观层面，学者们立足整体性探索协同的途径和方法。如陈海
瑾等通过分析社会科学领域中协同效应的三重向度——目标耦合、优
势互补与多元和合，进而深入阐述了三重向度如何通过目标协同、内
容协同与队伍协同在高校思想政治教育中具体展现，从而增强高校思
想政治教育的协同效应。④ 李冲等基于协同理论，从高校思想政治教育
的学校内部协同、高校思想政治教育与社会的协同两个方面探讨了如

---

① 李友富：《思想政治教育整体性协同性的现状与对策思考——基于"卓越计划"的
视域》，《黑龙江高教研究》2014 年第 2 期。

② 孙建：《论协同育人视角下高校思想政治工作机制及实践反思》，《学校党建与思想
教育》2014 年第 24 期。

③ 龙妮娜：《大学生思想政治教育网上网下协同育人模式刍议》，《思想理论教育》
2014 年第 5 期。

④ 陈海瑾、汪力：《增强高校思想政治教育协同效应的逻辑基点与实践方略》，《思想
理论教育》2023 年第 6 期。

何构建高校大思政格局。① 邹艳辉认为高校思想政治教育实践育人共同体价值结构的优化应"突出顶层设计，强化整体布局，做到实践之谋"。在具体实施中应"把握凝聚共识，坚持共商共建共享原则和有效对接，坚持配套举措落地原则"②。曹海燕探讨了组织视域下新时代高校思想政治教育路径优化策略，通过分析当前高校思想政治教育实践中存在的问题及其成因，提出高校思想政治教育组织路径的优化对策，即"坚持党的领导，完善高校思想政治教育工作体系；坚持马克思主义方向，推进思想政治教育学科建设；坚持统筹引导，抓好高校学生社团及自组织思想政治教育引导"③。杨建豪等运用协同学理论和工业4.0 技术优势，从"非平衡"的角度分析了高校面临的理念不合、主体分化、平台分散、机制脱节等问题，提出新时代高校"三圈三全"育人格局的协同构建应找准高校思政教育协同系统演变的"序参量"，把握其"相变过程"，构建"理念有机互融、队伍多元互动、平台聚合互联、机制立体互通"的协同育人路径。④ 张瑀等认为进入新时代，劳动教育的内涵外延、形式载体、影响因素等都发生了变化，必须全面把握高校劳动教育与思想政治教育协同育人的时代要求，充分发挥思想政治教育的主渠道和主阵地优势，努力在机制共建、课堂教学、聚合资源、课程劳育属性发掘上下功夫，积极探索将劳动教育融入高校

① 李冲、张存建：《协同理论视域下构建高校大思政格局微探》，《学校党建与思想教育》2022 年第 6 期。
② 邹艳辉：《论高校思想政治教育实践育人共同体的价值结构》，《学校党建与思想教育》2018 年第 22 期。
③ 曹海燕：《组织视域下新时代高校思想政治教育路径优化》，《江苏高教》2022 年第 2 期。
④ 杨建豪、刘铁英、左晨琳：《高校"三圈三全"育人格局的协同路径优化研究》，《黑龙江高教研究》2022 年第 1 期。

思想政治教育的协同育人实现路径。① 冯刚强调应加强顶层设计，把大学生思想政治教育、基层党组织建设、维护高校安全稳定、高校网络建设与管理协同推进，同时加强政府、学校和社会之间的统筹安排，形成整体合力。② 冯培从结构差异化的视角提出在高校思想政治教育合力体系和整体观念已初步确立的现实基础上，高校各部门要以开放意识、全局意识、合作意识和供应意识摒弃结构化差异，形成整体合力。③ 王学俭和顾超基于整体性理论的视角提出从重塑价值目标、完善教育内容、引导部门协作、统筹利益诉求、协调内外环境五个方面开展思想政治教育协同创新。④ 戴吉亮等以马克思主义整体性理论为指导，提出以整体性理论制定思想政治教育战略规划、推进教育工作协同，如促进思想政治教育工作队伍的协同，促进教育内容方法与载体的协同，促进学校、家庭和社会的协同，促进思想政治教育与文化建设的协同，促进思想政治教育机制的协同等。⑤ 张琪从协同论和系统论的视角提出从管理优化、结构优化、动态优化三个维度对大学生思想政治教育主体协同系统进行优化，以促进大学生思想道德素质的整体性提升。⑥ 王源平提出从构筑教育者主体从单一性走向多元化的协同、培育自我教育自我管理的内生教育机制、创新生生协同教育机制、建

① 张瑀、姜威：《劳动教育融入高校思想政治教育的协同育人路径研究》，《思想理论教育导刊》2021 年第 6 期。
② 冯刚等：《加强整体设计　注重协同推进　进一步提高高校思想政治工作的针对性实效性》，《思想理论教育导刊》2014 年第 3 期。
③ 冯培：《协同性、针对性、感受性：推动高校思想政治教育科学发展的三个重要关系》，《思想理论教育导刊》2013 年第 4 期。
④ 王学俭、顾超：《思想政治教育整体性协同创新》，《湖北社会科学》2016 年第 12 期。
⑤ 戴吉亮、孙波：《基于整体性的高校思想政治教育协同研究》，《中国成人教育》2014 年第 19 期。
⑥ 张琪：《大学生思想政治教育主体协同系统分析》，《东北师大学报》（哲学社会科学版）2015 年第 1 期。

立良性教育主体间双向协同合作关系四个方面开展高校思想政治教育协同创新。① 徐敏华从研究生的思想政治教育体系的理念目标、队伍建设、制度保障和文化氛围四个维度探索了院系研究生思想政治教育主体协同育人的路径。② 门志国等提出通过规划研究生思想政治教育工作的顶层设计，建立辅导员、导师、基层学术组织协同管理模式的制度体系和监督反馈机制来构建研究生思想政治教育"三位一体"的育人管理体系。③ 王起友等以高校思想政治教育现状为研究基点，指出大学生思想政治教育协同重在构建工作系统内部协同关系以及与校内、校外系统的协同关系。其中，内部协同主要是理论教育与实践教学协同、思政课教学队伍与思政工作管理队伍协同；校内协同主要是建立与大学生思想政治教育工作相关的部门及学科之间的协同关系；校外协同主要是同政府、科研机构、企业开展深度合作，促进资源共享。④ 李友富提出从构建共同愿景、完善协同和实施平台战略等方面入手，提高思想政治教育的整体性、协同性，形成整体合力。⑤ 王海建提出从树立协同创新观念、建设协同创新队伍、构建协同创新机制和搭建协同创新平台四个维度来实现高校思想政治教育的协同创新发展。⑥

在微观层面，学者们结合大学生思想政治教育实践，围绕思想政

---

① 王源平：《论主体视阈下的高校思想政治教育协同创新》，《学校党建与思想教育》2014 年第 20 期。

② 徐敏华：《强化"四方主体"作用 提升协同育人质量——论高校院系研究生思想政治教育工作的创新》，《研究生教育研究》2016 年第 6 期。

③ 门志国、王蕾、王兴梅：《研究生思想政治教育协同管理模式研究》，《黑龙江高教研究》2016 年第 10 期。

④ 王起友、张东洁、贾立平：《协同理论视角下的大学生思想政治教育创新研究》，《学校党建与思想教育》2013 年第 23 期。

⑤ 李友富：《论整体协同把握思想政治教育的三个着力点》，《学术论坛》2015 年第 5 期。

⑥ 王海建：《协同创新：高校思想政治教育创新发展的必然路径》，《探索》2013 年第 1 期。

治教育主体协同、内容协同、载体协同展开了积极的探索，指出了协同的具体路径。

　　主体协同方面，辅导员与专业课教师、辅导员与思想政治理论课教师之间的协同是学者们研究的重点。刘洋分析了课程思政视域下辅导员与专业教师协同育人的内在逻辑，并提出从树立协同育人理念、完善协同育人制度设计、加强协同育人理论研究与实践探索、搭建协同工作平台四个方面构建协同机制。① 胡绪明分析了高校思政课教师与辅导员协同育人问题的障碍性因素、功能定位，提出应加强辅导员队伍的制度建设、平台建设和队伍的一体化建设。② 赵玉鹏等基于演化博弈视域探索研究生导师和辅导员协同育人策略及路径，立足协同育人主体、情境、政策三个维度分析了影响演化博弈的三重因素，最终提出凝聚协同育人共识、涵育协同育人文化、健全协同育人机制的导师辅导员协同育人优化路径。③ 杨卫东等指出辅导员和思政课教师协同应以教学和科研相互渗透为主要模式，以辅导员工作室和教学行政联席会议为主要协同平台，以课外实践和就业指导为主要协同领域。④ 刘兵勇等认为强化辅导员与专业课教师思想政治教育的协同，应构建以辅导员与专业课教师协同为核心的"四位一体"的协同模式。⑤ 王训兵

　　① 刘洋：《高校辅导员与专业教师协同育人机制构建》，《学校党建与思想教育》2019年第20期。
　　② 胡绪明：《高校思政课教师与辅导员协同育人的功能定位及实施对策》，《学术论坛》2018年第4期。
　　③ 赵玉鹏、杨连生、侯坤超：《演化博弈视域下研究生导师和辅导员协同育人策略及路径研究》，《研究生教育研究》2022年第4期。
　　④ 杨卫东、孙舒悦：《论高校辅导员与专业教师协同育人机制的构建》，《学校党建与思想教育》2018年第15期。
　　⑤ 刘兵勇、齐宁、王雅静：《高校辅导员与专业课教师思想政治教育协同配合的蕴涵、价值与模式》，《思想理论教育》2014年第7期。

认为高校"辅导员—学业导师制"思想政治教育协同配合的路径在于完善协同配合机制、搭建协同配合平台、建立协同配合的评价体系。[①] 肖慧认为高校辅导员与思政课教师协同育人的实现需要从组织建设、制度建设和载体建设入手,不断推动协同育人的常态化。[②] 此外,部分学者围绕家校协同展开了研究。如李宏芳重点探讨了高职院校家校协同创新的基本途径,即要充分发挥学校的主导作用,鼓励家长做好各种协同互动并积极引导学生参与家校德育协同创新。

在内容协同方面,学者们围绕思想政治教育与心理健康、学生党建、创新创业有机融合展开了研究。如党喜灵立足心理健康教育与思想政治教育二者之间的差异性和统一性,提出了"通过师资力量的整合实现教育资源配置的不断优化,合理安排课程内容的整合实现教育内容的协调统一,完成教学方法优势的整合实现因材施教的目标"的协同整合途径。[③] 曲一歌通过分析高校学生党建与思想政治教育协同发展存在的问题,探讨构建高校学生党建与思想政治教育协同育人体系的基础,提出了"积极建立有效机制、构建协同育人新模式,及时掌握思想动态、增强协同育人针对性,发挥朋辈引导作用、提升协同育人亲和力,改革创新教育形式、保持协同育人先进性,加强理论联系实际、增强协同育人实效性"的有效途径。[④] 徐纯正通过分析思想政治教育和创新创业的相互作用,提出了思想政治教育与创新创业教育实

[①] 王训兵:《高校辅导员与学业导师思想政治教育协同探究》,《教育理论与实践》2015 年第 36 期。

[②] 肖慧:《高校辅导员与思政课教师协同育人的实践与思考》,《学校党建与思想教育》2015 年第 21 期。

[③] 党喜灵:《浅析大学生心理健康教育和思想政治教育的协同整合》,《中国学校卫生》2023 年第 3 期。

[④] 曲一歌:《大学生党建与思想政治教育协同育人论》,《学校党建与思想教育》2019 年第 16 期。

现协同增效的有效路径，即"开展协同构建教学体系，增课程育人之效；协同践行知行合一，增实践育人之效；协同营造校园氛围，增文化育人之效"①。韩力争立足高校思想政治教育与心理健康教育在根本任务和工作目标方面的统一性，提出通过确定心理健康教育的应有地位、加强两支队伍的结合、内容的相互渗透、手段和方法的互相借鉴等途径来加强高校思想政治教育与心理健康教育协同一体化建设。② 陈萌、姚小玲提出通过指导思想与工作理念协同创新、体制机制与队伍建设彼此融合、主要内容与开展方式相互借鉴来构建高校学生党建与思想政治教育协同融合机制。③ 袁小平提出从意识层面、环境认知和实践育人三个层次深入探索高校思想政治教育与创新创业教育协同育人模式。④

在载体协同方面，邢军等提出："要直面教育载体选择的现实困境，通过校园文化载体创新、实践活动载体创新、网络教育载体创新完成思想政治教育实践转向，以提升思想政治教育和新时代人才培养的整体水平。"⑤ 刘华才等认为，"载体的协同创新是加强思想政治工作的重要途径，高校必须要以载体协同创新为抓手，着力营造全过程协同育人的教育环境。具体包括：加强课程载体协同创新，充分发挥

---

① 徐纯正：《论思想政治教育与创新创业教育的协同作用》，《学校党建与思想教育》2020 年第 10 期。

② 韩力争：《基于协同理论的高校思想政治教育与心理健康教育结合途径思考》，《江苏高教》2008 年第 1 期。

③ 陈萌、姚小玲：《高校学生党建与思想政治教育协同融合的理论与策略分析》，《学校党建与思想教育》2013 年第 16 期。

④ 袁小平：《高校思想政治教育与创新创业教育的协同育人模式研究》，《教育评论》2014 年第 6 期。

⑤ 邢军、郝锦花：《思想政治教育载体创新与实践转向探析》，《中学政治教学参考》2021 年第 16 期。

课堂思想政治教育的主导作用、加强网络载体协同创新，牢牢把握网络思想政治教育主动权、加强文化载体协同创新，充分发挥校园文化的育人功能"①。龙妮娜提出要建构大学生思想政治教育网上网下协同育人模式，具体包括三种，即网下为主，网上为辅；网上为主，网下为辅；网上网下并行推进，各尽所长。②

4. 关于大学生思想政治教育协同的研究

关于协同机制，学者们从不同的视角进行了探讨，主要包括以下几个方面。

第一，关于协同机制内涵的研究。史国君等认为："大学生思想政治教育协同新机制在多维主体的协同、多元空间的协同、育人内容的多向协同上形成互动协同。"③ 张文强认为："高校思想政治教育协同机制，是指通过构建制度化的协同渠道和平台，使高校思想政治教育系统内外以及各子系统之间和子系统内部的各要素之间协调一致，形成有序的组织结构，从而达到整体高效的教育效果"。它的内涵很复杂，"既包括内部协同又包括外部协同，既表现为横向协同又表现为纵向协同"，相应地也包括教育主体的协同、内部教育要素的协同以及外部教育环境的协同三层内涵。④ 王学俭等认为思想政治教育协同创新育人机制的内涵是以思想政治教育现代化为系统依据、以思想政治教育多元化为协同趋势、以思想政治教育互通化为协同张力、以思想政治

① 刘华才、刘时新、张廷等：《新形势下大学生思想政治工作协同创新研究》，《学校党建与思想教育》2017 年第 5 期。

② 龙妮娜：《大学生思想政治教育网上网下协同育人模式刍议》，《思想理论教育》2014 年第 5 期。

③ 史国君、龙永红、刘朝晖：《"三进三知"：大学生思想政治教育协同新机制》，《江苏高教》2018 年第 9 期。

④ 张文强：《新时代构建高校思想政治教育协同机制研究》，《国家教育行政学院学报》2019 年第 12 期。

教育人文化为协同目标。① 马奇柯把思想政治教育协同作用机制分为思想政治教育系统对人们思想品德的形成作用机制、思想政治教育系统与非思想政治教育系统的相互作用机制、非思想政治教育系统对人们思想道德品质的形成的作用机制。②

第二，关于协同机制构建原则及思路的研究。刘庆标等认为新时代高校思政教育协同机制的构建应遵循"政治主导原则、科学有效原则、现实需求原则、综合育人原则"，并基于现代思政教育技术论，提出了"收集分析数据信息，研拟新时代高校思政教育目标与任务，拟定高校思政教育协同机制的领导决策、实施、管理和评价办法，拟订高校思政教育协同机制模型总体设计方案"的新时代高校思政教育协同机制的构建路径。③ 赵盈等分析了研究生思想政治教育协同机制的作用机理及原则遵循，提出建立协同育人机制，把握好"竞争"与"合作"的关系、"有序"与"无序"的关系、"形散"和"神聚"的关系。④ 张文强认为协同论与高校思想政治教育具有内在的契合性，高校思想政治教育内在的整体系统性以及实践中不平衡、不协调的现象，为构建高校思想政治教育协同机制提供了理论和现实依据。推动新时代高校思想政治教育协同机制的构建，树立"三全育人"理念是基础，构建协同育人平台是重点，完善协同育人制度是关键，培育协同育人环境是保障。⑤ 王学俭和李晓莉从整体设

① 王学俭、李晓莉：《思想政治教育协同创新的育人机制探析》，《教学与研究》2015年第10期。

② 马奇柯：《论思想政治教育协同作用机制》，《江汉论坛》2008年第4期。

③ 刘庆标、刘群、余彪等：《新时代高校思想政治教育协同机制的构建》，《学校党建与思想教育》2022年第16期。

④ 赵盈、李睿：《研究生思想政治教育协同机制探究》，《思想理论教育》2021年第7期。

⑤ 张文强：《新时代构建高校思想政治教育协同机制研究》，《国家教育行政学院学报》2019年第12期。

计、协同推进的角度提出构建思想政治教育协同创新的育人机制应该体现"人本性协同的育人理念""有效性协同的育人原则""完善性协同的育人方法""整合性协同的育人模式""调适性协同的育人实践""延展性协同的育人反思"。① 李晓虹和魏晓文立足于高校社会主义核心价值观的培育，提出要遵循制度性、目标性、共享性、匹配性及开放性原则，从制度协同、主体协同、介体协同及环体协同四个维度构建协同机制，以提升高校社会主义核心价值观培育的实效性。② 肖薇薇等认为大学生思想政治教育协同创新机制的构建要坚持方向性原则、整体性原则和制度性原则，努力实现正效、高效和长效的整体协同效应。③ 刘征等则从机制协同、队伍协同、课程协同、内容协同、场域协同五个维度阐述了思想政治教育协同创新的重要路径。④

第三，关于协同机制构建策略的研究。李霞玲等通过分析信息化对高校思想政治教育系统的作用机理、信息化作用下高校思想政治教育系统协同面临的困境，提出了信息化背景下建立高校思想政治教育协同机制的有效路径，即"建立并完善'两个老师'的教育主体协同机制，建立中介智能化与思想政治教育信息传递有效协同机制，建立教育客体思维碎片化与整体化协同机制，建立思想政治教育系统与环

---

① 王学俭、李晓莉：《思想政治教育协同创新的育人机制探析》，《教学与研究》2015年第10期。

② 李晓虹、魏晓文：《高校社会主义核心价值观协同教育机制探析》，《思想理论教育导刊》2015年第10期。

③ 肖薇薇、陈文海：《大学生思想政治教育协同创新机制：条件、效应与建构》，《学校党建与思想教育》2015年第19期。

④ 刘征、左殿升、张莉等：《新时代大学生思想政治教育协同创新论析》，《学校党建与思想教育》2021年第12期。

境的协同机制"。① 艾楚君从协同学理论的视域，分析了高校思想政治
教育协同机制的内涵以及面临的现实问题，提出了"建立制度协同机
制、建立主体协同机制、建立中介协同机制、建立环境协同机制"的
路径选择。② 郑晓娜等认为大学生精神需求和教育供给之间的矛盾、大
学生道德理性与网络文化之间的矛盾、思想政治教育治理体系和治理
能力现代化与传统高校思想教育之间的矛盾决定了高校需要构建"三
全育人"协同机制，并提出高校内部要着力构建课程思政与思政课程
协同育人机制、管理与育人协同育人机制、服务与育人协同育人机制，
高校外部要着力建立校际协同育人机制、校企协同育人机制、家校协
同育人机制。③ 张莉等阐述了"大思政"教育观的内涵与本质，分析了
协同创新在高校思想政治教育中的价值，并提出了"树立整体意识，形
成齐抓共育的'全员化'管理机制；构建课堂体系，建立多方融入的
'全过程'参与机制；加强资源整合，实现全面结合的'全方位'协同
机制；加强师资力量，构建多维参与的'全领域'工作机制"④。梁齐伟
等阐述了思想政治教育和"双创"教育协同发展的理论依据和现实依据，
提出从"建立共建共享机制、建立协同促进机制、建立协同反馈机制"
三个方面来构建思想政治教育与"双创"教育协同发展的机制。⑤ 李成

---

① 李霞玲、李敏伦：《信息化背景下高校思想政治教育协同机制的构建》，《学校党建与思想教育》2019 年第 17 期。

② 艾楚君、焦浩源：《试论高校思想政治教育协同机制的构建》，《思想教育研究》2019 年第 6 期。

③ 郑晓娜、翟文豹：《高校构建"三全育人"协同机制研究》，《现代教育管理》2020 年第 10 期。

④ 张莉、胡芝：《"大思政"视域下高校思想政治教育协同创新研究》，《学校党建与思想教育》2018 年第 22 期。

⑤ 梁齐伟、王滨：《思想政治教育与创新创业教育协同发展机制及路径》，《广西社会科学》2019 年第 2 期。

龙立足于研究生思想政治教育出现的一系列新情况和新问题，提出要构建教育主体协调、教育内容整合、教育载体配合和教育模式结合的协同机制，以增强研究生思想政治教育实效性。① 蔡小葵认为要促进高校思想政治教育各系统之间产生关联运动，形成协同效应，必须构建全方位联动的机构协同机制、有保障的制度协同机制、相互支持的教育内容协同机制、相互渗透的教育途径协同机制、有效的全程循环协同机制、全院多部门合作的协作机制。② 刘俊峰等从界定"目标"和"需求"两个变量出发提出构建信息性协同、对话性协同、业务性协同、价值性协同四种大学生思想政治教育整体协同机制，必须发挥价值导向作用、提高资源配置效率、强化基层组织能力，不断探索大学生思想政治教育整体协同的长效机制。③ 肖薇薇和陈文海认为："整体建构大学生思想政治教育协同创新机制，在具体的策略上，要突破内部与外部组织边界和制度壁垒，重点加强动力机制、整合机制和保障机制的建构。"④ 赵君和张瑞认为，形成高校思想政治教育管理队伍整合协同机制创新必须注重加强高校思想政治教育管理队伍协同创新的顶层设计，及时搭建高校思想政治教育管理队伍建设的协同创新平台，努力构建高校思想政治教育的管理队伍的新型战略同盟。⑤ 郑吉春教授等借鉴协同学理论，提出了提高大学生思想政治教育协同运行机制有

① 李成龙：《研究生思想政治教育协同机制的构建》，《研究生教育研究》2013 年第 4 期。
② 蔡小葵：《运用协同理论探索大学生思想政治教育的协同机制》，《内蒙古师范大学学报》（教育科学版）2013 年第 11 期。
③ 刘俊峰、王晓珊：《构建大学生思想政治教育整体协同机制探究》，《学校党建与思想教育》2015 年第 1 期。
④ 肖薇薇、陈文海：《大学生思想政治教育协同创新机制：条件、效应与建构》，《学校党建与思想教育》2015 年第 19 期。
⑤ 赵君、张瑞：《高校思想政治教育管理队伍协同创新机制研究》，《学校党建与思想教育》2014 年第 23 期。

效性的对策，即树立协同理念、协同组织管理、强化队伍协同、建立协同制度、培育协同环境。① 此外，马娟等构建了高校学生工作队伍协同创新能力的评价机制，提出个体与群体、制度与环境等内外部影响因素制约着学生工作队伍的协同创新能力；并把协同创新素质、协同创新技能、协同创新成果作为学生工作队伍协同创新能力的评价指标。②

5. 大学生思想政治教育协同研究述评

在高校坚持把立德树人作为中心环节，把思想政治工作贯穿教育教学全过程的背景下，大学生思想政治教育协同已成为政府、高校、家庭和社会共同关注的问题。而建立大学生思想政治教育协同是形成合力、发挥育人整体效应的有效途径之一，也是理论界专家、学者们关注的热点问题。本书采用文献计量方法，对2000—2022年公开发表的与大学生思想政治教育协同相关的论文进行了梳理。总体来看，现有研究为拓展和深化大学生思想政治教育协同研究奠定了坚实的理论基础，但也存在以下几个方面的不足。

第一，研究成果比较分散，研究数量和质量都有待提升。从研究的年代分布来看，大学生思想政治教育协同问题尚未引起学界的足够重视，研究成果严重不足。虽然近5年有逐年增加的趋势，但数量依然较少，特别是高水平核心期刊的数量还非常有限。从作者分布来看，从事大学生思想政治教育协同研究的作者尚比较分散，还没有形成稳定的核心作者群；从作者所属机构分布来看，相关研究成果的研究机

---

① 郑吉春、张超、高春娣：《大学生思想政治教育工作机制的协同问题分析及对策研究》，《思想教育研究》2016年第11期。

② 马娟、陈岸涛：《高校学生工作队伍协同创新能力的评价机制》，《高等农业教育》2014年第2期。

构也不够集中，并且各研究机构发表文章的数量也比较有限，并没有对协同问题开展持续、深入的研究；从论文的质量来，相关研究成果多发表于普通刊物，被核心期刊及三大检索平台收录的论文不多，低水平重复研究问题突出。可见，关于大学生思想政治教育协同问题的研究目前仍处于低水平发展阶段，研究较为分散，难以有效指导思想政治教育协同的实践开展。

第二，研究中对协同相关概念的界定比较模糊，尚未达成有效共识。虽然国内学者们从不同的角度对大学生思想政治教育协同问题进行了研究，但对大学生思想政治教育协同尚未给出明确的定义。研究中也存在把协同、协同创新、协同育人滥用或混用的现象。如果能搞清楚三者之间的联系和区别，相信能更全面准确地理解大学生思想政治教育协同及协同的内涵，也将有利于大学生思想政治教育协同研究向广度和深度拓展。

第三，研究内容重复问题突出，系统性有待加强。从当前我国大学生思想政治教育协同的研究成果来看，研究内容主要集中在主体协同方面。大多数研究者都是从协同主体的角度去分析大学生思想政治教育协同中存在的问题，探讨思政课教师与辅导员、辅导员与学业导师、思政工作者与专业课教师、后勤管理人员，以及学校与企业、社会的协同问题。虽然研究强调了教育主体的重要性，有其合理的一面，但对受教育者之间的协同、教育载体协同、教育内容协同以及教育环境协同问题关注较少，存在着明显的局限性，即忽视了大学生思想教育的复杂性以及教育子系统之间、子系统与系统之间的非线性相互作用。

第四，研究针对性不强，研究方法有待创新。研究中存在两种很明显的倾向：一种是对协同理论的过度推崇，通过分析协同理论运用到大学生思想政治教育的可能性与现实性，将相关的原理直接植入大学生思想政治教育，缺少理论的时代性转化与学科的现代性转化。另一种是缺少理论深度的纯经验推理，研究中提到的协同的途径和对策针对性不强。同时，由于缺乏对大学生思想政治教育协同规律的深入研究与探讨，往往治标却不治本，育人整体效应发挥不够。同时，在研究方法方面，主要使用的是经验总结和理性思辨的传统研究方法，对于协同学、管理学等学科的成果和方法的借鉴明显不足。

第三节　研究思路、方法与创新点

一　研究思路

本书的研究坚持以问题为导向，以马克思主义理论为指导，以思想政治教育原理与方法为基础，以大学生思想政治教育协同过程研究为主线，综合运用文献研究法、系统研究法、质性研究法对大学生思想政治教育协同的特点作用、形成条件、构成要素、方式及评价等问题展开研究，凸显了大学生思想政治教育协同的时代化和本土化特征。具体研究思路如下。

首先，通过梳理国内外大学生思想政治教育协同研究的相关理论，进一步明确本书研究的重点、难点、创新点和研究方法。

其次，对大学生思想政治教育协同的内涵、特点和作用进行阐述。在对思想政治教育协同内涵进行界定的基础上，对其特点和作用进行分析，不断深化对大学生思想政治教育协同的理解和认识。

再次，对大学生思想政治教育协同的形成条件进行探讨。大学生思想政治教育协同的形成具有其特定的条件。通过运用发生学理论，探讨大学生思想政治教育协同形成的主观条件和客观条件，揭示大学生思想政治教育协同的形成机理。

接着，对大学生思想政治教育协同的构成要素进行分析。要素既是大学生思想政治教育协同最基本的组成部分，也是大学生思想政治教育协同存在的基础。通过对构成要素的分析，来进一步厘清要素之间的关系，为后续研究奠定基础。

然后，系统总结大学生思想政治教育协同的方式，并提出相应的对策。通过分析大学生思想政治教育智库协同、校企协同、网络协同、高校联盟协同和高校内部协同的方式和策略，揭示大学生思想政治教育协同的样态，为大学生思想政治教育协同建设提供参考。

最后，对大学生思想政治教育协同进行评价。在借鉴帕森斯结构功能主义理论主要思想的基础上，从协同的资源条件、影响力、管控水平和文化基础四个维度逐层探索构建大学生思想政治教育协同的指标，并对协同评价方法的实施步骤和优缺点进行阐述，重点介绍实践检验法、目标检测法、专家评价法和层次分析法，从而为大学生思想政治教育协同评价提供依据。

二 研究方法

本书的研究主要运用了文献研究法、系统研究法和质性研究法。

（一）文献研究法

文献研究法是指通过搜集、鉴别、整理文献并对文献进行研究形成对事实的科学认识的方法。相对于调查等其他方法，文献研究法更为经济便捷。本书采用文献研究法，目的在于全面搜集中外思想政治教育协同相关经典文献和理论，了解大学生思想政治教育研究的

绪 论 ‖

现状；并通过对这些文本的系统梳理，来审视大学生思想政治教育协同研究的价值，明确未来研究的重点和创新方向。

（二）系统研究法

系统研究法是应用系统理论，把研究对象作为一个整体，分析系统内部各要素相互联系和作用方式的方法。大学生思想政治教育本身就是一个复杂的系统，只有把握整体性原则，才能深化对大学生思想政治教育系统内部要素、结构和功能的研究。运用系统论、协同论等理论来研究大学生思想政治教育，旨在通过分析大学生思想政治教育协同要素之间、要素与系统之间、系统与外部环境之间的关联，探索大学生思想政治教育协同的形成机理与规律，为大学生思想政治教育协同研究提供科学保证。

（三）质性研究法

质性研究是以研究者本人为研究工具，在自然情境下采用多种资料收集方法对社会现象进行整体性探究，使用归纳法分析资料并形成理论，通过与研究对象互动对其行为和意义建构获得建设性理解的一种活动。质性研究本质上是一种"情境中"的研究。本书采用质性研究法，通过对大学生思想政治教育主体进行访谈、调查，深入了解大学生思想政治教育协同的形成机理与规律，系统总结大学生思想政治教育协同建设的宝贵经验，不断丰富大学生思想政治教育协同的理论研究。

三 研究创新点

笔者认为本书的创新点主要体现在以下三方面。

（一）研究视角的创新

对于思想政治教育学科而言，大学生思想政治教育协同研究可以

· 41 ·

算是一个新课题。一方面，学者们对此主题的研究起步较晚（主要集中在 2012 年后），相关研究文献的数量和质量都比较有限；另一方面，学者们对此主题的研究视角比较单一，主要集中在主体协同方面。而本书以大学生思想政治教育协同过程为主线展开研究，探讨大学生思想政治教育协同的机理和样态，有利于丰富思想政治教育的宏观理论，具有一定的创新性。

（二）研究方法的创新

本书将复杂性科学、系统科学、管理学、社会学等多门学科的方法应用于研究中，探讨大学生思想政治教育协同的形成条件、方式和评价。同时，把质性研究贯穿于大学生思想政治教育协同研究的全过程，是对传统大学生思想政治教育协同研究方法的创新。

（三）研究内容的创新

在研究内容方面，本书也具有一些创新，主要表现在以下两方面：一是系统总结了当前大学生思想政治教育协同的方式，并提出了增强协同实效性的对策；二是构建了大学生思想政治教育协同的评价指标体系。

第一章　大学生思想政治教育协同的内涵特点和作用

大学生思想政治教育协同研究需要准确把握其内涵特点与作用，这是开展大学生思想政治教育协同研究的前提和基础，对于丰富大学生思想政治教育协同理论，发挥大学生思想政治教育协同的整体功能，提升大学生思想政治教育协同的实施效果，具有重要作用。

第一节　大学生思想政治教育协同的内涵

大学生思想政治教育协同包含三个核心概念：首先是协同，其次是思想政治教育协同，最后是大学生思想政治教育协同。本书依照该顺序，层层递进厘清这三个核心概念，奠定本研究的前提和基础。

一　协同的内涵

协同的思想可谓源远流长。追溯其来源，可以从古希腊时代开始。这与"协同"一词来源于古希腊语不谋而合。远在古希腊时代，已经有部分学者的思想中蕴含着朴素的协同意识。[①] 如米利都学派的代表人物、唯物主义哲学家阿那克西曼德就提出，"生命是由水元素合成的，低等动物向着高等动物不断进化，自然元素的变化是相互作用、相互影响，是一个侵犯和报复的过程"[②]。亚里士多德的"四因说"也蕴含着早期的协同思想，主要体现于其关于物质世界整体与部分关系的论述。对于亚里士多德的阐述，一般系统论创始人贝塔朗菲予以很高评价："亚里士多德的整体论与目的论的观点是宇宙秩序的一种表达方式，只是其中的目的论被当今的科学研究所排除，但他提的系统论及蕴含其中的早期协同论思想至今仍然是正确的。"[③]

我国古代也有着丰富的协同思想，且在不同的语境中"协同"有着不同的含义。如"将军宜与协同策略，共存大计"（《后汉书·吕布传》）中的"协同"是指"同心合力，互相配合"；"咸得其实，靡不协同"（《汉书·律历志上》）、"太特别，便难与种种人协同生长，挣得地位"（鲁迅《热风·随感录三六》）中的"协同"则表达了"协调一致"之意；"艾性刚急，轻犯雅俗，不能协同朋类，故莫肯理之"（《三国志·魏志·邓艾传》）、"我应天历，四海为家。协同内外，混一戎华"（《乐府诗集·燕射歌辞二·北齐元会大飨歌皇夏三》）中的"协同"主要指"团结统一"；"卿父劝吾协同曹公，绝婚公路"（《三国志·魏志·吕布传》）中的"协同"则是指"协助、会同"。在现代语境中，"协同"也有着很广泛的运用，如"协同育人""协同管理"

---

① 周济：《中西科学思想比较研究：识同辨异探源汇流》，厦门大学出版社 2010 年版，第 163 页。

② ［英］斯蒂芬·F. 梅森：《自然科学史》，上海人民出版社 1977 年版，第 17 页。

③ ［美］贝塔朗菲：《普通系统论的历史和现状》，载《科学学译文集》，科学出版社 1980 年版，第 308 页。

"协同创新"，其中的"协同"则主要强调"协调、合作"之意。

当前，人们主要运用协同学的观点来理解"协同"的含义。协同学又称协同动力学，由德国科学家赫尔曼·哈肯（Hermann Haken，1927— ）创立。实际上，协同学（Synergetics）一词并非哈肯首创，而是引自希腊语，意思为"合作的科学"。1970 年，哈肯在斯图加特大学的演讲中首次引入"协同学"一词。一年后，哈肯与其学生兼合作者格拉哈姆发表了《协同学：一门协作的学说》一文，正式表达了协同学的主要概念和思想。随后，协同学的理论不断发展并日趋完善。1975 年左右，哈肯发表了《远离平衡及非物理系统的合作效应》以及关于广义金兹堡 – 朗道方程的论文。这标志着协同学作为一门新的横断学科初步建立。"按照哈肯的说法，协同学是一门研究结构的横断学科，一门研究远离平衡的系统怎样通过自己组织产生时间、空间或功能结构的科学。"① 作为协同学中的核心概念，哈肯的协同思想至少包含了以下几方面的内容。

（一）协同是用统一的观点应对复杂系统的新方法

这是对协同学理论的高度概括和浓缩，表达了三个层面的意思。首先，它指出了协同学产生的目的和原因。协同学的产生源于对宏观世界宏观现象统一性的探索。协同学认为"世界的统一性不仅在于它们微观构成的单一性，而且表现在宏观结构的形成遵从某些普适的规律"②。正因如此，哈肯一再强调要把"寻找那些千百年来在各个不同学科中分别加以研究的各种系统的普适规律，从而在横向上将自然科

---

① ［德］H. 哈肯：《信息与自组织》，郭治安译，四川教育出版社2010 年版，译者序第3 页。

② ［德］H. 哈肯：《信息与自组织》，郭治安译，四川教育出版社2010 年版，译者序第6 页。

学的各分支甚或社会科学连接起来"① 作为协同学的最终目标。这也成为协同学存在的理由。其次，它指出了协同学研究的对象是复杂系统。所谓复杂系统，"从朴素意义上看，可以把它们看作是由许多同类或不同类的部分（或基元、组分）组成的系统。这些部分或组分的相互联系可以是很复杂的，也可以是不太复杂的"②。没有组元组成的系统不能称为系统，也就没有系统间要素协同的可能，因而不是协同研究的对象。最后，它指出了协同学的方法论特征。从方法论的角度来看，受传统西方文化思想的影响，近代科学一直偏重于分析的方法，即通过把一个系统分解成若干独立的部分来了解整个系统不同方面的性质。而协同学恰恰与此相反。它受益于中国的传统思想，"注意从总体上把握对象，即着重研究各部分之间是怎样以协调一致的动作来产生整体的结构的"③。如《中国通史》第四编第三章第一节 "如遇战事，召集各部落长共同商议，协调兵众，协同作战"，体现的就是相互配合、相互协作、齐心协力的意思。如 "大海成汪洋之势，却以其低而纳百川；天空展无垠之域，然以其高而容日月" 就体现了 "各美其美，美美与共" 的协同观，注重了整体思维、系统思维、辩证思维，强调顺应自然、天人合一。再比如我国封建历史上的朝代更替现象。一个朝代结束战乱后，便开始着力于恢复社会生产生活秩序，随后各阶级阶层进入有条不紊的协作状态，大臣出谋划策，皇帝英明决断，地方士族为了保持社会的安宁、百姓的安乐尽心尽力，百姓也努力生产、安居乐

---

① ［德］H. 哈肯：《信息与自组织》，郭治安译，四川教育出版社2010年版，译者序第7页。

② ［德］H. 哈肯：《信息与自组织》，郭治安译，四川教育出版社2010年版，译者序第4页。

③ ［德］H. 哈肯：《信息与自组织》，郭治安译，四川教育出版社2010年版，译者序第7页。

业。在大家的分工合作下，国家慢慢地进入富强的状态。这就是以儒释道为代表的中国传统协同学的重要特点。

（二）协同是系统自组织演化的主要推动力

系统各要素间通过非线性相互作用而产生某种协同与竞争，从而推动系统的自组织不断演进，是协同学的精髓所在。自组织演化理论是协同学的核心理论。所谓自组织是指系统内部各子系统即使没有外部指令也能按照某种规则自动形成一定的结构或功能。① 自组织的形成需要具备两个条件：第一，系统的开放性；第二，系统内部各要素的协同合作。要深入理解协同的内涵，必须把它放在系统自组织演化的大背景下。在系统自组织演化的整个过程中，系统内部各要素之间、各子系统之间或系统和环境之间将产生异常复杂的非线性相互作用，它们共同推动着系统自组织演化的进程。这种作用包含竞争与协同两个方面，但协同起着主要作用。首先，系统内部诸要素（子系统）或系统与环境之间的竞争是绝对的。要弄清楚这点，我们需要明白竞争和协同的属性特征。系统是要素有机联系的统一体，而竞争是保持事物、系统或要素个体性状态和趋势的因素，协同是促使事物与事物之间、系统与要素之间呈现合作性与集体性趋势和状态的因素。只要事物、系统或要素内部或彼此之间存在差异，竞争就必然存在。这是事物、系统或要素以个体形式独立存在的前提。其次，系统内部诸要素（子系统）或系统与环境之间协同和竞争是相互依存的。没有了竞争，系统就失去了活力，不能再称为"系统"。没有协同，系统的发展就失去了根基。因此，"协同整合的系统必须是以竞争为基础的协同、整

---

① 王起友、张东洁、贾立平：《协同理论视角下的大学生思想政治教育创新研究》，《学校党建与思想教育》2013 年第 23 期。

合，同时存在着竞争因素的合作。没有竞争，就没有合作。竞争不能离开协同而存在，协同同样也不能离开竞争而存在"①。最后，协同在系统内部诸要素（子系统）或系统与环境之间的自组织演化中起主要作用。任何现实的系统都经历着从不平衡到平衡再到新的不平衡的动态发展过程。这是由内部诸要素（子系统）或系统与环境之间的协同与竞争造成的。但协同和竞争在自组织演化中所起的作用是不同的。各事物、系统或要素对外部环境和条件的适应与反应的差异性将引发竞争的加剧，造成事物、系统或要素内部更大的差异性和不平衡性，即涨落，这是系统自组织的首要条件。但这种竞争并不必然导致系统结构和功能的改变。只有当要素之间或子系统之间的协同把涨落趋势联合起来并放大到占据支配地位时，系统的整体演化才会发生，从原来的涨落竞争转变为稳定协同，随后是新的涨落竞争和新的稳定协同，且周而复始，不断循环，从而实现系统从无序到有序、从低级到高级的发展。要素或系统之间的涨落随时发生，能否有效利用它，关键在于人们能否及时发现涨落，并掌握涨落的规律。在唯物辩证法中，对于简单事物，我们可以坚持重点论，坚持抓主要矛盾和矛盾的主要方面，及时发现决定事物性质的特殊存在。而面对复杂事物，我们往往很难迅速抓住主要矛盾和矛盾的主要方面，这时我们就可以利用涨落为我们提供有价值的线索，从而大大提高协同的时效性和准确性。如哈肯所言："我们将看到，很多个体，不管是原子、分子、细胞，还是动物和人，都以其集体行为，一方面通过竞争一方面通过合作，间接

---

① 魏宏森、曾国屏：《系统论——系统科学哲学》，清华大学出版社1995年版，第317页。

地决定自己的命运。"①

（三）协同导致有序，产生协同效应

协同学的贡献在于发现了系统自组织演化的内在动力机制，即系统内部要素之间、子系统之间或系统与环境之间的相互竞争与合作，能够使系统自组织起来达成某一目的，从而实现从无序向有序、从低级有序向高级有序的转变。当系统处于有序状态时，系统整体功能大于各要素（子系统）功能的简单加和，也就是系统产生了 $1+1>2$ 的协同效应。这也是协同学被广泛运用到社会学、行为科学等领域的重要原因。值得注意的是，系统的自组织演化并不是无条件的。协同效应是在一定条件下表现出来的固有特征和规律性。具体来说，包括以下几个条件：第一，开放性条件。开放性条件是指系统内部诸要素（子系统）或系统与环境之间必须保持物质、能量、信息和知识的主动交换。系统开放程度是系统与环境关系的表征。系统完全封闭意味着系统与外界环境物质、信息和能量的交换完全隔绝，系统之间的自发运动就不可能产生。而当系统完全开放时，系统与环境合二为一，系统也就不复存在。因此，系统必须保持充分开放的特性。一方面，系统根据环境情况不断调整自己的目标；另一方面，系统在与外界环境的交换中，不断获取保持系统自身有序的物质、能量及信息，从而产生时间、时间—空间或空间的协同运动。这也是系统论中把开放性条件作为系统自组织演化的边界条件的原因。第二，非线性作用条件。"一般说来，要素之间都存在着相互作用，而且当这种相互作用对某种研究成为不可忽略的时候，整体与部分的关系，就

① ［德］H. 哈肯：《协同学：自然成功的奥秘》，戴鸣钟译，上海科学普及出版社 1988 年版，第 9 页。

不再具有加和性（线性），而具有非加和性（非线性）。"① 非线性相互作用是相对于线性相互作用而言的。在线性系统中，整体之值等于部分的简单加和。相互作用的双方可以分离开来，竞争也好，合作也罢，都是独立的个体。而在非线性系统中，矛盾着的双方相互影响、相互制约又相互依存，表现出丰富的层次性和交叉的因果性，从而构成了一个不可分割的有机整体，共同推动系统向前发展。第三，涨落条件。"从系统的存在状态来看，涨落是对系统的稳定的平均的状态的偏离；从系统的演化过程来看，涨落是系统同一发展演化过程之中的差异。"② 涨落的状态变化是系统演化的内在根据。但涨落具有一定的偶然性，它与耗散和涨落相互联系，相互统一，缺一不可。"耗散是系统自我保持的主导因素，涨落是系统自我创新的主导因素。如果只有涨落，没有耗散，系统就失去了存在的依据；如果只有耗散，没有涨落，系统就不会发生新旧结构的转换，演化在到达某一'终态'后便宣告结束。"③ 因此，系统的涨落与耗散相互依存，既不存在没有耗散的涨落，也不存在没有涨落的耗散。同时，耗散和涨落又相互竞争。当耗散起主导作用时，系统呈现稳定状态；当涨落起主导作用时，系统将失去平衡。也正是在涨落的动态变化中，系统自组织动态有序结构（或耗散结构）的层级转换得以实现。涨落是系统自组织演化的充分条件，涨落作用会导致系统偏离有序结构，并且延长系统恢复到有序结构的时间，即在这个过程中存在"临界减慢"现

---

① 李志才主编：《方法论全书（Ⅲ）自然科学方法》，南京大学出版社 1995 年版，第 56 页。

② 魏宏森、曾国屏：《系统论——系统科学哲学》，清华大学出版社 1995 年版，第 326 页。

③ 颜泽贤：《复杂系统演化论》，人民出版社 1993 年版，第 158 页。

象；系统要达到有序的稳定状态离不开外界信息、能量以及物质的交换。

以上协同思想为我们进一步研究协同奠定了良好的基础。通过以上内容，我们可以看出，不管是西方早期朴素的协同意识，还是我国古代蕴含着的协同思想，抑或是作为一门科学理论的协同学中对"协同"的定义，都具有很多共通的地方，都强调关系的协调性、主体的多元性和过程的动态性。本书在总结以上成果的基础上，结合课题研究的实际，认为协同是在一定时空条件下，系统内部各要素之间或各子系统之间相互影响、相互作用，从而使系统整体性质或功能大于部分性质或功能之和的方式。

二 思想政治教育协同的内涵

界定思想政治教育协同的概念，并对思想政治教育协同、合力进行比较分析，是我们深入开展大学生思想政治教育协同研究的前提和基础。

当前，学者们虽然运用协同学相关理论，对思想政治教育协同予以了诸多积极研究，但对于什么是思想政治教育协同尚未给出清晰的定义。尽管如此，有几点共识却是确定的：第一，思想政治教育协同是提升思想政治教育科学性和实效性的客观要求和现实需要。第二，思想政治教育协同是一个动态运行的过程，其目的是形成思想政治教育的合力，发挥系统的整体功能，实现一加一大于二的协同效应。第三，思想政治教育协同的形成，建立在系统内部要素（或子系统）协同作用的基础之上。结合协同的概念、学者们已达成的共识以及本课题研究的实际，笔者认为思想政治教育协同是指在一定目标引领下，一定动力驱动下，思想政治教育主体通过综合运用各种手段，促使影响人们思想、行为的各要素相互影响、相互作用，实现系统整体性质或功能大于部分性质或功能之和的过程。

要深入理解思想政治教育协同的内涵，我们还需要把它与思想政治教育合力进行比较分析，以弄清楚二者之间的联系与区别。

在马克思主义经典理论中，恩格斯为了论证社会历史的客观规律性，克服唯心主义给社会历史领域带来的负面影响，提出并创立了社会合力理论。他认为"历史是这样创造的：最终的结果总是从许多单个的意志的相互冲突中产生出来的，而其中每一个意志，又是由许多特殊的生活条件，才成为它所成为的那样。这样就有无数互相交错的力量，有无数个力的平行四边形，由此就产生出一个合力，即历史结果"①。根据恩格斯的社会合力理论，我们不难得出结论：合力是一种结果。合力运行的实际过程，都遵循物理学合力的原理，满足平行四边形和三角形的法则。

在马克思主义社会合力理论的指导下，学者们围绕思想政治教育合力的内涵要素以及形成机理展开了积极的研究。在《思想政治教育方法论》一书中，郑永廷指出："所谓教育合力，就是在一定的时间内和一定的条件下，实施综合教育所产生的综合作用。这种综合作用，并不是综合教育中各个单项教育作用的加和，而是比单项教育作用大得多的新的教育力量。"② 也有学者认为"思想政治教育合力是全社会各种思想政治力量相互作用的一种结果状态"③。它通常表现为三种形式，即正合力、零合力和负合力。合力结果的不同与各种力量作用方

---

① 《马克思恩格斯选集》第 4 卷，人民出版社 2012 年版，第 605 页。
② 郑永廷：《思想政治教育方法论》（第三版），高等教育出版社 2022 年版，第 289 页。
③ 教育部思想政治工作司组编：《思想政治教育原理与方法》，高等教育出版社 2010 年版，第 248—249 页。

式的差异有直接关系。可见，思想政治教育合力的产生与物理学合力产生的原理高度一致，即思想政治教育合力的大小取决于协同主体施力的方向，如果协同主体目标方向一致，力就会共同作用于同一个地方，这时思想政治教育的合力就会最大化；反之，如果施力目标方向不一致，主体之间的力就会相互消减，甚至合力不及某一个单独的力。通过上述分析，我们可以得出结论：思想政治教育合力就是不同群体和个人开展思想政治教育时产生的力量之和或之差。增强思想政治教育合力需要协调各种力量，确保施力主体目标方向一致。

除了从合力的内涵方面进行探讨，也有学者从思想政治教育合力的构成要素角度进行分析，提出"只有直接作用于对象身上的社会因素才可以成为思想政治教育合力的分力"，因此，思想政治教育合力的分力主要包括学校教育、家庭教育和社会教育。① 还有学者根据思想政治教育合力的生成原理来探讨合力，认为思想政治教育合力形成的基础是"合利"，而"互利互惠"是思想政治教育合力形成和发展的根本前提。②

综合学者们的研究，我们对思想政治教育合力有了比较清晰的认识。首先，思想政治教育合力是一种新的力量，它不能等同于原有力量的简单加和。其次，思想政治教育合力表述的是一种结果状态，是各种力量共同作用的结果。最后，思想政治教育合力的分力更多的是指从事思想政治教育的主体的力量。人的因素才是合力要素的考虑范畴。由此，我们也可以得出结论，思想政治教育协同和思想政治教育合力有相同的地方，也有差异。

---

① 潘玉腾：《论思想政治教育的合力》，《探索》1998 年第 1 期。
② 刘社欣：《论"合利益性"是思想政治教育合力形成的应然性原则》，《学校党建与思想教育》2009 年第 8 期。

首先，二者在一定条件下可以画等号。思想政治协同及合力都可以表示一种结果，用来描述思想政治教育各种力量相互作用、相互影响的结果状态。当我们说思想政治教育协同形成或合力形成时，二者所隐含的意思基本是一致的。那就是思想政治教育系统发挥了整体功能，实现了 $1+1>2$。这是一种比较理想的结果状态。

其次，二者相互联系，不可割裂。思想政治教育合力是思想政治教育协同的努力方向和追求目标，思想政治教育协同是思想政治教育合力发挥作用的内在要求和实现方式。思想政治教育的合力有正合力、零合力和负合力。而我们所追求的合力是正合力。这种合力的形成并不是无条件的，它需要建立在思想政治教育协同的基础上，通过协调思想政治教育主体间的关系，整合思想政治教育的要素资源来实现。换言之，开展思想政治教育协同的目的就是优化资源配置，形成思想政治教育的合力。

最后，二者之间不能简单进行等同。思想政治教育协同不能简单等同于思想政治教育合力。深究而言，其外延要大于思想政治教育合力。第一，思想政治教育合力是一种结果，是相对静止的状态；而思想政治教育协同不仅是静态结果的呈现，更强调思想政治教育合力形成的过程，即形成合力的各种要素和力量互相作用的方式，具有动态性。第二，思想政治教育合力着重强调主体力量的整合，而思想政治教育协同是全方位的，既包括协调主体成员之间的关系，也包括对目标、制度、人才和方法等要素的整合和优化。第三，思想政治教育协同强调顶层设计，整体推进，比思想政治教育合力的站位更高，更能凸显思想政治教育系统运行过程的复杂性和艰巨性。

三　大学生思想政治教育协同的内涵

通过以上内容，我们对协同的内涵以及思想政治教育协同的内涵已经有了比较清晰的认识和理解。下面我们将立足大学生群体的特殊性，对大学生思想政治教育协同的内涵进行分析和阐述。

大学生思想政治教育协同，是思想政治教育协同的重要组成部分。对其概念的界定，我们遵循从一般到特殊的原则。综合上文对思想政治教育协同概念的分析，笔者认为，大学生思想政治教育协同是指在一定目标引领下，一定动力驱动下，大学生思想政治教育主体通过综合运用各种手段，促使影响大学生思想与行为的各要素相互影响、相互作用，实现多元互动、有效衔接，从而实现系统整体性质功能大于部分性质功能之和，进而落实"立德树人"根本任务的良性动态发展过程。

它对于深入开展大学生思想政治教育协同研究具有以下启示：第一，大学生思想政治教育协同研究要以协同思想为指导，在复杂系统的视角下探讨大学生思想政治教育协同的形成条件，即协同系统内部各要素在何种时空条件下，才能达成协同，形成合力，产生协同效应。第二，大学生思想政治教育协同研究要系统分析大学生思想政治教育协同系统的构成要素，它是大学生思想政治教育协同研究的前提。只有弄清楚了协同系统的要素构成、要素关系，才能为大学生思想政治教育协同其他问题的探讨奠定基础。第三，大学生思想政治教育协同研究要重点探讨大学生思想政治教育协同的方式，即大学生思想政治教育协同的构成要素种类以及要素之间的联结方式和实现整体功能的运行方式。对该问题的研究力图揭示大学生思想政治教育协同的内在规律，夯实本书的理论基础。第四，大学生思想政治教育协同研究要注重协同的评价。要通过建立一整套科学有效的评价指标和评价方法，从多角度检验协同的有效性，不断推进高校全员育人、全过程育人、全方位育人局面的形成。

第二节　大学生思想政治教育协同的特点

大学生思想政治教育协同的特点是大学生思想政治教育系统各要素之间、子系统之间以及系统和环境之间相互作用时所表现出来的特性。深入理解大学生思想政治教育协同的特点，才能更好地把握大学生思想政治教育协同的方向。

一　协同功能的整体性

大学生思想政治教育协同功能的整体性是指大学生思想政治教育协同系统是由若干要素构成的有机整体。要素之间通过协同作用，能够表现出整体性质和功能不等于各个要素性质和功能之和的属性。整体性是大学生思想政治教育协同最鲜明、最基本的特征之一。首先，从主观建构的视角来看，整体性是大学生思想政治教育协同研究的基本出发点之一。深入研究大学生思想政治教育协同，就是把它作为一个整体，去探讨其构成要素之间如何通过竞争与合作形成合力，实现系统整体性质和功能大于部分性质和功能之和。其次，从事物存在的方式来看，整体性是大学生思想政治教育协同之所以能与其他事物或系统相区别的本质特征。正因为大学生思想政治教育协同是一个整体，它才可以作为一个相对独立的个体存在，从而与其他事物或系统进行区分。也正因为有了这样的整体性，相对的差别性才得以存在，整个世界才得以保持质的多样性。最后，从事物演化的过程来看，整体性是大学生思想政治教育协同系统在运动中能够保持稳定的根本所在。

大学生思想政治教育协同的要素之间以及要素和环境之间，只有不停地进行信息、能量和物质的交换，并且在交换中保持一定限度的整体性，大学生思想政治教育协同系统整体的质和功能才能得以体现。大学生思想政治教育协同系统演化的过程就是大学生思想政治教育协同系统不断适应环境或改造环境的过程。在这个过程中，大学生思想政治教育协同系统可能被部分改变，也可能发生质变，发展到新的阶段。但不管结局如何，大学生思想政治教育协同系统总是与特定的整体性相伴随。当旧的机制消亡时，旧的整体性也不复存在。而新系统的建立，又伴随着新的整体性的诞生。因此，在一定意义上，正是因为具有了整体性，大学生思想政治教育协同系统才得以实现整体演化。

要深刻认识大学生思想政治教育协同功能的整体性，就必须在大学生思想政治教育协同整体和部分的对立统一中、整体与环境的有机联系中寻找突破口。

（一）整体与部分对立统一

系统的整体性，通常是指系统整体大于部分，但这并不具有必然性。这是因为系统整体与部分之间的关系状况，根本上由系统要素之间的作用方式决定。当要素之间互相制约时，内耗就会产生，使系统整体小于部分之和，如"三个和尚没水吃"；当要素之间没有协同作用，相互独立时，系统整体等于部分之和，如一袋米；当要素之间互相配合、互相协同时，系统就会出现新的质，从而使系统整体大于部分之和，如按照一定规则修砌的楼房。亚里士多德认为，"整体由若干部分组成，其总和并非只是一种堆集，而其整体又不同于部分"①。系

———————————

① 北京大学哲学系外国哲学史教研室编译：《古希腊罗马哲学》，生活・读书・新知三联书店1957年版，第37页。

统整体与部分关系的复杂性对我们把握大学生思想政治教育协同的整体性提出了更高的要求。立足整体与部分的对立与统一，对于认识大学生思想政治教育协同的整体性具有重要意义。

一方面，大学生思想政治教育协同的整体与部分相互区别。这种区别客观存在且不以人的意志为转移，具体表现为大学生思想政治教育协同的性质功能和运动规律必须从整体上予以呈现。而呈现出来的新特性又是整体所特有的，整体形成以前的各个组成部分不可能单独具备。同时，存在于大学生思想政治教育协同整体中的各部分，不论其是否能独立存在，在整体中才能获得部分的特有性能，一旦脱离整体，就再也无法独立体现。正如黑格尔所言："全体的概念必定包含部分。但如果按照全体的概念所包含的部分来理解全体，将全体分裂为许多部分，则全体就停止其为全体。""一个活的有机体的官能和肢体并不能仅视作那个有机体的各部分，因为这些肢体器官只有在它们的统一体里，它们才是肢体和器官，它们对于那有机的统一体是有联系的，决非不相干的。只有在解剖学者手里，这些官能和肢体才是单纯的机械的部分。但在那种情况下，解剖学者所要处理的也不再是活的身体，而是尸体了。"① 在大学生思想政治教育协同活动中，整体和部分的关系体现得淋漓尽致。如单一的主体协同或载体协同对提升大学生思想政治教育的效果非常有限，但当协同主体、动力、环境等多种要素共同作用时，大学生思想政治教育协同的整体功能便得以呈现。这种功能却不是某一个部分可以达到的。

另一方面，大学生思想政治教育协同整体与部分的区别又是相对的，整体和部分在一定条件下可以相互转变。"任何系统整体，它又是

---

① ［德］黑格尔：《小逻辑》，商务印书馆 1980 年版，第 282 页。

更大系统的部分，具有构成更大系统整体的特性。"① 大学生思想政治教育协同也不例外。它既是不同要素构成的整体，兼具构成要素所不具有的整体特性；又是其他系统诸如思想政治教育系统的组成部分，具有构成更大系统整体的特性。同时，大学生思想政治教育协同系统与要素具有高度的统一性，二者不可分割。没有要素，大学生思想政治教育协同系统不能称为系统。同理，没有大学生思想政治教育协同系统，也就没有了所谓的构成要素。因此，大学生思想政治教育协同的整体性既来源于要素、部分有机联系的综合，也来源于系统关系的统一和协调。

（二）整体与环境有机联系

系统环境是指与系统组成元素相互影响、相互作用而又不属于这个系统的所有事物的总和。② 系统与环境的关系主要有以下三种：一是系统在环境中，同时保持着自身的独立性。二是系统内部之间的联系一定大于同外部的联系。三是系统离不开环境。③ 大学生思想政治教育协同的整体性，不仅需要在大学生思想政治教育协同整体与部分的对立统一中把握，还需要在大学生思想政治教育协同与环境的有机联系中深化认识，主要原因在于以下方面。

第一，大学生思想政治教育协同整体与环境的界限划分具有不确定性。首先，从大学生思想政治教育协同与其环境的关系来看，二者是相对的。大学生思想政治教育协同具有很强的层次性（后面会具体论述）。从本层次来看，环境是大学生思想政治教育协同之外的东西，

① 邹珊刚等编著：《系统科学》，上海人民出版社 1987 年版，第 81 页。
② 颜泽贤、范冬萍、张华夏：《系统科学导论——复杂性探索》，人民出版社 2006 年版，第 77—78 页。
③ 参见霍绍周编著《系统论》，科学技术文献出版社 1988 年版，第 35 页。

但从更高层次来看，上面提及的协同之外的环境又成了大学生思想政治教育协同的基本要素。其次，大学生思想政治教育协同与环境相互依赖又相互制约。环境作为"整体"，又会对大学生思想政治教育协同产生促进或阻碍作用。而作为环境的有机组成部分，大学生思想政治教育协同又可以通过自反馈与自调节，对相应环境的整体演化与发展产生协调或干扰。二者相互作用的过程存在着连续的、大量的物质、能量以及信息的交换，难以精确地划分交换过程中的每个元素是处于系统之内还是系统之外，这也在一定程度上造成大学生思想政治教育协同与环境间界限的相对模糊性。

第二，大学生思想政治教育协同的整体性表现为大学生思想政治教育协同整体、要素以及环境的有机联系和辩证统一。大学生思想政治教育协同整体功能的产生在于保持大学生思想政治教育协同整体、要素与环境的相互关联。关联使得大学生思想政治教育协同整体、要素与环境之间相互影响，相互协作，以至形成协同效应，呈现出整体的特征。大学生思想政治教育协同系统、要素和环境之间的关联是多样化的，既可以是结构和功能层面的关联，也可以是因果和起源层面的关联。但不管是哪种形式，关联的本质是一样的，都是源于物质、能量和信息的交换。没有持续性交换，大学生思想政治教育协同的整体性就不复存在。同时，大学生思想政治教育协同整体、要素以及环境的相互关联也构成了大学生思想政治教育协同整体演化发展的过程及趋势。没有协同整体、要素以及环境的复杂的非线性相互作用，也就没有大学生思想政治教育协同的整体演化发展。

在大学生思想政治教育协同特性中，整体性居于前提地位。只有科学把握大学生思想政治教育协同的整体性，我们才能深入理解大学生思想政治教育协同的内涵，更加明确构建大学生思想政治教育协同的重要意义，为进一步正确处理大学生思想政治教育协同整体、要素与环境的关系奠定坚实的基础。

二　协同要素的层次性

大学生思想政治教育协同要素的层次性主要是指由于大学生思想政治教育协同构成要素及其结合方式的差异而导致的大学生思想政治教育协同在地位与作用、结构和功能方面的等级差异性。层次性是大学生思想政治教育协同功能整体性的具体表现，也是大学生思想政治教育协同的基本特征。科学认识大学生思想政治教育协同要素的层次性，才能准确把握大学生思想政治教育协同功能的整体性。

(一) 深层特性

深化对大学生思想政治教育协同深层特性的认识，是科学认识大学生思想政治教育协同的层次性的首要要求。第一，大学生思想政治教育协同的层次具有相对性。它是大学生思想政治教育协同整体和要素之间相对性关系的体现。大学生思想政治教育协同是由一定要素构成的系统，而这些要素又由更低一层的要素构成；与此同时，大学生思想政治教育协同本身又是构成更大系统的要素。大学生思想政治教育协同整体和要素之间的相对性关系，同样适用于大学生思想政治教育协同高层次系统和低层次系统之间。高层次系统作为整体，包含并制约着低层次系统，且具有超越低层次系统原有属性的属性；而低层次系统作为部分构成且从属于高层次系统，并保持着自己的独立性。同时，大学生思想政治教育协同的每一个高层次系统都是更高一层系统的子系统，而每一个低层次系统又是其低一层系统的整体。伴随着人们对大学生思想政治教育协同活动认识的不断加深，大学生思想政治教育协同也不断向广度延伸，向深度拓展。尽管如此，大学生思想政治教育协同层次的区分依然是相对的。这是我们理解大学生思想政治教育协同层次性的前提和基础。第二，大学生思想政治教育协同层次间的联系具有确定性。如上所述，大学生思想政治教育协同的层次区分具有相对性，但这并不影响大学生思想政治教育协同不同层次间联系的确定性。大学生思想政治教育协同之所以能够发挥整体功能，形成合力，主要是因为大学生思想政治教育协同要素或层次之间存在着相互作用，使得涨落得以放大，从而使整个系统发生变化。换言之，没有要素或层次间的相互联系和相互作用，大学生思想政治教育协同的整体性也就无可依傍。大学生思想政治教育协同的整体功能更无从发挥。第三，大学生思想政治教育协同的层次具有多样性。划分大学生思想政治教育协同的层次，可从不同角度进行。既可以根据大学生思想政治教育协同的主体进行划分，也可以根据大学生思想政治教育协同的方式进行划分，还可以根据大学生思想政治教育协同的时空关系进行划分。但不管怎样划分，都与大学生思想政治教育协同实践密切相关，是大学生思想政治教育层次多样性的反映。同时，对于划定的每一个层次，我们又可以依据一定的标准将其划分出多个层次。这也正说明了大学生思想政治教育协同层次的多样性是统一性中的多样性以及多样性中的统一性的有机结合。

（二）层次结构

要科学认识大学生思想政治教育协同要素的层次性，还必须动态把握大学生思想政治教育协同层次与结构、功能及其发展的联系。层次结构是使大学生思想政治教育协同功能得以发挥的重要因素。不同层次的大学生思想政治教育协同功能各不相同，这是因为不同层次的大学生思想政治教育协同在层次结构和结合强度方面有着显著的差异。其中，层次结构反映了大学生思想政治教育协同要素的组合方式，而层次结合强度则反映了大学生思想政治教育协同要素间的作用方式。大学生思想政治教育协同的层次越低，要素之间的结合强度就越大，大学生思想政治教育协同的确定性就越强，相对应的灵活性即对外界环境的适应能力就越弱。而要实现从较大的确定性到较小的灵活性的转变，需要经过多阶段的发展。每一个阶段对应着一个层次，每一个层次又意味着"新质"的产生，即一种新的整体关系或关联的确立。同时，由于大学生思想政治教育协同的层次区分具有相对性，这也直接导致无论大学生思想政治教育协同处于什么样的层次，其功能都具有双重性。一方面，它是一个整体，需要其他要素有机黏合在一起；另一方面，它又扮演着要素的角色，是更大系统的子系统。大学生思想政治教育协同功能的双重性也使整个系统处于不同层次的联系之中。从发展的眼光来看，大学生思想政治教育协同的层次性就是大学生思想政治教育协同发展连续性和间断性的有机统一，是大学生思想政治教育协同实现从低级向高级、从无序到有序转变所必须采取的方式，是大学生思想政治教育协同自身不断优化的结果。

（三）层次类型

要科学认识大学生思想政治教育协同要素的层次性，还必须正确看待大学生思想政治教育协同层次与类型之间的辩证统一关系。系统的层次性在纵向上可划分为若干高低不同的等级，其中低一级系统是高一级系统的有机组成部分。同时每一等级又可以在横向上被划分为多侧面的互相联系、互相制约又各自独立的层次。这也就意味着我们不仅可以用层次性来揭示大学生思想政治教育协同纵向的等级性；还可以用层次性来揭示大学生思想政治教育协同横向的多种状态及其共性，即类型性。大学生思想政治教育协同的层次性与类型性是辩证统一的。一定的类型，往往贯穿于多个层次；一定的层次，也往往横跨多种类型。二者紧密联系，纵横交错，构成了一个复杂的立体网络。以高校本科思想政治理论课联盟为例，在同一层次，又包括主体、平台等多类型的协同；以大学生思想政治教育主体协同为例，在同一类型，又包括教育部、地方政府、社区、高校等不同层次的协同。

层次性理论为我们提供了分析问题、解决问题的新思路和新方法。科学认识大学生思想政治教育协同要素的层次性，对于我们进一步准确把握大学生思想政治教育协同功能的整体性具有重要意义。也只有正确、深刻理解了大学生思想政治教育协同要素的层次性，才能更好地将整体性落到实处。

三　协同方式的开放性

大学生思想政治教育协同方式的开放性主要是指大学生思想政治教育协同自身所具有的通过适应或改造环境而保持自身稳定或向上发展的属性。开放性是大学生思想政治教育协同的又一显著特征，有三个原因：第一，开放是所有系统的本性。"系统无论是有生命的还是无生命的，无一不是与周围环境有着相互依存和相互作用的开放系统。"①系统的层次性原理也告诉我们现实中每一个系统都是相对的，在这个层次是整体，在更高层次就成了要素。因此，每个系统都处于一定的环境之中。大学生思想政治教育协同也不例外。作为一个复杂系统，大学生思想政治教育协同也具有层次性。每一个构成要素或层次对于

---

① 乌杰：《系统辩证论》，人民出版社 1991 年版，第 24 页。

其他要素或层次而言就是环境，因而也都需要在一定程度上向外界开放。第二，开放是大学生思想政治教育协同自组织演化实现的前提条件之一。大学生思想政治教育协同的整体功能，主要依靠大学生思想政治教育协同内部要素之间的自组织演化来实现。在这个过程中，大学生思想政治教育协同对外界环境的开放、随机涨落的放大，及其要素之间的竞争与协作具有决定作用。开放使大学生思想政治教育机制内部某些偏离稳定状态的涨落不断放大，从而使大学生思想政治教育协同得以实现从低级向高级、从不平衡到平衡再到新的不平衡再到新的平衡的演化。没有开放，大学生思想政治教育协同也将失去其相应的功能，失去存在的价值。第三，开放是大学生思想政治教育协同保持适应性的前提。系统具有整体稳定性是形形色色的系统能够被区分开的主要原因；而系统在外部环境干扰和内部环境作用下的局部变异则是系统得以在动态之中保持稳定的前提。新形势下，大学生思想政治教育工作也面临着一些新情况、新问题。大学生思想政治教育协同要能够对这些情况和问题做出积极的回应，从而保持大学生思想政治教育协同自身的适应性。而回应本身便意味着对环境的开放以及对环境中不适应情况的积极主动的调整。如此，大学生思想政治教育协同才能充满活力并保持活力。要深入理解大学生思想政治教育协同的开放性，必须加强对开放特点本质的把握。

（一）环境的改造

大学生思想政治教育协同的开放是对环境适应或改造的过程。根据唯物辩证法内外因关系原理，内因是变化的根据，外因是变化的条件。外因通过内因而起作用。而内外因之间要发生相互作用，必须在一个开放的系统中，进而引发事物从量变到质变。大学生思想政治教育协同的开放，使得协同本身与环境之间、内因与外因之间得以相互联系和相互作用，双方整体优化得以实现。大学生思想政治教育协同的层次具有相对性特点，大学生思想政治教育协同的环境也具有相对性特点。这也决定了大学生思想政治教育协同对环境的开放，既可以是对外开放，也可以是对内开放。大学生思想政治教育协同对外开放，意味着其低层次向高层次的开放，在开放的过程中，大学生思想政治教育协同与环境之间会产生相互竞争又相互合作的关系，推动着大学生思想政治教育协同向前发展；而大学生思想政治教育协同对内开放，则意味着大学生思想政治教育协同内部要素之间将产生多层次、多水平的协同作用，从而保持大学生思想政治教育协同的稳定有序。综上所述，大学生思想政治教育协同的过程就是协同本身与环境交换物质、能量与信息的过程。在这个过程中，大学生思想政治教育协同适应或改造了现有的环境，维持着自身的平衡和发展。

（二）开放的有限性

大学生思想政治教育协同的开放是有限的开放，这是由大学生思想政治教育协同的内在属性决定的。当大学生思想政治教育协同开放为零时，大学生思想政治教育协同与外界之间的联系为零。在这种情况下，大学生思想政治教育协同将变得僵化，失去自组织的活力，难以适应变化了的环境，也难以继续向前发展。相反，当大学生思想政治教育协同完全开放时，大学生思想政治教育协同与外界的边界将不复存在，协同与环境融为一体，将无法再保持其自身的独立性，发挥其特有的调节反馈功能。这背离了大学生思想政治教育工作的意识形态性。大学生思想政治教育必须贯彻鲜明的政治导向，这也决定了大学生思想政治教育协同对环境既不能是完全封闭的，也不能是完全开放的，适度很关键。适度开放的标准主要依靠大学生思想政治教育协同自身的调节机制来把控。这种调节机制的存在，使得协同本身可以有条件、有选择、有过滤地向环境开放。

（三）空间与时间的开放

大学生思想政治教育协同的开放是空间开放与时间开放的有机统一。大学生思想政治教育协同在空间上的开放性，具体表现为其形成条件、方式和评价体系的开放性。首先，从其形成条件来看，既有主观的队伍建设条件，也有客观的经费、制度条件；其次，从其方式来看，既有教育部主导、社区主导方式，也有高校主导、高校和企业联合主导方式；最后，从其评价体系来看，既有对大学生思想政治教育协同资源条件、影响力的评价，也有对大学生思想政治教育协同相关运行制度及保障机制的评价。除此之外，大学生思想政治教育协同的构成要素也体现了较强的空间开放的色彩。如大学生思想政治教育协同的主体既有高校，也有社会和家庭；协同方式既有内部协同，也有外部协同；既有横向协同，也有纵向协同。除了空间上的开放，大学生思想政治教育协同在时间上也表现出很强的开放性。以对"大学生"的界定为例，学者们普遍倾向于将"大学生"界定为"当代大学生"，但"当代"也是个动态的概念。不同年龄、不同年级的大学生具有不同的特点。这也是学者们之所以界定"90后"大学生、"00后"大学生，并对他们进行比较研究的原因。"大学生"的动态性促使关于大学生思想政治教育协同的研究必须面向未来开放。同时，面对新时期、新形势，特别是互联网背景下的大学生思想政治教育，大学生思想政治教育协同也必须因时而进、因势而新，不断提升其自身的适应力，这也要求其面向未来开放。此外，我们在构建大学生思想政治教育协同时，也要遵循大学生成长的规律。大学只是人生的一个阶段。对大学生的思想政治教育，既要帮助他们尽早认识大学、适应大学，合理规划大学；也要帮助他们尽早完成社会化，早日成为中国特色社会主义事业的合格建设者和可靠接班人。因此，大学生思想政治教育协同不仅要面向未来开放，还要面向过去开放，保持时间的连续性。

掌握大学生思想政治教育协同的开放性具有重要意义。"系统与外界之间的开放性本质是一种动态适应性"①，它告诉我们在构建大学生思想政治教育协同时，不仅要考虑大学生思想政治教育协同的整体、要素、结构和层次的状况，还要考虑协同本身与客观环境之间的相互联系和相互作用；不仅要看到大学生思想政治教育协同方式的开放在促进大学生思想政治教育中的积极作用，也要密切注意环境中的不利因素对大学生思想教育的阻碍作用，从而掌握和处理好开放的过程。大学生思想政治教育协同的开放性也反映出大学生思想政治教育主体紧跟前沿问题、把握实践需求的意识和能力，为大学生思想政治教育协同系统的动态演化提供了前提条件。

四 协同指向的目的性

任何系统都表现出一定的目的性。一般系统论创立者贝塔朗菲把系统的目的性定义为一种具有高度能动性的活动。他认为："系统不是被动的，而是能动的，具有高度主动性的活动，这就是它的目的性。"② 系统的目的性居于系统的开放性基础之上。离开系统的开放性，也就没有系统内部以及系统与环境的相互作用，系统的目的性也

---

① 张驰：《系统思维视域下思想政治教育的作用机理探究》，《思想理论教育》2022 年第 4 期。

② 乌杰编：《马列主义的系统思想》，人民出版社 1997 年版，第 22 页。

就无法体现。换句话说，系统的目的性是系统发展变化时呈现出来的鲜明特征。

大学生思想政治教育协同指向的目的性，是指大学生思想政治教育协同在自组织演化过程中，会针对环境的实际情况有选择地作出反应和调整，从而保持自身的自主性、稳定性和协调性，保证预先的发展方向。大学生思想政治教育协同的自组织能力越强，其目的性也就越显著，越高级。大学生思想政治教育协同指向的目的性，主要体现在以下几方面。

(一) 非线性相互作用的结果

大学生思想政治教育协同指向的目的性是大学生思想政治教育协同内部要素以及大学生思想政治教育协同与环境之间非线性相互作用的结果。系统与环境之间存在两种相互作用的类型，一种是简单的线性作用，一种是复杂的非线性作用。根据以上相互作用的类型，我们又可以把系统分为因果系统和目的系统。其中，简单线性作用对应着因果系统。在整个作用过程中，环境向系统输入，系统也向环境进行输出；复杂的非线性作用则对应着目的系统。当环境向系统输入时，系统可以通过自己的反馈调节机制去应对环境的影响，从而使系统保持自身的有序性和协调性。大学生思想政治教育协同之所以能保持自身的能力，不在内外力的作用下崩溃，主要是因为大学生思想政治教育协同本身具备有序稳定结构。而这种有序稳定结构的形成正是大学生思想政治教育协同内部要素以及大学生思想政治教育协同与环境之间非线性相互作用的结果。大学生思想政治教育协同吸收内部要素以及其与环境相互作用所产生的信息，并通过信息反馈来协调内部要素间的关系以及系统与外部环境的关系，从而使大学生思想政治教育协同演化发展的过程表现出较强的目的性。因此，"系统之所以具有目的性，其根本原因在于系统内部以及系统与环境的复杂的非线性相互作用"①。

（二）发展阶段性与规律性的统一

大学生思想政治教育协同指向的目的性是发展阶段性与规律性的有机统一。大学生思想政治教育协同的目的性首先表现为发展的阶段性。根据系统自组织演化原理，系统之所以能保持稳定，在于系统中存在负反馈机制，从而使系统表现出一定的目的性。但是系统的稳定是相对的，系统总是处于从不稳定到稳定再到不稳定再到新的稳定的动态变化之中。系统的目的性随着系统的发展变化呈现出明显的阶段性特征。大学生思想政治教育协同作为一个复杂系统，其自组织演化也遵从系统的一般原理。在发展的不同阶段，大学生思想政治教育协同的目的性也不尽相同。具体来说，表现为两种形式：一种是形式上的稳定存在，达到了一定的稳定状态就是达到了相应的目的；另一种是逐次向更高的循环层次跃迁，从而实现稳定增长。因此，大学生思想政治教育协同的目的性本质上是跟协同发展趋向于更稳定的状态相联系的，表现为大学生思想政治教育协同发展变化的阶段性特征。即不同阶段，大学生思想政治教育协同具有不同的目的。没有最后的稳定状态，也没有最终的目的。同时，大学生思想政治教育协同的目的性又表现为发展的规律性，是走向其"目标"的自组织运动。在实现自组织演化的过程中，大学生思想政治教育协同不是无目的的运动，相反，它总是朝着确定的方向进行，表现为有序的和合目的性的发展，

---

① 魏宏森、曾国屏：《系统论——系统科学哲学》，清华大学出版社 1995 年版，第 234 页。

体现了很强的规律性特征。事实上，发展的阶段性和规律性是大学生思想政治教育协同目的性的两个方面。只讲发展的阶段性，就是在否认大学生思想政治教育协同目标子系统之间的联系；只讲发展的规律性，则是在否认大学生思想政治教育协同发展的复杂性与曲折性。具体来说，就是在一定的发展阶段，一定的范围内，无论大学生思想政治教育协同内外部环境条件如何变化，大学生思想政治教育协同总朝着某个确定的方向发展，表现出很强的目的性。当然，也有另外一种情况，就是当大学生思想政治教育协同内外部环境发生变化时，大学生思想政治教育协同根据变化的环境进行自我调节，从而使协同本身能够积极适应新的环境，进入新的发展阶段。在新的阶段，大学生思想政治教育协同原有的目的性被破坏，转化为新的目的性，继续牵引着大学生思想政治教育协同向确定的方向发展。

（三）与非目的性相伴相随

大学生思想政治教育协同指向的目的性与非目的性始终相伴相随。要弄清大学生思想政治教育协同指向的目的性与非目的性的关系，我们首先需要了解反馈的本质特征。"反馈是系统的输出和输入之间，以及系统之中的不同要素、不同关系之间的相互作用。"① 由此可见，反馈的本质在于信息的传递。大学生思想政治教育协同反馈的目的，就在于及时了解协同主体的协同动向，并监测协同的状况，修正、调节过程中的偏差，保障协同的协调发展。根据反馈的目的和效应，大学生思想政治教育协同反馈形式可以分为正反馈和负反馈。其中，正反馈是维持大学生思想政治教育协同的因素，其作用在于对大学生思想

---

① 魏宏森、曾国屏：《系统论》，世界图书出版公司 2009 年版，第 311 页。

政治教育协同过程进行纠偏，保证系统向预期目标运行，是最常见的反馈方式。而负反馈恰恰相反，它不仅使大学生思想政治教育协同偏离预期目标，甚至可以导致原有协同的解体。尽管如此，大学生思想政治教育协同正反馈在一定条件下依然具有"锦上添花"的作用。它通过放大涨落，推动大学生思想政治教育协同向前发展，使大学生思想政治教育协同从原有的稳定状态进入新的稳定状态。在这个过程中，一种旧的目的性被打破，新的目的性可能产生。这也说明大学生思想政治教育协同的目的具有多样性、层次性。而与正负反馈相对应的控制的目的就在于在多种可能性空间中进行有方向、有层次的选择。当大学生思想政治教育协同的涨落不断放大进而发生真正的质变时，控制将不再发挥显著的作用。因此，大学生思想政治教育协同的发展既有确定性，也有不确定性，具体表现为发展的合目的性与非目的性的对立统一。

大学生思想政治教育协同指向的目的性特征说明：大学生思想政治教育协同的运动发展就是瞄准发展的终极目标，不断缩短现实目标与终极目标的差距，最终实现终极目标的过程。因此，我们要充分发挥主观能动性，预先确定大学生思想政治教育协同的目标，并注重通过协同反馈机制来实现目标。

第三节　大学生思想政治教育协同的作用

"作用"作为一个名词，特指对事物产生的影响、效果和效用，凸显的是事物功能发挥所带来的相应结果。事物具备什么样的功能是事物产生作用的前提，但是事物如果不能与其他事物发生关系，便不能产生相应的作用。大学生思想政治教育协同研究命题产生于特定的历史背景，是对大学生思想政治教育现状的深刻反思。对其作用的研究昭示着其在大学生思想政治教育实践中对各构成主体的思想和行为所产生的影响以及现实效果，有利于及时回应和解决大学生思想政治教育中的困难与问题。大学生思想政治教育协同的作用，主要包括目标导向作用、要素整合作用、关系协调作用和行为规范作用四个方面。

一　目标导向作用

目标导向是管理学的一种理论，主要研究人们为了达到目标所表现的行为。该理论认为，人的行为是由人的动机决定的，人有了动机就会去选择和寻找目标，并采取行为。这个行为一般包括两个层面，一是目标导向行为，二是目标行为。其中，目标导向行为是为寻找目标而表现出来的行为，它实际上是一个选择、寻找和实现目标的过程。而目标行为是直接满足需要的行为。任何一个目标的实现，都必须由目标导向行为进入目标行为。但是，如果目标导向过程过长，则容易打击主体的信心；目标设置不具有挑战性，则无法激发主体的动机。因此，为了保持高强度的动机，协同主体的主要成员就必须交替使用目标导向行为和目标行为，并进入新的目标导向过程，即通过提出富有挑战性、成员们都感兴趣的目标，提供有助于目标实现的条件和机会，促进目标的实现，然后去寻找、制订新的目标。大学生思想政治教育协同的目标导向作用，是指大学生思想政治教育协同对于促进大学生思想政治教育目标实现具有的正向激励和引导作用，主要表现在以下两个方面。

（一）明确目标导向

大学生思想政治教育的最终目的是促进大学生的全面发展，使之自觉成长为中国特色社会主义现代化事业的合格建设者以及党和人民期待的有理想、敢担当、能吃苦、肯奋斗的新时代好青年，为实现中华民族伟大复兴的中国梦贡献力量。这个教育目的与大学生思想政治教育协同理念不谋而合。大学生思想政治教育协同的过程就是协同主体并肩作战，为了共同目标而奋斗的过程，虽然协同主体育人的方式不同，途径也有所差异，但都以立德树人为目标，以促进大学生的自由全面发展为旨归，有利于形成大学生思想政治教育的合力。当前世界面临百年未有之大变局，大学生身处价值取向多元、社会思潮多样的社会环境，对大学生思想政治教育提出了更高的要求。大学生思想政治教育协同的开展，要更加注重从目标入手，通过制定具体明确的、可量化的、可实现的、与总目标相关联的、有明确时限的目标，凝聚协同主体共识，激发协同主体的内在动力，并在一个个目标的实现过程中，增强大学生思想政治教育的获得感。

（二）引导目标行为落地

大学生思想政治教育工作是高校的一项重要工作，关系着高校人才培养的质量。高校要坚持把立德树人作为思想政治教育工作的根本任务和中心环节，贯穿于教育教学全过程，用立德树人来带动和推动高等学校的教育教学、学科建设、科学研究、社会服务、国际交流和学校管理等一切工作，并且紧密结合高校教学科研各项工作做好立德树人工作。大学生思想政治教育协同，既可以确保大学生思想政治教育活动的正确政治方向，又可以指导大学生思想政治教育活动遵循高校思想政治工作规律、教书育人规律、大学生成长成才规律，提升大学生思想政治教育工作服务高校的教学、科研和管理工作的水平，推进目标行为落地。同时，大学生思想政治教育协同的形成，也有利于深化协同主体对立德树人的理解以及对大学生思想政治教育工作的认知，形成共识，加强合作，并在此过程中增强教育工作者的工作自豪感和荣誉感，激发他们工作的主动性和积极性，使他们自觉肩负起教书育人的神圣使命，立足岗位，多做贡献。

二　要素整合作用

习近平总书记在党的二十大报告中强调"必须坚持系统观念"，为推进大学生思想政治教育协同提供了新的契机。随着大学生思想政治教育工作的不断加强，大学生思想政治教育系统内部要素与结构在分化与整合的辩证统一中也取得了长足发展，极大地推动了大学生思想政治教育的专业化、科学化、精准化进程。但由于分工细化等现实问题，大学生思想政治教育系统内部也不同程度地存在着"失衡""断裂"等现象，主要表现为多元主体认识不足，缺乏系统思维，部门各自为政，导致大学生思想政治教育整体性推进不足，协同发力的自觉性不高；基础理论知识合力增量不足、应用理论知识转化滞后等问题导致理论研究与实践发展速度不匹配，支撑性不足；思想政治教育学科与哲学、政治学、心理学、社会学、教育学相融合导致的学科边界模糊、研究规范性不足等。这些现象的存在将严重影响大学生思想政治教育系统整体功能的发挥和价值的实现。

"思想政治教育系统良性和协调发展的关键，在于合理组织力量，科学配置资源，有序开展活动，把思想政治教育的各个要素有机整合起来，形成合理结构，实现思想政治教育功能最大化。"① 这一规律同

---

① 教育部思想政治工作司：《思想政治教育原理与方法》，高等教育出版社 2010 年版，第 257 页。

样适用于大学生思想政治教育协同系统。其良性和协调发展也需要对各种要素进行整合与优化配置，从而深度发掘系统协同的潜力，突破系统发展的瓶颈，发挥要素组合的优势，促进要素功能的互补。

中国特色社会主义进入新时代，赋予了大学生思想政治教育新的使命。大学生思想政治教育协同的形成，将强化顶层设计、全局视野和系统思维，整体推进大学生思想政治教育系统要素整合优化，实现系统价值增值和功能倍增，以更好地服务大学生思想政治教育的现代化发展。大学生思想政治教育要素整合作用主要体现为主观层面的理念整合和客观层面的资源整合。

（一）理念整合

理念整合是大学生思想政治教育协同的应有之义。大学生思想政治教育协同理念整合作用的发挥在于通过大学生思想政治教育协同，凝聚主体思想共识和价值认同，形成主体系统的思想合力。理念整合体现着系统性、综合性的特点。

大学生思想政治教育活动的有效开展，首先需要教育主体在教育理念方面达成共识。这些理念既包括对大学使命、任务、办学方向以及办学规律的认识，也包括对大学生思想政治教育规律的认识。在我国，高校要坚持社会主义办学方向，把社会主义核心价值观教育贯穿于人才培养的全过程，引导大学生自觉用社会主义核心价值观来指导自己的学习、生活和社会实践活动。这既是中国特色社会主义大学的根本使命，也是高校教育工作者的根本职责。但要保质高效地完成这项工作，仅仅靠某一个主体是远远不够的。大学生思想政治教育协同，对内可以促进高校思政课教师、辅导员、专业课教师等主体协同育人理念的转变，推进思政课、校园文化活动、专业实践的有机融合，提升大学生思想政治教育的综合水平；对外可以动员全社会共同行动起来，加强各主体的相互参与，拓展思想政治教育内容，构建大学生思想政治教育共同体，形成大学生思想政治教育的合力，为大学生的健康茁壮成长共同努力。

（二）资源整合

资源整合不是单纯的给予，也不是单纯的索取，而是资源的交换，目的在于利用别人的优势弥补自身不擅长的环节，通过资源置换实现主体利益的最大化，以及善用彼此资源创造共同利益。大学生思想政治教育协同的资源整合作用表现为通过对大学生思想政治教育实施过程中的人力、物力和财力资源进行整合，促进资源共享，提升资源的利用效率。

要发挥大学生思想政治教育协同的资源整合作用，首先需要对资源进行分析。大学生思想政治教育协同系统不是孤立存在的，它强调将各子系统要素共同放置在整个大学生思想政治教育系统内，在充分发挥各系统要素优势的基础上加强各要素主体之间的联系，实现主体间合作的优势互补。首先要"知己知彼"，即通过对协同主体成员拥有的大学生思想政治教育资源清单进行分析，来明确资源的性质，如哪些是一次性资源，哪些是长久资源，哪些是过时的资源；哪些是紧俏的资源；哪些是贬值的资源，哪些是升值的资源；哪些是可以置换的资源，哪些是无效的资源。其次是资源要素的组合运用，这也是资源整合的关键所在。通过对资源的分析，协同主体对不同来源、层次、特点、结构、内容和功能的资源有了更全面的了解，也对大学生思想政治教育的资源需求有了更清晰的认知。接下来就需要对现有的资源采取选择、配置、激活和融合等措施，让资源组合更具有弹性，更富有系统性和价值性，最终引发要素之间的同频共振，实现系统的容量增值和功能增长。

三 关系协调作用

"协调"，顾名思义，就是和谐一致，配合得当，即通过正确处理组织内外的各种关系，创造组织正常运转的良好条件和环境，促进组织目标的实现。大学生思想政治教育协同的关系协调作用，是指在大学生思想政治教育协同形成过程中，为达到理想状态对协同系统内部要素以及系统与环境之间的关系进行调整而产生的积极作用。大学生思想政治教育协同本身就是一个复杂系统，由众多相互联系、相互作用、相互制约的子系统要素构成。要实现大学生思想政治教育的协同发展，就要使各系统要素之间多一些合作，少一些内耗，并在相互作用的过程中形成 $1+1>2$ 的协同效应。反之，系统整体功能等于或者小于部分功能之和。而要实现要素间的协调一致，就需要从全局的高度来协调大学生思想政治教育协同系统内部诸多要素，减少系统要素内耗发生，以实现大学生思想政治教育协同的预期目标。大学生思想政治教育协同的关系协调作用主要体现为内部关系协调和外部环境协调两个方面。

（一）内部关系协调

大学生思想政治教育协同的内部关系协调主要是通过对大学生思想政治教育系统内部要素进行协调，促使各要素相互配合、协调统一。由于大学生思想政治教育协同主体成员职能职责不同，主体成员在处理大学生思想政治教育问题时立场和观点也不尽相同。不同部门的局部利益和整体利益之间以及不同部门之间都可能存在利益的矛盾和冲突，如果协调不当，势必影响整体工作效率。大学生思想政治教育协同系统的运行，有利于构建一个协调有序的整体，调和不同主体之间的利益纠纷，保证大学生思想政治教育工作的正常进行。

大学生思想政治教育内部关系协调作用发挥得当，必须把握五个关键：一要立足"生"字，即坚持以生为本，把学生的需求放在第一位。协同主体要能立足学生思考问题，摒弃部门利益和局部利益，一切以有利于学生的成长为出发点，开展大学生思想政治教育工作。二要突出"实"字，即坚持实事求是，以事实为依据。无论协调解决大学生思想政治教育中的何种矛盾纠纷，各协同主体都需要从调查研究入手，深入学校、学生实际，多途径、多渠道了解大学生思想政治教育的现状。没有实事求是的态度，就很难找准问题的症结，找到解决矛盾的最优方案，甚至在协调中会误入主观主义的歧途，不但无助于问题的解决，反而会使矛盾恶化，增加解决问题的难度。三要着力"公"字，即客观公正。在协调大学生思想政治教育矛盾时，要尽量不偏不倚。切忌以个人的主观偏好来主观臆断，更不能有偏袒某一方的言行。对于协调中意见未被采纳的情况，要耐心讲明道理，增强信服力。四要用好"活"字，即坚持具体问题具体分析，充分考虑不同协同主体成员的利益和诉求，尽可能缩小不同意见之间的距离，使各方都能够接受协调的结果。五是把握"统"字，即统一思想、统一步调。所有协同主体成员都必须在党委领导下，根据领导意见和授权范围开展大学生思想政治教育工作，不能偏离范围，人为地制造出各种不协调。

（二）外部环境协调

大学生思想政治教育协同的外部环境协调作用主要是通过协调大学生思想政治教育系统与外部环境系统之间的关系，促进大学生思想政治教育系统有机协调、有序运转。"单一的学校教育无法塑造出社会需要的完整的人，脱离社会的教育无异于空中楼阁，是虚幻而不现实的。"① 大学生思想政治教育作为教育的一种，具有显著的开放性，离不开社会环境系统的支持与匹配。要保持大学生思想政治教育内部系统与外部环境系统之间的协调一致，就必须善于发挥大学生思想政治教育的协同作用，有效化解大学生思想政治教育系统与外部环境系统之间的矛盾，促使二者始终处于相互协调和密切配合的良好状态，推进大学生思想政治教育系统在外部环境系统支持下平稳有序发展。如通过推进社会实践融入"大思政课"，破解思政课鼓励分段的现实困境，打造纵横联动的育人新格局，更好地落实立德树人的根本任务；通过推进大学生创新创业教育与思想政治理论课的融合发展，共同培养符合新时代需求的复合型、创新型人才；通过采用新媒体、新技术，提升大学生思想政治教育方式选择的精准化水平，增强大学生思想政治教育的吸引力和影响力等。

当前，世界处于百年之未有大变局，全球经济政治格局也正在发生深刻的变化，我国意识形态领域面临着许多新情况新问题：西方部分国家政客将污蔑中国作为最大的"政治正确"，部分西方媒体自带滤镜看待中国……此外，新媒体、新技术发展所带来的变革性影响也愈发明显和突出，使信息网络成为影响社会各个方面的重要因素。大学生思想政治教育也面临着来自环境的诸多挑战。要最大限度消除外部环境对大学生思想政治教育的牵制或阻碍，就必须通过大学生思想政治教育协同构建全员、全过程、全方位开展大学生思想政治教育的大格局，推进信息网络时代思想政治教育提质增效。

---

① 张传宇：《试论高校思想政治教育的合力机制》，硕士学位论文，复旦大学，2010年。

四　行为规范作用

大学生思想政治教育协同的行为规范作用，主要是通过制定一系列规章制度、行为标准，建立一系列工作机制，确保大学生思想政治教育协同活动有章可循、有据可依，并沿着预定的方向持续深入推进。加强大学生思想政治教育协同规范化建设，既是协同主体认真贯彻落实协同育人战略，积极参与大学生思想政治教育理念创新、制度革新的现实需要；也是确保大学生思想政治教育协同有序运行，推进大学生思想政治教育提质增效的内在要求。行为规范功能，主要表现为对大学生思想政治教育协同行为主体的规范和对大学生思想政治教育协同行为过程的规范两方面。二者相辅相成、互相补充，共同推动着大学生思想政治教育协同活动的有序开展。

(一) 行为主体规范

行为主体规范，主要是通过制定一系列协同主体认可和普遍接受的具有一般约束力的行为标准，规范大学生思想政治教育主体的行为，使其不断调整自己的言行，并尽可能地与大学生思想政治教育协同的目标和方向保持一致。它包括行为规则、道德规范、行政规章、团体章程等，对协同主体成员具有引导、规范和约束作用，是协同主体开展大学生思想政治教育协同实践的标准和依据。

大学生思想政治教育协同主体是大学生思想政治教育协同系统中最基本、最重要的因素。协同主体参与大学生思想政治教育协同活动的意愿及其在活动中的配合程度，直接影响着大学生思想政治教育协同活动的实施效果。协同主体参与大学生思想政治教育协同活动越积极，协调合作的良好关系越容易建立。与之相对应，主体成员在充分履行自己职责的同时，也能更加主动地配合对方的工作，由此不断提升大学生参与思想政治教育活动的积极性，增强教育的实效性。

但在实践中，仍有部分教师对育人责任认识不够深刻，在协同育人、构筑育人合力方面缺乏主动性，部分青年学生自我教育的主动性不强，"等、靠、要"问题凸显，迫切需要加强与学校育人主体之间的沟通，主动接受育人主体的教育引导等。作为管理者，首先需要从制度层面进一步明晰协同主体各自的工作职责，确保协同主体清晰地知晓协同的目标和流程，并按照预期的方向一步一个脚印地走下去。同时，管理者还需要时刻关注协同主体成员的行为和言辞，并采取必要的措施确保大学生思想政治教育协同的整体效应不会受到过多的影响。这可能包括加强协同主体间的沟通和协作，建立健康有效的管理关系，提供开展协同的必要资源以及通过培训增强协同主体对协同育人的认识，提升协同主体的协作能力，从而提高协同主体的自信心和专业度等。

(二) 行为过程规范

大学生思想政治教育协同，不仅要求主体行为协调一致，而且要求协同运行的过程在可控的范围内，这实际上也彰显了大学生思想政治教育协同行为过程规范的作用。大学生思想政治教育协同行为过程规范作用主要是通过建立有效的工作机制、实施必要的管理手段来实现的。

在大学生思想政治教育实践工作中，受制于协同主体的素质、资源条件、客观环境，大学生思想政治教育协同的运行可能会与预期的目标和方向产生不同程度的偏离。这就需要管理者建立有效的监督机制，及时引导复盘，以便及时纠正偏差。监督机制的最大作用不在于发现大学生思想政治教育协同中的问题或者惩罚协同主体，而是让每一个协同主体都知道有"监督"的存在，以这种方式提醒协同主体在开展大学生思想政治教育时有所顾忌，减少不必要的问题。除了有效的监督，引导及时复盘也是大学生思想政治教育协同必不可少的手段。通过定期召开协同主体工作会议，了解大学生思想政治教育协同运行情况，不仅可以向优秀的成员学习经验，还可以激发其他成员不断地反思自己的工作，为后续的协同奠定坚实基础。但由于每个主体都有自己的本职工作，都不愿意增加工作量，所以管理者必须建立相应的交流总结机制，促进协同主体交流经验、反思工作，如建立大学生思想政治教育协同联席会议制度，通过定期推送优秀典型事迹深入挖掘大学生思想政治教育协同的好经验好做法，营造比学赶帮超的氛围等。

通过"建立监督机制、引导及时复盘"，有助于大学生思想政治教育协同主体增进共识，统一行动，使协同过程和环节处于可控的范围，使协同运行沿着预期的方向进行，使大学生对教育的内容加深理解并自觉接受，进而选择正确的政治立场及信仰。

第二章　大学生思想政治教育协同的形成条件

　　大学生思想政治教育协同研究，首先需要对协同的形成条件予以分析。只有运用辩证思维，明确大学生思想政治教育协同与其形成条件的因果关系，才能更系统地理解大学生思想政治教育协同。基于发生学视角，研究大学生思想政治教育协同的形成条件，可以看出大学生思想政治教育协同是主客观条件共同作用的结果，二者相互依存，缺一不可。

第一节　大学生思想政治教育协同形成的主观条件

　　所谓主观条件，即影响大学生思想政治教育协同形成的内部条件，反映了大学生思想政治教育主体对协同的认可度和接纳度，是大学生思想政治教育主体发挥自身主观能动性开展大学生思想政治教育的必备条件。综合来看，大学生思想政治教育协同形成的主观条件主要包括五个方面，即主体强烈的协同意愿、科学的共享观念、开放的育人思维、良好的沟通素质和高效的团队协作。

一　强烈的协同意愿

意愿，顾名思义，就是指由于个人对某种事物的看法或想法而产生的为达到某个特定目标和方向而努力的原动力。它包括两个层面的意思：第一，意愿的产生基于主体对事物的主观看法和想法，这种看法和想法影响着主体的进一步行动。第二，意愿是主体付诸努力的原动力。它表征着主体愿意付出努力的程度。如果主体意愿强，则会付出较大的努力；反之，努力的原动力将会大大减弱。协同意愿是指主体基于对协同的看法或想法而产生的为实现协同目标而愿意互相配合协作的主观心态。在大学生思想政治教育协同的形成过程中，主体协同意愿起着至关重要的作用。

（一）协同意愿的重要性

第一，协同意愿是大学生思想政治教育协同的原动力。心理学认为，发自内心的意愿是一个人行动的动力所在。一个人拥有了积极向上成长的意愿，就会自动自发产生向上努力的行为，将之运用在大学生思想政治教育协同中也有异曲同工之妙。大学生思想政治教育主体只有拥有了协同的意愿，才会主动寻求合作资源，建立合作关系，推动大学生思想政治教育协同向纵深发展。如果主体协同意愿不强，主体愿意为促进协同形成而努力的原动力将严重不足，大学思想政治教育协同的形成也就失去了动力支持。因此，大学生思想政治教育协同的形成要首先致力于在主体心中种下意愿的种子，构建大学生思想政治教育协同的美好愿景，让主体愿意为了实现愿景目标而协作，这也是大学生思想政治教育协同主体建立协同关系的基本前提。

第二，协同意愿决定大学生思想政治教育的协同程度。协同意愿不仅是大学生思想政治教育协同形成的原动力，而且决定着大学生思想政治教育协同的程度。有什么样的意愿，就有什么样的行为。这是因为，大学生思想政治教育协同的形成离不开主体的参与。而主体参与到什么程度、愿意拿出怎样的资源参与、产生怎样的参与效果则取决于主体落实协同的意愿。没有协同开展大学生思想政治教育的意向或意愿，协同的效果将大打折扣。换言之，如果大学生思想政治教育协同的相关主体能够意识到协同的重要性并倾向于和其他主体建立协同关系，主体间的协同水平就会比较高，协同效应就会呈现。

（二）协同意愿的影响因素

在过去的 20 年，大学生思想政治教育主体的协同意愿经历了从无到有、从弱到强的变化。与之对应的是大学生思想政治教育主体实际行为从没有或少有协同、单兵作战到主动开展协同合作，全员育人、全过程育人、全方位育人局面渐趋形成。这种变化证实了大学生思想政治教育主体协同意愿对主体实际协同行为的影响。但是，主体的协同意愿并不必然导致协同行为的产生。根据计划行为理论，人的行为并不是百分百地出于自愿，而是处在控制之下，是经过深思熟虑的计划的结果。结合大学生思想政治教育协同实践来看，协同意愿尽管决定着大学生思想政治教育协同主体的实际行为，但其本身并不是静止不变的。外在的因素会对主体的协同意愿产生影响，进而影响协同的行为。这些因素，具体包括三个方面。

第一，主体本身的行为态度。行为态度是指主体对特定行为所保持的积极或消极评价的主观倾向。大学生思想政治教育主体的协同意愿首先受教育主体本身的行为态度即教育主体对协同行为所持有的评价的影响。积极的评价能够激发教育主体协同的意愿，继而推动教育主体的协同行为；而消极的评价则会产生相反的效果，阻碍协同行为的进行。大学生思想政治教育协同形成过程中，主体的行为态度起着导向作用。态度越积极，协同意愿就越强，协同行为就越有可能产生。

第二，外在的主观规范。主观规范是教育主体对是否采取特定行为所感受到的社会压力的认知。压力的大小取决于具有影响力的个人或团体对主体是否采取特定行为所造成的影响的大小。大学生思想政治教育主体协同意愿的强弱与外在主观规范有直接关系。外在主观规范越强，个人或团体对主体采取协同行为的影响越大，主体采取协同行为的可能性越大。这是因为当对教育主体有重要影响的人认为教育主体应该执行或实施协同行为时，教育主体往往会遵从周围人们的意愿而采取协同行动。对协同主体有影响力的个人或团体既可以是思想政治教育领域的权威专家，也可以是某些意见领袖，还可以是学校分管思想政治教育工作的主要领导或学工、团负责人。他们对协同的思想观点以及对协同行为的支持力度，在不同程度上影响着大学生思想政治教育主体的协同意愿，进而影响着大学生思想政治教育协同形成的进程。

第三，感知行为控制。感知行为控制是指主体对从事特定行为难易程度的感知。大学生思想政治教育协同的形成不是一蹴而就的。在其形成过程中，教育主体往往会对大学生思想政治教育协同行为的难易程度进行感知与评估，从而决定是否采取进一步的协同行为。而感知难易程度的关键是教育主体对自己所掌握的资源与机会的预期与信心。教育主体对自己所掌握的资源与机会拥有的自信越多，对大学生思想政治教育协同行为可能遭遇阻碍的预期就会越少，也越有信心能够解决大学生思想政治教育协同行为可能遭遇的阻碍，相对应地对大学生思想政治教育协同行为的控制感就越强。这种控制感反过来又会增强教育主体主动、自觉开展大学生思想政治教育协同活动的主观意愿。反之，教育主体感知难度越大，协同的意愿将会越弱，采取协同行为的可能性就越小。

（三）协同意愿的提升路径

在大学生思想政治教育协同的形成过程中，主体协同意愿发挥着重要作用。没有强烈的协同意愿，也就没有深入的协同合作，大学生思想政治教育协同也就不可能形成。因此，政府和高校要着力于培养大学生思想政治教育协同主体正向积极的行为态度，提升外在主观规范对大学生思想政治教育协同主体的影响力，增强大学生思想政治教育协同主体的感知控制能力，从而不断提升协同主体的协同意愿，推进大学生思想政治教育协同的进程。

第一，培养主体正向积极的行为态度。正向积极的行为态度往往与大学生思想政治教育协同的获得感相伴随。这种获得感是大学生思想政治教育协同主体在协同的过程中产生的积极正向的感受、体验以及评价，是感性认识和理性认识共同作用的结果，具体包括思想认同带来的欣悦感、实践运用带来的收获感以及成功收获带来的满足感。大学生思想政治教育协同带来的获得感越高，主体对参与协同的感受和评价也就越正向，协同意愿也就越强，行为也就越积极。因此，政府和高校要致力于提升大学生思想政治教育协同的获得感，从而强化主体正向积极的行为态度。具体来说，可以通过加强教育引导，提升教育主体对大学生思想政治教育协同重要性的认识，形成思想政治协同育人的理念共识；在大学生思想政治教育协同实践中，激发主体重新审视大学生思想政治教育协同带来的获得感；在帮助大学生成长、成才、成功的过程中，引导主体品味大学生思想政治教育协同带来的满足感。

第二，强化主观规范的正面影响。要发挥主观规范的正面作用，首先要重视制度的规范保障作用，通过加强制度建设强化大学生思想政治教育协同的应然性。在 2004 年以前，大学生思想政治教育协同较少被提及。大学生思想政治教育主体的协同意愿并不强烈，协同行为很少发生。2004 年年初，中共中央开始从顶层进行设计，先后出台多个文件，系统推进大学生思想政治教育。大学生思想政治教育主体协同意愿逐渐增强，协同实践也逐步深入。党的十八大以来，以习近平同志为核心的党中央高度重视大学生思想政治教育工作，坚持立德树人，为构建全员、全过程、全方位育人的大学生思想政治教育新格局奠定了坚实的基础。大学生思想政治教育主体协同的意愿更加强烈。各地纷纷探索大学生思想政治教育协同的新理念、新思路和新方法，大学生思想政治教育智库、思想政治教育协同中心以及思想政治教育信息化平台等建设项目如雨后春笋般不断涌现，大学生思想政治教育协同初步形成。大学生思想政治教育协同的发展也进一步证实了制度建设对协同形成的正向作用。除了依托制度，还需要深化高校主要领导对大学生思想政治教育协同的认识，引导他们充分肯定大学生思想政治教育协同的意义和价值，继而通过他们对相关协同主体施加影响，引导协同主体积极参与大学生思想政治教育协同实践。

第三，提升主体感知控制能力。一是加强思想政治教育协同培训，提升协同主体信心。主体感知控制能力的培养是一个长期的、持续的过程，而走好当下的每一步是大学生思想政治教育协同主体必须做出的选择。政府和高校要通过加强专业培训，引导协同主体准确评估自身开展协同的资源以及周边环境的支持情况，并通过制订详细的协同计划提振主体开展思想政治教育协同的信心。二是加强平台建设，促进资源信息共享。大学生思想政治教育协同主体的感知控制能力既受自身技术、能力、缺点等内在控制因素的影响，又受资源、信息等外在控制因素的制约。政府和高校要积极搭建协同主体间信息沟通和合作交流的平台，促进大学生思想政治教育主体的信息资源共享，为大学生思想政治教育协同提供物质保障，从而不断提升协同主体的掌控感，增强协同主体开展大学生思想政治教育协同的意愿。

二 科学的共享观念

"共享"来源于美国教授马科斯·费尔逊（Marcus Felson）和伊利诺伊大学教授琼·斯潘思（Joel Spaeth）提出的"共享经济"。随后，共享行业不断拓展，从经济领域逐步发展到教育领域。近年来，随着社会的发展，共享的内涵和外延进一步拓展，人们对共享发展的认识也进一步深化，共享发展的理念日益深入人心，其核心理念是"人人参与、人人尽力、人人享有，旨在让全体社会成员平等参与社会活动，平等享有社会活动的一切成果"[①]。在大学生思想政治教育协同实践中树立科学的共享观念，就是要以促进大学生的自由全面发展为根本目标，以"以生为本"为根本原则，人人参加大学生思想政治教育，人人分享大学生思想政治教育资源，人人享用大学生思想政治教育质量提升的成果，为大学生思想政治教育协同奠定认识基础。

（一）共享观念的重要性

第一，科学的共享观念为凝聚协同主体思想共识奠定了理念根基。思想观念作为一种社会意识，总是与一定的社会存在相联系，

---

① 王刚：《以"五大发展理念"统领高校思想政治教育》，《思想教育研究》2016 年第 7 期。

并反映着社会存在。当今时代，各种思潮相互激荡，各种文化相互交融，各种观念相互碰撞。社会思想观念的多元化，在提升社会活力的同时，也冲击着协同主体对大学生思想政治教育协同的认知方式。因此，大学生思想政治教育协同的形成，首先要解决协同主体的观念问题，使他们在思想上达成共识，在行动上保持一致。而科学的共享观念拒绝平均主义，强调各司其职，各安其位，人人参与，人人共享，为协同主体达成理念共识、采取协同行动奠定了良好的基础。有这样的观念作为指导，各协同主体才能进一步明确自身在大学生思想政治教育协同中扮演的角色和肩负的职责，积极参与或主导大学生思想政治教育协同实践。大学生思想政治教育协同才有可能形成。从我国现有的教育体制看，大学生思想政治教育质量的提升，不仅事关学生本人、学校及家庭，更事关中国特色社会主义现代化事业接班人的质量和中华民族伟大复兴中国梦的实现。因此，学校、学生、家庭和社会应自觉担负起大学生思想政治教育的责任，推动大学生自由全面发展，把青年大学生培养成中国特色社会主义事业的合格建设者和可靠接班人。大学生个体也要积极开展自我教育，不断提升自我。

第二，科学的共享观念为推进协同主体的有效合作提供方向指引。科学的共享观念要求大学生思想政治教育协同必须以促进大学生的自由全面发展为根本目标，坚持以生为本，一切从大学生的需要和根本利益出发，以促进大学生的自由全面发展。这为协同主体的有效合作指明了方向。也正是在共享观念的指引下，协同主体可以朝着预定的目标实施合作，并推动大学生思想政治教育协同的形成。具体来说，大学生思想政治教育协同就是要尊重大学生的主体地位，激发大学生的主体意识，发挥大学生的主人翁精神，提升大学生参与思想政治教育的主动性和自觉性；要尊重大学生的个体间差异，满足大学生内在的个性化需求，提升大学生思想政治教育的精细化和精准化程度；要关注大学生的内心感受和心理需求，强化大学生思想政治教育的心理疏导功能，坚持将对大学生的思想引领和解决大学生的实际问题相结合。

第三，科学的共享观念为协同主体跨部门资源共享提供动力保证。资源是指一切对人们有用的东西，包括人、财、物等方面，具有相对稀缺性和不均衡性等特点。资源共享就是在协同主体间将人财物等资源分享使用，让每一位协同主体都能享受资源的红利，从而提升资源的使用效率，实现资源协同的良好效应。大学生思想政治教育协同的形成，要最大限度地挖掘育人资源之间的共享根基，打破育人过程中"分而治之"的壁垒，实现资源的共建共享和优化配置，不断适应大学生思想政治教育协同的开放性要求，提升大学生思想政治教育协同的活力。这就需要协同主体具备共享的观念，愿意将有限的资源进行分享，提高资源的效益。这些资源不仅包括教材和课堂所传递的知识，而且包括协同主体的生活经历、人生经验等。通过资源的共享，协同主体得以实现知识共享、理念共享和价值观共享，不断推进大学生思想政治教育协同落地。

（二）共享观念的培育路径

共享观念的培育关键在于贯彻落实共享发展理念，在高校有效建构起共享型思想政治教育的良好生态。

第一，坚持和谐相济的建构理念。共享型思想政治教育生态是对过去和谐校园建设理念的延续和升华，它要求大学生思想政治教育主体以和谐校园建设为目标，打造和合的校园文化，实现校园系统内部物质、能力和信息的不断交换。这种交换既可以在教学领域、科研领域、后勤领域和社会服务领域等多个领域展开，也可以在不同学院之间、不同学科之间以及专业的不同层次之间展开，还可以在人才培养的不同环节展开。同时，高校还要主动向外拓展，与其他高校对接，与党政机关合作，与社会组织及社会公众建立联系，促进高校与高校之间、高校与政府之间、高校与社会之间大学生思想政治教育资源的相济共享。共享的范围和期限可以根据实际需要由协同主体协商决定。资源的类型既可以是有形的，也可以是无形的。

第二，夯实共享心理的建构基础。共享型思想政治教育生态的建构依赖于大学生思想政治教育协同主体的共同努力和积极行动。这种共同努力和积极行动本质上表现为一种互利和利他心理。这是由大学生思想政治教育资源的有限性属性决定的。每个主体要想实现资源利用最大化，就都必须学会将手中的资源和他人共享，从而实现彼此利益的最大化。但这种共享并不是无条件的。资源的共享必须与共建相互结合，二者相互依存，不可分离。共享是共建的目的，共建是共享的前提。只有将共享和共建紧密结合，才能实现更大范围的共享。事实上，大学生思想政治教育主体共建的水平也直接决定着共享的水平。因此，各协同主体应加强共享心理的培育，积极适应形势的发展，坚持在互惠互利的基础上展开合作，不断推进共建共享活动的科学化和常态化。

第三，落实政治生态的建构中心。大学生思想政治教育协同系统的有序运行必须依赖整体的社会生态环境，其中政治生态是关键。这是由大学生思想政治教育的意识形态属性决定的。大学生思想政治教育协同的目的在于通过全员、全过程、全方位协同育人构建传递主导价值观，把大学生培养成有理想、敢担当、能吃苦、肯奋斗的新时代好青年，促进大学生思想政治素质和道德品质与国家、社会需要无缝对接。因此，共享型思想政治教育生态的建构必须坚持以政治生态建构为中心。只有这样，才能真正与学生身心发展规律相适应，与高校外的社会生态相协调，与高等教育事业发展相一致，大学生思想政治教育协同的价值才能生动呈现。同时，政治生态也包含高校内部权力对政治的重视程度。只有高校领导层从意识形态工作极端重要的视角审视大学生思想政治教育协同，才能推进共享型思想政治教育生态的建设，营造共建共享的校园文化氛围，让共享观念开花结果。

三　开放的育人思维

开放的育人思维，实质上是强调在"开放育人"理念指导下的思维方式。它要求在国际、国内双重环境中考察大学生思想政治教育。这种开放不仅包括空间上的延展性，而且更指向时间上的连续性，是对整体育德理念的深化和发展，特别强调育人的开放性、综合性和统一性的有机统一。

（一）开放育人思维的重要性

第一，开放的育人思维有利于协同主体审思大学生思想政治教育的理念与现实。大学生思想政治教育协同不是主观臆测的产物，而是协同主体对新形势下大学生思想政治教育深刻审思的结果。这种审思首先在于对大学生思想政治教育理念的反思。"所谓大学者，非谓有大楼之谓也，有大师之谓也。"清华大学前校长梅贻琦教授关于大学的这番定义已经成为中国大学的标杆。事实上，大学之"大"，在于"大学给予人们一种开阔的视野、开放的思维和充分、自由、全面、和谐发展的空间"①。而大学教育的真谛在于"它强调的是开放性、发散性、立体性、自由性和创造性，注重以开放的视野、发散的视角、立体的维度、自由的模式和创造性的气魄来培养人、造就人"②。两者的共同点在于都强调自由与开放的气度。作为大学教育的重要组成部分，大学生思想政治教育，也需要正确把握社会影响与学校教育的互动，以开阔的胸襟迎纳社会现实。协同主体对新形势下大学生思想政治教育的开放性审思，进一步凸显了坚持发展的开放性与创新性、构建大学生思想政治教育协同的重要性和现实性。事实上，新形势下的大学生思想政治教育现状是推进大学生思想政治教育协同的事实与前提，而协同主体运用开放性思维审思大学生思想政治教育现状，是架起现实与大学生思想政治教育协同的桥梁。它加速了大学生思想政治教育协同形成的进程。离开协同主体的开放育人思维，开放性审思也将不复存在，大学生思想政治教育协同也难以被正式提上日程。

第二，开放的育人思维有利于协同主体接纳大学生的新变化。当代大学生是在改革开放以及经济全球化大背景下成长起来的一代，精神世界的主流是积极向上的，他们热爱祖国，信念坚定，对实现中华民族伟大复兴的中国梦充满信心。他们乐于接触新鲜事物，信息面广，兴趣广泛，敢于创新，个性张扬。同时，他们也是互联网最大的用户群体，每日在浩瀚庞杂的网络信息中游走，个性需求更加明显，独立意识和参与意识更加突出，思想活动也呈现出开放性的特征。这对大学生思想政治教育协同主体提出了更多更新的要求。协同主体秉持开放育人的理念，可以积极回应大学生的新变化、新特点、新需求，让

---

① 骆郁廷主编：《当代大学生思想政治教育》，中国人民大学出版社 2010 年版，第 97 页。
② 骆郁廷主编：《当代大学生思想政治教育》，中国人民大学出版社 2010 年版，第 97 页。

思想政治教育更加贴近实际、贴近生活、贴近大学生的思想，不断增强大学生思想政治教育的获得感。

第三，开放的育人思维有利于协同主体提升新理念、学习新知识、打造新亮点。高等教育的大众化，增加了大学生群体的复杂度。不同层次、不同种类的大学生齐聚在校园，无形中增加了大学生思想政治教育的难度。由于育人理念片面化、育人职能条块化、育人方法空泛化等原因，大学生思想政治教育存在育人体系协同不足、育人合力作用发挥不足、"教""学""管"人才培养体系贯通不足等问题。大学生思想政治教育理论与实践在育人场域中产生的差距要求协同主体用开放的思维创造新理念，学习新知识，探索适合不同群体的思想政治教育工作方法，着力破解新旧问题交织的困境，形成可供推广的亮点和经验。

第四，开放的育人思维有利于协同主体提升解决问题的能力。大学生思想政治教育要取得实效，必须以解决现实思想问题为目标。这些现实思想问题往往受现实的主客观因素影响，是困扰大学生思想的一系列矛盾。要想切实解决好这些矛盾，就需要统一协同主体的思想，凝聚协同主体的共识，激发协同主体解决现实问题的活力。信息社会的到来，增强了学校内部、学校与学校、学校与社会的联系。大学生思想政治教育要继续发挥主导性作用，其根本出路就在于保持一定的开放度，一方面充分发挥社会影响因素的育人功能，另一方面引导学生深入社会、了解社会，促进大学生思想政治教育与生动社会实践的有机结合，帮助学生将深刻深奥的理论认识与鲜活的社会实践结合起来，加深对理论的理解和应用，从而进一步强化大学生思想政治教育的效果。

（二）开放育人思维的培育路径

大学生思想活动的新变化，高等教育的大众化、国际化以及信息社会的到来，对构建大学生思想政治教育协同也提出了更高的要求。只有与时俱进，坚持从空间、内容、环境和方式方面不断拓展育人思维，才能构筑大学生思想政治教育的新格局，推进大学生思想政治教育协同的形成。

第一，加强育人思维的空间拓展。随着高等教育全球化的日益推进，教育的视野也应该有所转变，不仅仅要关注国内，更要有国际化的战略眼光，要立足中华民族伟大复兴的战略全局和世界百年未有之大变局来引领大学生思想政治教育的高质量发展，着眼培养具备国际视野、适应世界形势发展、符合时代变化和国家事业发展需要的新时代好青年。同时，要加强国内外大学生思想政治教育的比较研究，积极学习和借鉴国外在学生事务管理方面的先进理念、优秀成果和丰富经验，不断探索国内外大学生思想政治教育工作的交流、对话与合作机制，丰富现有的协同理论与实践形式。

第二，加强育人思维的内容拓展。党的二十大报告指出："必须坚定历史自信、文化自信，坚持古为今用、推陈出新，把马克思主义思想精髓同中华优秀传统文化精华贯通起来。"大学生思想政治教育也应深入挖掘和阐发中华优秀传统文化的时代价值，为培育有理想、敢担当、能吃苦、肯奋斗的新时代好青年的价值观提供精神内核。同时要充分吸纳中国特色社会主义理论发展的新成果、新观点，密切联系当下中国社会改革与发展的实际，及时解读当前社会的热点问题，用最新的理论、最鲜活的事例、最及时的分析引导大学生将理论与实际相联系，不断拓展大学生思想政治教育的内容体系。

第三，加强育人思维的环境拓展。要紧密结合大学生思想政治教育的传统环境与新兴环境，运用大数据的思维方式和技术支撑，协同开展大学生思想政治教育，构建大学生思想政治教育网络协同。既要坚持正面宣传，弘扬主旋律；又要善于揭示各种非主流社会思潮的本质，把传播网络正能量和消解网络负能量相结合，引导大学生在批判错误思潮的同时，增强中国特色社会主义的理论自信、道路自信、制度自信和文化自信，牢牢掌握互联网时代大学生思想政治教育的领导权、主导权和话语权，为广大师生营造风清气正的网络空间。

第四，加强育人思维的方式拓展。一方面，要主动将大学生思想政治教育与社会主义核心价值观的培育与践行、大学生心理健康教育、创新创业教育相结合，尤其要形成"思政课程"与"课程思政"高度融通的教育体系，实现大学生思想政治教育协同的整体效应；另一方面，要坚持把网上网下、内网外网、传统媒体和新兴媒体相结合，构建立体化的宣传网络。特别要重视发挥社交媒体的作用，运用好社交媒体，推进大学生思想政治教育传播内容的生活化、传播信息的故事化，进而不断提升大学生思想政治教育的传播力、引领力和影响力。

四　良好的沟通素质

"沟通是人与人之间或群体之间，通过语言、文字、符号或其他形式进行信息传递和交换并获得理解的过程。"[1] 它既是人们社会生活的必需品，也是组织发展的必备条件。一般而言，完整的沟通过程包括信息源、信息内容、信息的接收者和沟通渠道四个基本要素。[2] 每一个

---

[1]　洪波：《思想政治教育：话语范式转换研究》，浙江大学出版社 2012 年版，第48—49 页。

[2]　郭跃进：《管理学》，经济管理出版社 2004 年版，第 299 页。

要素或环节出现问题，都会影响沟通的效果。这也对沟通主体的沟通素质提出了更高的要求。良好的沟通素质是实现有效沟通的基本条件。它包括良好的沟通意识和沟通能力两部分。其中，沟通意识反映了主体沟通的自觉程度；而沟通能力反映了主体听说读写的能力、团队合作的能力、组织领导的能力以及解决问题的能力等。

（一）沟通素质的重要性

第一，良好的沟通素质是协同主体达成共识的前提。大学生思想政治教育的主体多样化特征，决定了大学生思想政治教育协同的形成，需要各协同主体展开积极的合作，形成有效的共识，在教育目标、价值观和行为意向方面保持一致性，在决策的时间和空间上保持同步性。"因为有了共识，才能确保约束力在互动过程中得到贯彻。"① 也因为有了共识，各协同主体才能统一思想，统一步调，统一行动，为实现共同目标做出自己应有的贡献；大学生思想政治教育协同才能形成协调一致的整体运动，从无序走向有序，发挥整体功能。但协同主体间共识的形成并不是一蹴而就的，它建立在主体间不断沟通的基础之上。从一定意义上说，共识达成的过程，就是协同主体间不断沟通的过程。只有具备良好的沟通素质，沟通才能变得顺畅有效，主体共识才能达成。

第二，良好的沟通素质是协同主体有效获取信息和资源的基本要求。大学生思想政治教育协同的形成，需要协同主体在与外部沟通或在内部交流中，及时、精准地获取大学生思想政治教育协同活动的鲜活信息，从而提升大学生思想政治教育协同对外界环境的适应性。在

---

① ［德］尤尔根·哈贝马斯：《交往行为理论》第 1 卷，曹卫东译，上海人民出版社 2004 年版，第 286 页。

沟通的过程中，协同主体之间难免会出现一些沟通障碍。产生这些障碍的原因是多方面的：一是信息传递者表达能力欠缺引发的障碍，如语言文字表述不当引发的歧义和误解；二是信息接收者理解能力薄弱引发的障碍，如对协同目标理解偏差导致的个体目标偏离总体目标甚至与总目标背道而驰的情况；三是主体沟通意识不强引发的障碍，如信息传递过程中意外中断的情况等。要减少或避免这些障碍，保证协同主体资源和信息获取的有效性，就需要协同主体具有良好的沟通素质。

第三，良好的沟通素质是增强协同主体信任、降低协同成本的关键。德国著名社会学家卢曼提出一个著名论断：信任作为一种简化复杂的认知机制，能够减少社会生活和人际交往的复杂性。大学生思想政治教育协同也是一个复杂系统，而协同主体之间的信任则能够有效简化这种复杂性。当信任存在的时候，协同主体参与和行动的可能性得以增加，监督和控制的成本得以减少，从而可以有效推进协同向广度延伸，向深度拓展。没有信任，协同就如同无源之水，无本之木。而要建立亲密的信任关系，协同主体之间的良好沟通就显得特别重要。沟通的过程不仅仅是摆事实、讲道理，更是主体间情感的交流。在这个过程中，协同主体相互影响、相互作用，建立信任关系，既扩大了对协同的共识，又充分认识到在尊重不同主体差异基础上进行协同的重要性。同时，由于建立了信任关系，信息得以在协同主体间实现充分的交流。因为信息不通畅、不对称而引发的矛盾、冲突得以化解。沟通越频繁，主体间的误会越少，主体间协同的可能性越大，协同的成本越低，协同的效率也就越高。

（二）沟通素质的培养路径

协同主体良好的沟通素质体现了协同主体的综合能力和人格魅力，

在大学生思想政治教育协同的形成中发挥重要作用。正是在不断的有效沟通中，大学生思想政治教育协同得以实现从低级到高级、从无序到有序的发展。因此，政府、高校等相关部门要加强对协同主体沟通素质的培养，为大学生思想政治教育协同的形成提供保障。

第一，增强主体沟通意识。沟通意识首先是一种积极主动的沟通愿望。在面对问题和误解时，具有沟通意识的主体往往能够直面问题，并且就问题主动地与他人沟通交流，探求解决问题的办法。从心理学角度来看，沟通必然在意识或潜意识层面进行。其中，意识占1%，潜意识占99%。这也意味着有效的沟通是潜意识层面的沟通，是以感情为纽带、以真诚为前提的沟通。要增强主体的沟通意识，就要提升协同主体间沟通的自觉性，使之能够对大学生思想政治教育本身存在的问题以及协同形成过程中遇到的问题怀有高度的警觉性，并自觉从协同的大局出发，正视问题的存在，主动与其他主体进行真诚的交流。其次，沟通意识是如何进行沟通行动的指导原则。有效的沟通应体现尊重他人、尊重自己、真诚相待的原则。尊重他人就是要做到"己所不欲，勿施于人"，尊重其他协同主体的差异性，并在这种差异性基础上展开积极的合作；尊重自己就是要坚定自己的原则，不刻意阿谀奉承，要相信自己在大学生思想政治教育协同形成中的主体地位；真诚相待就是要以真诚的态度去与其他协同主体进行沟通，实现大学生思想政治教育协同功能的最大化。

第二，提升主体沟通技巧。良好的沟通能力实质上反映了协同主体精湛的沟通技巧。它主要体现在倾听和表达两个层面。所谓倾听，就是在与其他协同主体进行沟通时，能够放低自己的姿态，先了解其他主体的需求和心理，再展开针对性的问答，以自己的实际行动赢得对方对自己的尊重，而非自己夸夸其谈。所谓表达，就是要做到实事求是地说话，说合适的话。实事求是地说话既不等于什么话都说，也不等于不分场合地说，否则不仅达不到理想的效果，还可能事倍功半。说合适的话就是要注意沟通的情境，找准沟通的合适时间和地点。同时，要善用肢体语言，使之与我们的日常口头表达相结合，增加其他主体对我们的信任。

第三，加强沟通网络建设。"沟通网络建设是保证组织良好、鼓舞士气和激励员工的重要的基础性工作。"[1] 它为协同主体之间的有效沟通提供了良好的平台。在信息沟通网络的建设中，需要注意以下问题：一要保持协同主体正式沟通网络的完善化和规范化，把正式沟通作为大学生思想政治教育协同形成中信息传递的主要渠道。二要发挥信息技术在沟通网络建设中的作用，加强跨组织的信息平台建设，积极利用现代信息技术手段的整合功能，推动信息交流和资源共享。三要鼓励协同主体的民主参与，营造良好的沟通环境，使沟通成为主体的自觉行为。

五 高效的团队协作

"协作"一词来源于英文单词"facilitation"，在不同的场合被翻译成不同的意思，比较常见的解释为"引导""促动""促参"。值得一提的是，无论其如何翻译，核心概念始终不变，都是协助一个团体高效地运作，以实现团队的目标。所以协作的本质是促进参与，通过参与让事情变得更加容易，更具有可能性。大学生思想政治教育协同主体的协作能力反映了团队整体作战的水平，是建立在团队基础之上，发挥团队互补互助精神，以达到团队工作效率最大化的能力，对于大

---

① 郭跃进:《管理学》，经济管理出版社 2004 年版，第 309 页。

学生思想政治教育协同的形成具有重要作用。

（一）团队协作的重要性

第一，团队协作有利于缩短时间，提高工作效率。大学生思想政治教育协同的形成与高效的团队协作密不可分。协同能否达到预期，固然与团队的每一位成员有着必然的联系，但每一位成员都有其优点，也有其不足。如果成员之间可以借力使力，密切配合，取他人之长来弥补自己之短，并把自己的长处、优点分享给大家，互相学习交流，共同进步，团队协作的氛围会更加浓厚。在协作中，协同信息得以精准传达，团队精神得以形成，团队成员对大学生思想政治教育协同的认识得到进一步强化，目标定位更加清晰，协作起来将会更加有条理，进而更大化地提升工作效率。

第二，团队协作有利于集思广益，发挥群体智慧。协作的意义在于促动促参。大学生思想政治教育具有复杂性，每一个个体的能力和智慧是有限的，不能解决大学生思想政治教育中遇到的所有问题。而协作却可以把个人的力量联结成集体的力量，集思广益，取长补短，避免木桶效应的出现，从而实现大学生思想政治教育的预期目的。

第三，团队协作有利于和谐人际关系，整合多方资源。协作是指在目标实施过程中，部门与部门之间、个人与个人之间的协调与配合。协作应该是多方面的、广泛的，只要一个部门或一个岗位承担的任务必须得到的外界支援和配合，便应该成为协作的内容。大学生思想政治教育中的协作包括资源、技术、配合、信息等多个方面。在协作中，协同主体加强了沟通，增进了对彼此的关注和了解，积累了共同的积极情绪，并朝着共同的目标奋斗努力。

第四，团队协作有利于强化责任意识，促进责任共担。协作意味着一群人的参与。在参与过程中，协同主体对创造和达成可持久的大学生思想政治教育共识有强烈的责任感。他们意识到自己必须有意愿和能力去实现他们提出的方案。为了达成这个目标，协同主体愿意在参与大学生思想政治教育工作讨论和决策的过程中学习自我表达，聆听和理解其他成员的工作意见；打破本职工作固有的思维局限，探索和提升创造性解决大学生现实思想问题的能力；并在交流和对话的过程中，促进新的联结的产生，密切协同主体间的关系。他们也愿意在最后决定形成之前，通过提供与接收他人的意见来促进决策的最优化，更好地支持人们在行动中的参与和共同承担。这与传统的对少数关键人物的决策结果负责形成鲜明对比。

（二）团队协作能力的提升路径

第一，明确协作的目标计划和行动。协作能力的基本特征表现为目的性、一致性、适应性等。其中目的性是协作的首要特征。协作能否顺利展开，首先取决于协同行动是否具有清晰、明确的目标。切实可行、具有一定挑战性且让全体成员信服的目标能够指明前进的方向，强化协同主体的归属感，激发协同主体的工作动力和奉献精神。对于大学生思想政治教育协同而言，高效地协作首先要求协同主体对大学生思想政治教育的目标计划和行动保持高度一致。一方面，协同主体要了解不同成员开展大学生思想政治教育的需求和观点，同时清晰地将自己的要求和认识传达给其他成员；另一方面，协同主体要清楚大学生思想政治教育协同工作的整个流程，并且能够及时同步工作的优先级，及时衔接每个环节。

第二，养成协作的行为习惯。行为习惯反映了协同主体的行为观念和思想意识。好的行为习惯可以推动协作的展开。当前，决定协同主体协作能力的行为习惯主要包括尊重、欣赏和包容。大学生思想政治教育协同的形成就是要从协同主体协作行为习惯养成入手，不断提升协作的意识和能力。一是学会尊重。尊重是协作的前提和基础，也是大学生思想政治教育协同主体开展协作应秉承的基本态度。尊重没有高低之分、地位之差和资历之别。协同主体成员间相互尊重彼此的意见和观点，尊重彼此的技术和能力，尊重彼此对团队的全部贡献，这个团队才会得到最大的发展，团队中的成员才会成为最大的赢家。二是学会欣赏。协作能力体现的是团队的整体素养。一个有战斗力的团队必然是团队成员相互欣赏、互帮互助、共同提高的团队。在大学生思想政治教育协同实践中，欣赏也起着至关重要的作用，可以促进协同主体角色的积极转化，提升团队的整体战斗力。如辅导员对思政课教师的欣赏，可以以兼任思政课教师的方式出现，从而充实思政课教师队伍，促进辅导员工作由自发向自觉、由经验向科学的转变，打造一支高水平的充满活力的辅导员队伍；思政课教师对辅导员的欣赏，可以以兼任辅导员的方式出现，从而为辅导员队伍注入新鲜血液，打造一支课堂内教学深受学生喜欢、课堂外指导令学生终身受益的学生信任和尊敬的思政课教师队伍。三是学会包容。团队协作中，冲突不可避免，包容就显得尤为重要。它不仅意味着团队在进行工作讨论时，每一个个体要耐心地倾听多个协同主体的意见，尽可能地考虑多个协同主体的立场和需求，不固执己见；也意味着对于协同主体成员在开展大学生思想政治教育中出现的非原则性的错误和偏差，可以予以理解和接纳，并提出建设性的意见和建议，帮助成员提高。四是学会负责。从管理学的视角，分工协作是相辅相成的。但是无论管理怎么到位，只要有分工，必然存在工作的交叉冲突以及责任被空缺的地方。这就要求协同主体增强责任意识，养成"有人负责你配合，没人负责你负责”的行为习惯，并将这种负责精神贯穿到日常工作的每个细节，尽最大努力维护团队的荣誉、坚决制止有损团队利益的事情。

第三，学会运用协作工具。协作能力是提高个人和团队工作效率的关键因素。实现跨部门高效协作，不仅需要明确的工作目标、标准化的工作流程、清晰的工作清单、良好的协作行为习惯，还需要协同主体熟练应用技术工具，将有关大学生思想政治教育的数据资料及时共享，以便其他成员能够对各类数据进行快速整合、实时分析；熟练运用集中化的方式组织大学生思想政治教育的数据和知识体系，让协同更具可能性，从而降低协同成本、提高协同效率。比如，通过视频在线的方式，我们就可以在不同的地方共同探讨大学生思想政治教育的热点难点话题；再比如，通过企业微信、钉钉等信息平台，我们就能够共享思想政治教育信息，构建协同的基础。

第二节 大学生思想政治教育协同形成的客观条件

大学生思想政治教育协同的形成，除了需要协同主体满足一定的条件外，还需要来自客观环境的支持，主要包括政策引导、社会需要、科技推动、学科支撑、机制保障五个方面。

一 政策引导

政策是来源于社会实践并对社会实践产生巨大影响的各种决策。它是一种特殊的资源，起着人们思想行为导向标的作用。它从宏观上调节社会意识，为解决原则问题和方向问题提供遵循。政策中提倡、赞成的内容往往能强化主体的内在动机，调动主体的决心、热情和积极性。大学生思想政治教育协同的政策引导，是指基于大学生思想政治教育实践中的问题而产生的，旨在促进大学生思想政治教育协同形成而制定的各种决策依据。它不仅是一个理论问题，更是一个实践问题。

（一）为协同主体行为提供方向保证和动力支持

在大学生思想政治教育协同的形成过程中，政策引导起着重要作用，它推动着协同主体的协同行为。2004年10月以前，关于大学生思想政治教育协同的思想很少被反映在政府决策中，大学生思想政治教育协同实践也并未进入社会公众以及政府部门的视野。自2004年10月《关于进一步加强和改进大学生思想政治教育的意见》颁布以来，政府出台了多项政策来推进大学生思想政治教育的协同。这些政策体现在队伍协同、平台协同、过程协同等方方面面。在队伍协同方面，明确了大学生思想政治教育工作队伍主体是学校党政干部和共青团干部、思想政治理论课和哲学社会科学课教师以及辅导员和班主任，确定了主体的工作职责；建立了以专兼职结合的方式来组建思政课教师队伍的开放、灵活的人才配置机制。在平台协同方面，倡导建立协同中心，突破高校内外部机制体制壁垒，释放人才、资源等创新要素活力；倡导在教学中使用新技术、新手段，开发网络教育资源，形成网上网下教学互动、校内校外资源共享的局面。在过程协同方面，倡导坚持齐抓共管、形成合力，推动校内外协同配合、全社会支持参与，构建高校宣传思想工作新格局；倡导坚持把立德树人作为中心环节，把思想政治工作贯穿教育教学全过程，实现全员育人、全过程育人、全方位育人，努力构建我国高等教育事业发展新局面。伴随着这些政策的出台，协同主体的主动性和创造力得到不断激发，各主体开始积极探索促进大学生思想政治教育协同的新思路、新方法。同时，这些政策也在不同程度上产生指导、扶持、牵引、干预等动力效能，推动着大学生思想政治教育协同实践的开展。从一定意义上讲，没有坚强有力的政策引导，也就没有大学生思想政治教育协同的局面，全社会、全方位、全过程育人将只是一句空谈，大学生思想政治教育协同的形成也将只是一个美好的愿望。

（二）为协同活动的开展提供政策保障和积极控制

政策引导不仅为协同主体的行为提供方向保证和动力支持，还规范着大学生思想政治教育协同活动的开展，使协同活动在一定的规范内实施。政策的制定以及随之展开的大学生思想政治教育协同实践更加证实了一个基本共识：符合客观实际的政策将推动大学生思想政治教育协同活动朝着有利的方向发展；脱离客观实际的政策，必将导致客观形势的逆转。

综上，我们看出，政策引导的坚强有力，是对大学生思想政治教育现状的全面精准判断，是对大学生思想政治教育协同育人理念的继承，也是对大学生思想政治教育协同方式创新的发展。新时期，政策引导应该在总结前期的成效与经验的基础上，与时俱进，不断探索与制定适应新形势下大学生思想政治教育协同的新政策、新制度，从而更好地规范大学生思想政治教育协同活动。

第一，坚持实事求是，科学制定协同政策。政策制定是实现政策引导的前提。它由一系列功能活动或环节构成，是一个高度复杂的活动过程。要发挥政策引导的作用，就必须坚持实事求是的原则，分析客观形势，解决客观问题，保证政策制定的科学性。当前，大学生思想政治教育协同实践取得了一些成绩，但协同建设尚任重而道远。造成这种局面的原因是多方面的,既有协同主体主观方面的原因,也有客观环境方面的原因。政府及主管部门必须按照大学生思想政治教育协同产生和发展的真实情况对其进行客观的评价与认识,并结合时代背景把问题情境转化为实质问题,分析影响大学生思想政治教育协同形成的主要因素,研究需要关注的重要因素和需要解决的新情况、新问题,从而制定出符合时代需求、承载时代使命、促进大学生思想政治教育协同健康发展的方针、政策与办法。

第二,坚持系统原则,构建协同政策体系。大学生思想政治教育协同的形成不是一蹴而就的,需要多种政策相互支持、相互补充。这些政策既包括为推进大学生思想政治教育协同而制定的各种队伍建设政策、平台建设政策、环境建设政策以及经费支持政策,也包括为了促进大学生思想政治教育与高校其他育人工作发挥协同作用而制定的各种政策。因此,政府及主管部门必须坚持顶层设计,系统思考,充分考虑各项政策之间相互联系、相互影响、相互制约的关系,从而使各项政策成为一个相互支持、协调配套的整体,形成政策的合力。同时,政策制定过程中还必须考虑政策稳定性与发展性的协调统一。一方面,新政策与原政策要保持一定的衔接或过渡,避免更替过于频繁,让人无所适从;另一方面,政策本身应具有较强的适应性,能够随环境的变化而做出相应的调整与变动。

第三,坚持问题导向,强化协同反馈制度建设。反馈是保证政策引导效果的关键环节,其目的在于掌握协同主体的协同动向,监测协同的状况,运用政策修正、调节大学生思想政治教育协同形成过程中的偏差,保障协同的协调发展。大学生思想政治教育协同形成中的政策引导,既是一个理论问题,更是一个实践问题,需要在实践中接受监督与检验。由于大学生思想政治教育是一项复杂工程,在协同实践活动中也难免会出现前期工作动员部署轰轰烈烈，后期工作执行情况与工作效果杳无音信或政策导向良好但执行不力的情况，所以监督与反馈就非常重要。各级主管部门及政策制定部门要在监督与反馈方面下功夫，建立必要的信息反馈制度，明确反馈责任，如专兼职信息员工作责任制度、协同工作定期汇报与通报制度、网络协同制度以及反馈激励制度等，使反馈成为推进大学生思想政治教育协同形成的新导向，确保各项工作能落到实处。

二 社会需要

"需要是有机体内部的一种不平衡状态，它表现在有机体对内部环境或外部生活条件的一种稳定的需求，并成为有机体活动的源泉。"[①]它激发人采取行动，并朝着既定的目标而努力，以求得到自身的满足。当人的活动被需要所驱使，需要就转化为活动的内在动机。社会需要指社会作为一个宏观整体，或以整个社会为基本单位提出的需要。它由整个社会集中执行和组织，并只能依托政治权力和强制性的手段来实现，是大学生思想政治教育协同形成的社会条件。

（一）社会需要是社会发展到一定阶段的产物

马克思认为："物质生活的生产方式制约着整个社会生活、政治生活和精神生活的过程。不是人们的意识决定人们的存在，相反，是人们的社会存在决定人们的意识。"[②] 同样，大学生思想政治教育协同的形成，也是我国特定时代背景下经济关系、政治关系及其文化的产物。在改革开放以前，受制于当时社会的生产力水平，大学生思想政治教

---

① 彭聃龄：《普通心理学》，北京师范大学出版社 2004 年版，第 315 页。
② 《马克思恩格斯文集》第 2 卷，人民出版社 2009 年版，第 591 页。

育并没有得到足够的重视，大学生思想政治教育协同更无从说起。改革开放以来，我国社会发生了深刻而巨大的变化。经济全球化、社会信息化、体制市场化、文化多样化以及高等教育的国际化使大学生群体的思想也呈现出许多新的特点。伴随着社会发展的大环境，大学生思想政治教育在党的十一届三中全会精神的鼓舞下也获得了新的发展，并在 2004 年中央 16 号文件颁布后进入了一个新的时期。大学生思想政治教育协同也随之迎来了建构的新契机。关于大学生思想政治教育协同的想法开始在党和中央的一些文件中予以体现。2011 年后，基于提高高等教育人才培养质量以及高等教育强国的需要，高等院校协同创新政策出台，关于大学生思想政治教育协同的提法日益频繁，构建全员育人、全过程育人、全方位育人的育人格局逐渐形成共识。2012 年，党的十八大创造性地提出"创新、协调、绿色、开放、共享"五大发展理念，为新时期的大学生思想政治教育工作提供了新的视野。政府以及高校开始积极探索大学生思想政治教育协同的新路径和新方法，各种大学生思想政治教育联盟以及网络信息化平台纷纷建立，协同建设问题也逐渐被提上日程。综上所述，"对时代新变化和我国经济社会新发展的密切关注，对我国高等教育发展新态势和教育对象新特点的敏锐把握，是改革开放以来大学生思想政治教育不断拓展教育内容、创新教育方法的重要基础"[1]。而作为新形势下大学生思想政治教育理论研究和实践探索的新成果，大学生思想政治教育协同的形成也是社会发展到一定历史阶段的产物。脱离特定的时代背景，大学生思想政治教育协同也将无法形成。

---

[1]　沈壮海、刘玉标：《与时俱进：改革开放以来大学生思想政治教育的突出标志》，《教学与研究》2008 年第 9 期。

（二）社会需要有助于加强主流意识形态建设

恩格斯认为："政治、法、哲学、宗教、文学、艺术等等的发展是以经济发展为基础的。但是，它们又都互相作用并对经济基础发生作用。"① 这也进一步说明了社会意识形态建设在推动经济与社会发展中的重要作用。高校作为人才、知识、价值和意识形态的聚集地和辐射源，其培养的青年学生所具备的政治态度、价值观念和人格修养直接关系着国家的前途和命运。② 当前高校大学生思想整体上继续呈现积极、健康、向上的状态，但由于大学生正处于生理和心理成熟过程的关键时期，受多元社会思潮的影响和非主流意识形态的冲击，大学生意识形态被"异化""西化"的风险也在逐步加剧。少数大学生政治信仰迷茫，理想信念模糊，在人生观和价值观取向上出现"精致利己主义"和"享乐主义"。同时，在改革全面深化的大背景下，社会不良心态进一步辐射到大学校园，也给大学生的心理健康带来了消极影响，严重影响着党在意识形态领域的安全，阻碍着中国特色社会主义现代化建设的进程。因此，社会主义核心价值观主导地位的巩固、大学生马克思主义信仰的培育和理性平和社会心态的养成，都是亟待解决的现实问题。而作为解决"培养什么人、怎样培养人、为谁培养人"问题的关键环节，大学生思想政治教育在塑造青年的灵魂、引领青年健康成长方面起着重要作用。要加强主流意识形态工作，牢牢掌握党在意识形态领域的领导权、话语权和主导权，就必须积极构建大学生思想政治教育的协同，动员全社会的力量，发挥学校、家庭和社会的合

---

① 《马克思恩格斯选集》第 4 卷，人民出版社 2012 年版，第 649 页。
② 李晔、王涛：《以社会主义核心价值观认同推进高校主流意识形态建设》，《教育研究》2016 年第 12 期。

力，形成全员、全过程、全方位育人的格局，促使青年大学生不断提升自身思想道德修养，坚定中国特色社会主义理想信念，增强社会主义核心价值观培育和践行的自觉性，把实现中华民族伟大复兴中国梦的满腔热情转化为刻苦学习、努力工作、报效祖国的实际行动。

三　科技推动

20 世纪 90 年代以来，伴随着世界范围内新一轮科技革命的开展，以数字化、虚拟化、网络化为特征的信息技术得以迅速发展，对大学生的生活方式和思维模式带来了极大的影响。大学生对网络的依赖度日益增强，网络成为大学生获取知识和信息的重要渠道。大学生思想政治教育应积极回应时代诉求，以开放的心态主动运用新技术、新手段，不断推进自身育人理念、内容、方式和方法的创新，从而在对新技术的运用中实现自身的创新发展。大学生思想政治教育协同正是科技推动下大学生思想政治教育不断创新的产物。

（一）为协同的形成提供信息协同保障

"思想政治教育活动其实也是思想政治教育工作者把思想政治教育内容整合成信息，并利用信息等载体进行传递的过程，简而言之，思想政治教育活动是一种信息在主体、客体间进行传播的方式。"[①] 大学生思想政治教育协同作为思想政治教育活动的一种，本质上也体现为信息在协同主体间的不断传递。在这个过程中，信息协同至关重要。一方面，大学生思想政治教育协同的形成，客观上要求大学生思想政治教育协同主体，在教育的目标、方式、方法等方面达成共识，而信

---

① 张荣、王晓飞：《以互联网为载体的思想政治教育信息传播论》，《中国教育学刊》2007 年第 S1 期。

息的充分沟通与交流是协同主体达成有效共识的基础。另一方面，西方意识形态、价值观念和社会思潮的不断渗透以及暴力、色情、虚假信息的传播扩散，构成了复杂的信息生态，对大学生思想政治教育的权威性和导向性带来现实的威胁，也在无形中增加了大学生思想政治教育协同形成的难度，迫切要求提升大学生思想政治教育信息的及时性与协同性。"信息协同不仅仅是技术上实现信息的共享，而且要从系统的角度，保证决策系统中每个部分运行的各个阶段都能将正确的信息，在正确的时间、正确的地点以正确的方式传递给正确的人。"① 信息协同的本质内涵要求大学生思想政治教育协同主体不仅要善于获取信息，更要善于对现有信息进行加工和整合。科学技术的发展，使大学生思想政治教育信息协同成为可能。网络的快捷性、交互性、虚拟性、开放性使大学生思想政治教育信息可以第一时间、以多样化的形式，在协同主体和大学生间迅速传播，既为协同主体达成共识提供了条件，又增加了协同主体与大学生之间的互动，同时也为协同主体加工和整合信息提供了空间。

（二）为协同的形成搭建资源共享平台

平台建设是大学生思想政治教育协同形成的重要影响因素。大学生思想政治教育协同的形成，需要借助平台实现资源共享，促进协同主体与大学生以及协同主体之间的无缝对接。科学技术的发展，架设起大学生思想政治教育资源共享的桥梁，也创新了传统的思想政治教育形式。各种互动社区、主题网站等优质支持平台纷纷建立，集资源共享、信息互通为一体，把理论课堂与实践课堂、学校与社会、教师

① 刘明广:《复杂群决策系统决策与协同优化》，人民出版社2009年版，第105页。

与学生以及学生与学生，广泛地联系在一起，极大地增强了大学生思想政治教育的针对性、实效性、亲和力和感染力，为大学生思想政治教育协同的形成提供了可靠的平台保障。通过这些资源共享平台，协同主体可以更加便捷地寻找到自己想要的信息，运用大学生喜欢的表达方式开展思想政治教育，最大限度地满足学生自我教育、自主学习以及与其他大学生之间双向互动等信息资源共享的需要。大学生也可以在广泛接收社会信息的同时接收到思想政治教育信息，从而不断提高思想道德素质水平。

（三）使协同的"合力影响"得以扩张

在大学生思想政治教育协同的形成过程中，科技发展不仅提供保障信息协同和搭建资源共享平台的作用，更使协同的"合力影响"得以扩张。互联网的出现，在给大学生思想政治教育带来机遇的同时，也带来了严峻的挑战。单一主体、单打独斗的模式已经难以适应大学生思想政治教育的现实需要。形成大学生思想政治教育载体的合力，并使之最大化，是当前大学生思想政治教育工作者无法回避的时代问题。科学技术的发展尤其是新媒体技术的广泛应用，为大学生思想政治教育的方式创新提供了可能。新媒体具有工具的先进性、形式的多样性和选择空间的宽广性等特点，不仅能够发挥人际传播与大众传播的作用，加速大学生思想政治教育协同信息的高效传播，增加协同主体获取有效信息的数量与质量，促进大学生思想政治教育协同主体间的深层次沟通，最大限度地激发大学生的求知欲望，调动大学生获取信息的主动性、参与性；而且还具有强大的信息整合能力，通过"信息资源共享""媒体联合行动"等方式来加快信息汇集，发挥传统媒体所不具有的优势，为大学生思想政治教育协同的合力形成提供信息资

源和工具上的便利。这也是协同主体不约而同地运用新媒体来开展大学生思想政治教育的重要原因。与此同时，网络思想政治教育同其他载体的思想政治教育互为补充、相互作用，线上思想政治教育和线下思想政治教育相互融合、相互支撑，共同促成全方位思想政治教育态势的建构，加速了大学生思想政治教育协同形成的进程。

四　学科支撑

大学生思想政治教育协同的形成既是一个理论问题，也是一个实践问题，对于切实解决"为谁培养人，培养什么人，如何培养人"这一根本问题具有重要意义。大学生思想政治教育协同的形成与思想政治教育学科的跨越式发展的关联，主要体现为思想政治教育学科发展为大学生思想政治教育协同的形成，发挥思想引导、理论基础和人才支撑三个方面的作用。

（一）为协同的形成提供思想引导

大学生思想政治教育协同建设事关高校思想政治工作的成效，其形成首先依赖于具有较高协同意识的主体。主体协同意识越强，大学生思想政治教育协同行为产生的可能性越大。而主体的协同意识并不是与生俱来的，它首先需要人们思想上的改变，继而在行动上有所体现。因此，思想意识方面的引导和教育是大学生思想政治教育协同形成的关键环节。只有从思想上全面认识到开展大学生思想政治教育协同的重要性，各主体才能就协同的内容、方式等达成共识，大学生思想政治教育协同的形成才有了可靠的保证。就大学生思想政治教育协同意识的培育而言，没有任何一门学科比思想政治教育学科更有优势。它侧重于研究和解决人们在政治思想方面的问题，能够最直接地体现国家意志和政党意图，充分发挥学科本身在凝聚人心和目标导向方面的功能。同时，它通过明确的学科定位帮助人们认识协同建设在坚定中国特色社会主义大学办学方向，牢固掌握高校意识形态领域领导权、话语权、主动权的重要性；通过对高校思想政治工作规律、教书育人规律和大学生成长成才规律的研究，帮助人们坚定以生为本、全面发展、整体育德、开放育人的科学理念和立场态度；通过学科自身的理论优势，最大限度地凝聚协同育人的共识，推进大学生思想政治教育协同向纵深发展，形成全员育人、全方位育人、全过程育人的格局。可以说，没有思想政治教育学科的快速发展，大学生思想政治教育协同的思想也难以广受接纳、深入人心。

（二）　为协同的形成提供理论资源

"思想政治教育学科建设的主要目标是通过建立和发展思想政治教育学科，科学地揭示思想政治教育实践的本质和基本规律，用正确理论指导思想政治教育实践。"[1] 这种学科定位决定了思想政治教育学科建设，要关注思想政治教育领域的重大现实问题，并做出积极的回应，以理论研究引领实践发展。大学生思想政治教育协同既是思想政治教育协同实践的现实产物，更是思想政治教育学科理论发展的积极成果。二者相互作用，共同向前发展。一方面，大学生思想政治教育协同是思想政治教育学科的重要研究对象，有利于构建大学生思想政治教育协同核心概念、基本规律和总体框架，丰富思想政治教育学科建设的内容；另一方面，大学生思想政治教育协同的形成，离不开思想政治教育学科理论的支撑，并依托学科发展成果得以不断完善、不断创新。

---

[1]　霍洪波、李逸龙：《学科建设必须为思想政治教育实践提供支撑》，《高校理论战线》2012年第9期。

大学生思想政治教育协同的形成也是一个复杂的动态过程，其科学性和有效性有待在实践中进行检验。而实践的有效性源于理论的系统性、科学性和彻底性。离开思想政治教育学科建设，离开思想政治教育内容的科学性，去谈论大学生思想政治教育协同的有效性，是难以取得成效的。

同时，思想政治教育学科发展的经验也为大学生思想政治教育协同的形成提供了宝贵的理论支撑。在过去30多年的发展历程中，思想政治教育学科始终坚持以中国化的马克思主义为指导，坚持以政治学、教育学、管理学、社会学等相关学科的成功发展经验为借鉴，在对理论难题和实践热点的双重解答中提升自身的科学化水平，实现了创新性发展。这是思想政治教育学科建设的重要经验。而大学生思想政治教育协同的形成正是将中国化马克思主义的整体性视野、系统化思维以及协同学相关理论运用到大学生思想政治教育实践的产物。没有思想政治教育学科的发展，大学生思想政治教育协同的形成实践也就失去了理论的指导，大学生思想政治教育协同的形成也就失去了方向保证。这也进一步说明，只有学科建设发展了，大学生思想政治教育协同才具有有效性，由此而来的教育才具有感染力和说服力。

（三）为协同的形成提供人才支撑

大学生思想政治教育协同建设的根本目的，在于充分发挥系统要素的整合功能，形成育人合力，将大学生培养成为社会主义事业的合格建设者和可靠接班人。在这个过程中，人作为一种要素，起着决定性作用。一方面，作为大学生思想政治教育协同实践的主导者，协同主体的素质水平决定了协同的深度、广度及其合力的大小。当前，外界环境的不确定性和复杂性增加了大学生思想政治教育协同主体间协作的难度。频繁的变化要求更多的信息处理以实现充分的协同。这对协同主体的素质水平提出了更多更高的要求。当协同主体协同意识不强、态度不端正、目标不一致或者素质水平低下难以实现有效沟通和协作时，为实现协同所需要花费的时间和资源就会更多。这将在无形中影响大学生思想政治教育协同合力的形成。另一方面，人才培养目标能否有效实现也取决于思想政治教育工作队伍的素质和水平。教育者必先受教育。要培养一批高素质的人才，首先需要一支政治素质强、纪律作风严、业务水平高的思想政治教育工作者队伍，而思想政治教育学科建设，是解决思想政治教育队伍素质和水平不高的重要渠道。思想政治教育专业自 1984 年创办以来，始终坚持把人才培养作为学科建设的主要任务，经过 30 多年的跨越式发展，已经培养了数十万的优秀本科生、硕士生、博士生人才，他们始终奋斗在思想政治教育的第一线，为培养能够担当民族伟大复兴任务的时代新人发挥了中流砥柱作用。新形势下，要进一步加强思想政治教育学科建设，推动大学生思想政治教育协同的形成，以培养和造就更多适应时代需要的高素质、创新型人才。

五　机制保障

"机制"一词源于希腊文，原指机器的构造和动作原理，后被应用到社会科学领域，泛指事物内部各构成要素之间的结构、事物在有规律性的运动中发挥的功能及发挥功能的作用过程和机理。经济全球化的影响、市场经济的持续深入发展、复杂多变的国内国际环境，给大学生思想政治教育工作带来了机遇，更带来了挑战，迫切需要建立起一系列有效的机制，促进大学生思想政治教育协同的形成，提升大学生思想政治教育工作的实效性。这些机制包括运行机制、激励机制、保障机制等。其中，运行机制是引导和制约大学生思想政治教育决策并与人、财、物相关的各项活动的基本准则及相应制度；激励机制是通过特定的方法和管理体系，激发大学生思想政治教育协同主体积极履行工作承诺的有效手段；保障机制是促进大学生思想政治教育协同活动有序开展的一系列物质条件和精神条件。这些机制的有效运行使大学生思想政治教育协同活动与大学生思想政治教育目标相吻合，与大学生思想形成规律相适应，与大学生思想政治教育实践相匹配，与大学生思想政治教育环境相契合。因此，机制保障也是大学生思想政治教育协同得以形成的重要外在条件。

（一）确保大学生思想政治教育协同运行的正确方向

机制是一整套完整的制度体系，在大学生思想政治教育协同活动中起着规范、制约和协调的作用。机制的规范功能表现为通过制定并执行制度规范，可以有效地指导协同主体按照既定的程序、规范、方法或标准行事，使其有章可循，以保证大学生思想政治教育活动有序运作，更有效率；机制的制约功能表现为通过有效地约束大学生思想政治教育协同主体不利于思想政治教育目标实现的活动，预防或制止违约行为的发生，营造鼓励正向积极行为的良好氛围；机制的协调功能表现为通过制定完善的制度规范体系，使大学生思想政治教育活动在既定框架内运行，并为协调处理各种冲突提供的依据。机制的规范、制约和协调功能的发挥最终是为了规范协同主体的行为，确保大学生思想政治教育协同活动在既定方向运行。

近年来，大学生思想政治教育取得了可喜的成绩，主体协同成为提升大学生思想政治教育实效性的重要选择。但由于机制保障不健全，协同主体之间工作相互独立，鲜有交集，形式上聚力、实质上松散的情况普遍存在。同时，各协同主体的主场意识依然突出，"自己的工作是最重要的"思想在大学生思想政治教育中广泛蔓延，所谓的协同也尚处于自发状态，侧重点和针对性并不强。因此，大学生思想政治教育协同的形成迫切需要建立起一整套有效的机制，通过系统的顶层设计，将大学生思想政治教育协同主体的目标协调统一起来，确保协同主体之间可以协同作用，从而实现协调一致、优势互补、聚合放大和功能倍增。

（二）激发大学生思想政治教育协同主体的内生动力

机制不仅具有规范、约束和协调作用，而且具有激励作用，有利于激发大学生思想政治教育协同的动机，强化大学生思想政治教育的协同行为，持续调动协同主体的主动性、积极性和创造性，为大学生思想政治教育协同的形成提供制度基础。

激励大学生思想政治教育协同主体新担当新作为，是一项系统工程，需要综合施策、统筹安排。只有从建立健全机制入手，既注重正向激励，又加强反向约束，从体制机制上破除阻碍大学生思想政治教育协同的瓶颈，才能充分调动和保护好协同主体开展大学生思想政治教育协同的积极性，激发协同主体担当作为的内在动力，激励协同主体以更加扎实的作风投入工作，形成全员、全过程、全方位育人的良好格局。

激励大学生思想政治教育协同主体的内生动力，推进大学生思想政治教育协同的形成，关键在于需要的满足。根据马克思主义需要理论学说，需要是人的本性，是人的心理结构中最本质的东西。人的首要需要是生存的需要，生存需要的满足是主体性活动的起点，也是人类发展的原始动力。人们在第一个需要满足后又会产生新的需要。在此过程中，需要转化成人的动机，推动人们为需要的满足而持续行动。同时，共同的需要以及满足需要的方式又把有相同需要的人聚集在一起。因此，需要也是大学生思想政治教育协同形成的基础、动力和归宿。只有符合各教育主体的需要，协同才可能成为各主体的自觉行为。只有不断满足大学生成为中国特色社会主义合格建设者和可靠接班人的动态需要，大学生思想政治教育协同才能保持其自身的动力。同时，大学生思想政治教育协同的形成要以是否有利于激励大学生思想政治教育的主体、是否有利于促进大学生思想道德素质的全面提升、是否有利于加强和改进大学生思想政治教育工作为检验标准。

（三）夯实大学生思想政治教育协同实践的物质根基

大学生思想政治教育协同的形成不仅需要协同主体之间的协作，还需要坚实的物质基础，切实保证大学生思想政治教育协同活动中若干任务的贯彻落实。因此，全面统筹大学生思想政治教育协同实践活动，还必须构建起有效的保障机制，以保证大学生思想政治教育协同系统的正常高效运转。

大学生思想政治教育协同实践首先需要构建起强有力的经费保障机制。大学生思想政治教育是一个复杂系统，涉及人财物等方方面面，围绕其开展的协同实践，如开辟协同教育基地、搭建协同信息平台、整合协同教育资源、组织协同教育活动等，都需要经费予以保障。同时，加强大学生思想政治教育队伍建设，提升协同主体的综合素质、表彰和奖励协同实践中的先进单位和优秀个人也需要一定的经费支持。没有经费作为后盾，协同活动将举步维艰。而根据当前高校的实际情况，加强经费保障，就是要建立大学生思想政治教育协同的经费投入保障机制，不断充实大学生思想政治教育协同的经费条件。具体来说，可以从以下三个方面入手：一要统筹国家和地方经费，充分用好国家政策，积极争取国家专项经费以及地方财政拨款，并将其有效运用到大学生思想政治教育协同的实践活动中。二要建立高校大学生思想政治教育协同专项基金，将其单独列入学校年度财务预算。专项基金主要用于支持各级协同组织开展大学生思想政治教育专项课题研究；全员育人的评选表彰；以及改善大学生思想政治教育协同硬件设施，如大学生校园一卡通、学生事务中心、校园网络集成系统、大学生第一课堂与第二课堂协同中心、大学生创新创业中心等。基金额度与学校学费收入保持一定比例，并随着学费收入的增长而增长。在资金的使用过程中，要注意提升资金的使用效率，避免重复建设带来的资源浪费。三要积极争取社会支持，借合作企业、优秀校友和社会爱心人士之力，拓宽经费来源，形成全社会育人的合力。目前，依托社会资金开展大学生思想政治教育已经成为一种趋势。很多高校与企业、社区联合举办丰富多彩的校园文化活动和社会实践活动，既弥补了高校经费的不足，又扩大了活动的影响力，提升了大学生的人格素质、道德素质和实践能力。

除了经费保障机制，大学生思想政治教育协同的形成还必须构建起有效的平台保障机制。互联网的飞速发展，使大学生思想政治教育面临前所未有的机会和挑战。大学生思想政治教育的创新发展仅依靠传统的教育手段是远远不够的。只有因时而进，因势而新，把大学生思想政治教育和现代信息技术有效融合，才能适应互联网时代对大学生思想政治教育提出的新要求。因此，大学生思想政治教育协同的形成，还必须加强跨组织的协同教育平台和信息平台建设，积极整合现代信息资源，促进优质思想政治教育资源共享。这些资源既包括课程资源，也包括教师科学的育人理念，还包括教师丰富的教学经验等。当前，教育部实施的易班推广计划便是平台建设的不错尝试。高校要加强学生互动社区、主题教育网站、专业学术网站和"两微一端"建设，努力打造资源共享、信息互通的信息化工作平台，为大学生思想政治教育协同提供平台保障。

第三章　大学生思想政治教育
协同的构成要素

　　要素，一般指构成系统的基本要件和因素。不同的要素通过一定的结构组合在一起所形成的整体就是所谓的系统。要素之间既对立又统一，它们互相制约、互相影响、互相作用，共同存在于一个统一体中，并表现出一定的整体功能。系统和要素之间是辩证统一的关系。一方面，系统对各要素起支配、统率和决定作用；另一方面，系统整体功能的发挥又离不开构成系统的要素和结构。"系统的要素愈优质，结构愈合理，则系统各部分之间相互作用就愈协调，系统的总体功能也就愈优越。"① 因此，厘清系统的各组成要素，不仅对于探寻系统的形成机理具有重要作用，对于研究系统的运行规律也具有十分重要的意义。

　　本书在研究大学生思想政治教育协同形成条件的基础上，来探讨其内部构成要素，其实质是把大学生思想政治教育协同看作一个系统，去探讨其与要素之间的关系和作用方式。大学生思想政治教育协同系统由协同主体、协同目标、协同动力与协同环境等方面要素构成，是

---

　　① 欧阳康、张明仓：《社会科学研究方法》，高等教育出版社 2001 年版，第 284 页。

一个复杂系统。这些要素既是大学生思想政治教育协同系统最基本的组成部分，也是其存在的前提和基础。发挥大学生思想政治教育协同系统不同要素之间的协同作用，有利于整体功能的形成与协同效应的实现。

第一节　协同主体

大学生思想政治教育协同活动是一定协同主体组织开展的有目的、有计划、有组织的教育活动。在此过程中，协同主体扮演着倡导者、组织者和实施者的角色，决定着大学生思想政治教育协同活动开展的广度、深度和效度。因此，研究大学生思想政治教育协同，首先要正确认识大学生思想政治教育协同主体的构成，明确各主体成员在协同中的角色定位与功能作用。当前，大学生思想政治教育协同主体主要包括协同领导主体、协同主导主体、协同主抓主体、协同配合主体四大类。

一　协同领导主体

大学生思想政治教育协同，要致力于发挥党委的领导核心作用。这是我们党长期以来探索实践的结果。自新中国成立以来，我们党就在不停地探索党委特别是高校党委在思想政治工作中的地位。这种探索大体上可以分为三个阶段：第一阶段是1949—1989年的探索调整期。在这个阶段，高校、校长党委、校革委会等先后领导思想政治工作。第二阶段是1989—2012年的稳定发展期。在这一阶段，党中央正式提出了"育人为本，德育为先"的教育理念，思想政治工作被提上重要日程，高校党委对思想政治工作也实行了全面领导。第三阶段是

2012 年党的十八大至今，高校党委在思想政治工作中的地位被进一步
强化。2016 年，习近平总书记在全国高校思想政治工作会议上强调
"高校党委要履行管党治党、办学治校的主体责任"，并把党委能否掌
握高校思想政治工作的领导权和主导权作为事关高校的办学方向以及
高校培养什么样的人、为谁培养人以及如何培养人的重大政治问题来
对待。2017 年，中共中央、国务院印发《关于加强和改进新形势下高
校思想政治工作的意见》强调："要健全地方党委抓高校思想政治工作
制度，切实加强组织领导和工作指导，形成党委统一领导、党政齐抓
共管、职能部门组织协调、社会各方积极参与的工作格局。"2020 年，
教育部等八部门下发的《关于加快构建高校思想政治工作体系的意见》
要求："加强党的全面领导，各高校党委要全面统筹各领域、各环节、
各方面的资源和力量……协调推进重点任务落实。"2021 年，中共中
央、国务院印发《关于新时代加强和改进思想政治工作的意见》，进一
步指出新时代加强和改进思想政治工作的方针原则就是"要坚持和加
强党的全面领导，把思想政治工作贯穿党的建设和国家治理各领域各
方面各环节，牢牢掌握工作的领导权和主动权"。2022 年 4 月 25 日，
习近平总书记就如何建设中国特色、世界一流大学提出了"坚持党的
领导，坚持马克思主义指导地位，坚持为党和人民事业服务，落实立
德树人根本任务，传承红色基因，扎根中国大地办大学，走出一条建
设中国特色、世界一流大学的新路"的新要求，把坚持党的领导作为
最核心的要求再次予以强调。经过近十年的探索与实践，高校强化党
的全面领导的体制机制逐渐完善，特别是全面从严治党主体责任制、
基层党建工作责任制以及意识形态工作责任制等制度的深入贯彻落
实，将党对高校全面领导的制度优势进一步转化成开展大学生思想政
治教育的卓越效能，彰显了新时代大学生思想政治教育协同创新的重

要特征。

"党政军民学，东西南北中，党是领导一切的。"大学生思想政治教育把党委作为协同领导主体是新时代加强党对高校的全面领导、确保高校中国特色社会主义大学性质的客观需要，也是高校落实立德树人根本任务、加强和改进大学生思想政治教育工作、提升大学生思想政治教育成效的重要保证。"中国共产党创办高等教育的历史充分证明，党的领导核心作用在高校发挥得如何，直接决定了高等教育能否坚持社会主义办学方向。而能否坚持教育的人民立场，关乎立德树人的成效。"当今世界面临百年未有之大变局，国际局势发生深刻变化，各种不确定、不安全、不稳定因素增多，要从根本上保证社会主义办学方向不变质、不变色，培养一批中国特色社会主义伟大事业的可靠接班人，必须强化党委在大学生思想政治教育中的协同领导主体作用，贯彻落实习近平新时代中国特色社会主义思想，深刻领悟"两个确立"的决定性意义，增强"四个意识"、坚定"四个自信"、做到"两个维护"，使高校成为坚持党的领导的重要阵地。

新形势下，高校党委必须加强对协同领导主体责任的认知，顶层设计、整体推进大学生思想政治教育协同工作，并通过深入落实对党委协同领导主体的监督检查措施，系统总结、创新发展大学生思想政治教育协同工作的新认识和新经验，确保党委协同领导主体作用充分发挥。

一是全面履行政治领导、组织领导和战略领导的领导职责。党委在高校思想政治工作中的地位决定了党委是大学生思想政治教育协同的领导主体，在大学生思想政治教育协同活动中必须全面履行政治领导、组织领导和战略领导的领导职责，具体来说，就是要求党委牢牢把握高校社会主义大学的办学方向，坚持用中国特色社会主义理论特

别是习近平新时代中国特色社会主义思想武装大学生的头脑，并围绕
"立德树人"的中心环节，提出切实可行的大学生思想政治教育协同目
标，明确学校职能部门和院系基层党委的具体责任，完善大学生思想
政治教育协同考核评价机制和检查督促机制，采取有力措施全面推进
大学生思想政治教育协同工作，为全员、全过程、全方位育人格局的
形成提供坚实的组织保障。高校党委履行好领导职责，还要不断增强
深入推进大学生思想政治教育高质量发展的责任感和使命感，坚持问
题导向，加强工作统筹，深入研究大学生思想政治教育路线、方针和
政策中的重要问题，定期组织研讨分析大学生思想道德素质的整体状
况，不断提升大学生思想政治教育协同的针对性。

　　二是积极推进党委领导下的大学生思想政治教育协同创新。通过
落实"校—院—支部"的工作制度，充分发挥高校各级党组织的战斗
堡垒作用，形成各级党组织的强大合力。高校党委要从组织制度、机
制体制、关键环节、工作体系等方面保证党的全面领导贯穿管党治党、
办学治校全过程，引导全体师生党员在党爱党、在党言党，紧紧团结
在党的周围，忠诚于党的教育事业，并立志为之奋斗终生，确保大学
生思想政治教育协同的正确政治方向；院（系）基层党委要切实贯彻
执行民主集中制、党政联席会议制度，建立健全院（系）集体领导、
党政分工合作的工作机制，不断提升院（系）党委领导工作科学化、
民主化、制度化水平，提高院（系）领导班子的议事决策能力，夯实
院（系）基层组织基础，为推动大学生思想政治教育改革创新提供机
制保障。在此过程中，高校要严格制定院（系）党委（党总支）书
记、院长（系主任）的选聘标准，按政治强、作风正、师生认可度高
的要求进行选配。各基层党支部要善于发挥"最后一公里"的优势，
通过加强和改进党的建设，为大学生思想政治教育协同提供强大的精

神营养和可靠的组织保障，增强大学生思想政治教育的感染力和有效性。

三是深入落实对党委协同领导主体的监督检查措施。通过制定大学生思想政治教育协同责任清单，逐一对照，狠抓落实。通过制定严格的监督考核制度，强化责任担当，突出问题导向、结果导向，进一步督促党委干部守好责任田，切实提升监督实效，坚决维护高校思想政治教育系统风清气正的政治生态。要加大对回避问题、慵懒无为、不作为、慢作为、乱作为等问题的问责力度。对因不作为或失责导致的重大问题，要严格启动追责机制。在责任追究的落实过程中，坚持做到两点：一是校党政旗帜鲜明、坚决支持执纪部门严肃执纪。二是纪检、组织、人事等部门要敢于碰硬，协同作战，坚持纪律面前人人平等，决不姑息迁就。在严肃惩处的同时，注重做好思想说服工作。由分管校领导与被追究对象谈话，帮助其认识问题的根源，从中吸取教训，提高责任意识和大局意识。

四是系统总结、创新发展党委对大学生思想政治教育协同的新认识、新经验。切实发挥党委在大学生思想政治教育协同中的领导主体责任，还必须站在新时代的历史方位，深入总结党的十八大以来关于党委在大学生思想政治工作中的地位的新认识、新经验，并不断创新和发展。如要进一步确立党委在大学生思想政治教育协同中的政治核心地位，切实解决高校"为谁培养人"的问题，落实党委对教育工作的全面领导，坚持不懈用习近平新时代中国特色社会主义思想武装头脑、指导实践、推动工作，胸怀"两个大局"，牢记"国之大者"，真正把为党育人、为国育才的初心使命落到实处；要进一步全面贯彻党的教育方针，落实立德树人根本任务，确保培养一代又一代拥护中国共产党领导和中国特色社会主义制度、立志为中国特色社会主义事业奋斗终生的有用人才；要进一步加强制度建设，充分发挥高校各级党组织的战斗堡垒作用，形成各级党组织的强大合力，确保党委在大学生思想政治教育协同中的领导地位等。

二 协同主导主体

大学生思想政治教育协同是高校意识形态建设的重要内容。思想政治教育的意识形态属性和大学生的特殊性决定了大学生思想政治教育协同不仅要坚持党委统一领导、确保高校党委对大学生思想政治教育的绝对领导权，还必须充分调动各级政府部门的积极性，发挥好政府协同主导主体的作用。政府协同主导主体作用的发挥主要表现在以下几个方面。

一是完善大学生思想政治教育协同政策制度体系及其运行机制。大学生思想政治教育协同政策制度体系是为实现大学生思想政治教育协同目标、推进大学生思想政治教育协同有效运行而制定的一系列纲领、原则的总称，主要以公文诸如意见、办法、通知等形式呈现。这些政策制度是大学生思想政治教育协同运行的基本遵循，具体主要包括宏观、中观和微观三个层面。在宏观层面，国家通过颁布法规和政策性文件，顶层设计、系统推进大学生思想政治教育协同工作，如近年来《关于加强和改进新形势下高校思想政治工作的意见》《高校思想政治工作质量提升工程实施纲要》《教育部等八部门关于加快构建高校思想政治工作体系的意见》《"三全育人"综合改革试点工作建设要求和管理办法（试行）》等文件的颁布，为地方和高校大学生思想政治教育协同提供了根本导向和基本遵循。在中观层面，地方政府依据国家规定，并结合本地实际，进一步建立健全大学生思想政治教育协同育人的目标管理等相关制度，督促高校层面推进大学生思想政治教育协同工作。在微观层面，高校为落实国家和地方要求，结合学校实际制定相关制度，切实推进大学生思想政治教育协同工作，具体包括通过制定大学生思想政治教育协同主体责任制度，在系统梳理高校育人元素基础上，以制度形式明确不同主体的育人职责，并通过具体的配套制度督促主体责任落到实处；通过制定大学生思想政治教育协同评价激励制度，把大学生思想政治教育协同工作开展情况纳入职能部门、院系目标管理考核指标体系，并作为领导干部和教师个人年度考核、评优提拔和职称晋升的重要依据，以此引导大学生思想政治教育协同局面的形成；通过制定大学生思想政治教育协同的具体运行制度，如建立学校内部党政团学部门联席会议制度、思政课教师与辅导员协同育人制度、思政课程与课程思政同向同行制度、高校党建与思想政治教育以及大学生创新创业教育与思想政治教育融合发展制度等，推动大学生思想政治教育协同有效运行。

二是搭建大学生思想政治教育协同平台。协同平台的搭建旨在促进协同主体之间的沟通交流，优化大学生思想政治教育的方式方法，提升大学生思想政治教育的效率。这些平台既包括线上平台，也包括线下平台。其中，线上平台主要是应对"大数据"时代大学生思想政治教育的现实需要。从学科教育资源整合的角度，高校教师肩负着培养能够担当民族复兴大任的时代新人的重要使命，但我国大学生思想政治教育对网络共享资源的利用率还比较低，高校与高校之间、高校内部各教学机构和职能部门之间的沟通还远远不够，重复研究、重复工作的问题还比较严重；从学科教育教学手段创新的角度，当前，各高校大学生思想政治教育教学还主要是利用思政课堂，教学内容多以PPT形式传授，学生的满意度比较低，迫切需要突破空间和地域的限制，发挥实时交互的网络教育平台的优势；从提高大学生思想政治教育工作效率的角度，无论是思政课教师队伍还是辅导员队伍，日常教学和管理的事务性工作都比较烦琐，而且队伍也呈现出年轻化的趋势，他们擅长使用多媒体手段从事教学管理与科学研究，希望能够搭建更多协同的平台，以更好地提供个性化的思想教育服务。因此，线上协同平台具有不可比拟的优势。要提升大学生思想政治教育的亲和力、感染力，就必须把线上协同平台的搭建摆在重要的位置。而这一切的工作都离不开政府的协调与安排。除了线上平台，线下协同平台也是大学生思想政治教育协同不可忽视的部分。政府通过培育一批思政课名师工作室、辅导员名师工作室，将不同学校、不同学科优势的骨干教师整合在一起，借助名师工作室的平台和氛围，推动教师在各个平台积极进取，攻坚克难，继而实现大学生思想政治教育协同的目标。

三是推进大学生思想政治教育资源整合共享。大学生思想政治教育资源整合共享是大学生思想政治教育协同的内在要求，主要表现在三个方面。一是人才队伍资源的整合共享。大学生思想政治教育协同首先需要人才队伍的协同。这就需要政府发挥协同主导作用，通过建立健全地方宣传部门、党校干部融入地方高校大学生思想政治教育队伍的机制，着力发挥地方宣传部门、党校干部开展大学生思想政治教育工作的优势，打造一支专兼职相结合的思想政治教育工作队伍；通过探索建立健全地方各类优秀人才包括但不限于劳动模范、优秀党员干部、时代楷模、技术能人等定期进高校巡讲的机制，丰富大学生思想政治教育的形式和内容；通过选派地方党政领导、国企干部担任兼职实践导师，推动校企、校地人才培养深度合作，提升人才培养质量。二是思想政治教育文化资源的整合共享。思想政治教育文化资源是指在思想政治教育实践活动中，能够为其教育者所开发利用，能够满足思想政治教育实践活动的需要，推动实现教育目的、提升教育实效的所有文化要素的总和。① 整合思想政治教育文化资源，加强对中华优秀传统文化、红色文化、社会主义先进文化中的思想政治教育资源的开发和利用，使潜在的文化资源变成现实的文化载体，可以提升大学生思想政治教育工作的实效性。三是校内校外思想政治教育资源整合共享。通过系统设计高校思想政治理论课实践教学环节、大学生社会实践环节和专业课实习实训环节，搭建高校大学生参与服务社会治理的桥梁，构建政府、学校、社区协同联动的实践育人共同体，增强高校教师培养学生的职业责任感和使命感；通过发挥大学生思想政治教育队伍的辐射作用，推动大中小学思政课教师队伍结对共建、共同进步，推进大中小学思政课一体化建设。

三　协同主抓主体

高校肩负着人才培养、科学研究、社会服务、文化传承与创新、国际交流与合作的重要使命，是学习、研究、宣传马克思主义的重要阵地，也是大学生思想政治教育协同必不可少的构成要素。相较于家庭教育和社会教育，学校教育更具有目的性、计划性与组织性。在开展思想政治教育方面，高校具有独特的理论优势、人才优势和组织优势，在大学生思想政治教育协同中理应发挥牵头主抓作用，也自然成为大学生思想政治教育的协同主抓主体。

高校作为大学生思想政治教育协同主抓主体，主要在高校党委的领导下，在学工处、团委、教务处、人事处、后勤等职能部门的齐抓共管下，依托思政课教师队伍、辅导员队伍、专业课教师队伍，着力打

---

① 梅萍、向荣：《思想政治教育文化资源与文化载体之辨》，《思想教育研究》2022 年第 9 期。

造大学生思想政治教育共同体，构建"三全育人"的思想政治教育工作格局。大学生思想政治教育共同体是高校内部协同主体共同责任意识、共同参与意识、共同合作意识和共同归属意识的有机融合。协同主体成员虽然岗位不同，职责不同，却拥有共同的目标、相似的行为准则和对共同体其他成员负有责任的强烈意识。这种意识让他们得以联结在一起，共同肩负着大学生成长成才的责任使命，并共同参与大学生思想政治教育协同实践，以合作性和互动性更强的方式，形成更为稳定的关系。这种松散的育人共同体更能激发协同主体成员的归属意识，促使各协同主体成员自觉担负起培育德智体美劳全面发展的中国特色社会主义的合格建设者和可靠接班人的重大任务。在共同体的引领下，协同主体成员各司其职，大学生思想政治教育协同得以有序运行。

高校协同主抓主体作用的发挥主要表现在以下几个方面：一是高校要根据社会发展需要，遵循高校思想政治工作规律、教书育人规律以及大学生成长成才规律，积极开展大学生思想政治教育协同活动，着力于培养能够勇于担当民族复兴大任的时代新人。二是高校要坚持社会主义办学方向，充分利用和整合高校内部资源，推进社会主义核心价值观的培育和践行，引导学生树立正确的世界观、人生观、价值观，帮助学生扣好人生的第一粒扣子，为学生一生的成长奠定科学的思想基础。三是高校要发挥理论优势，把家庭教育和社会影响的内容理论化，为学校、家庭、社会教育协同育人机制的构建提供理论指导。四是高校要发挥人才优势，引导学生实现知、情、意、行诸要素的矛盾运动和转化，增强学生抵御社会不良风气的能力。五是高校要发挥组织优势，通过各级党团组织、学生社团等学生集体或团队有层次、有程序地进行大学生思想政治教育，充分发挥大学生自我教育的功能，提升大学生思想政治教育的获得感。

高校协同主抓主体的角色定位决定了高校要积极将党的最新理论成果融入大学生思想政治教育，赋予大学生思想政治教育时代特征。当前，高校协同主抓主体作用的发挥，要善于将党的二十大精神融入大学生思想政治教育，这是党和国家应对变局、开辟新局的必然要求，不仅有利于大学生明辨世情国情，明辨错误思潮和历史趋势，增强大学生风险识别能力和斗争能力，而且有利于深化对大学生的家国情怀、集体主义与社会主义教育，引导大学生正确处理"小我"与"大我"、"个人理想"与"社会理想"的关系，自觉把个人的奋斗融入建设社会主义现代化强国、全面推进中华民族伟大复兴的伟大实践中。同时，以党的二十大精神为主题的理论宣讲和实践活动等，也进一步丰富了大学生思想政治教育的渠道和载体，更好地彰显了大学生思想政治教育协同的优势所在，有利于推动大学生思想政治教育的高质量发展。而在融入的具体过程中，要深入理解党的二十大精神的丰富内涵和外延，重点融入大会主题、历史成就、开辟马克思主义中国化时代化新境界、新时代的使命任务、中国式现代化以及党和国家的重大部署等方面的内容，[1] 以不断提升大学生思想政治教育的实效性。

四 协同配合主体

大学生思想政治教育协同除了发挥党委的领导核心作用、政府的主导作用、高校的主抓作用，还必须发挥其他主体的主动配合作用。这些主体主要包括企业、社区和家庭三大类。

---

[1] 《中共中央关于认真学习宣传贯彻党的二十大精神的决定》，《人民日报》2022 年 10 月 31 日第 1 版。

（一）企业

企业是人才培养质量的试金石，是学生了解社会的窗口。作为深化课堂教学的重要环节，企业实习是教学计划的重要组成部分，是学校教学工作的有益补充，也是学生获取专业与社会知识的重要途径。通过把学校理论教学和企业实践教学相结合，来丰富教学的形式和内容，不仅有利于深化学生对专业知识的理解，促进理论与实践的有机结合，提升学生的职业素养和分析、解决实践问题的能力，帮助学生做好职业生涯的规划，而且有利于引导师生在亲身参与中增强社会认知，树立家国情怀，把自身的发展与国家民族命运更加紧密地结合在一起，自觉承担起推进中华民族伟大复兴的历史重任，增强服务社会的本领。

作为实践育人的重要场所，企业在大学生思想政治教育协同中发挥着独特的作用。一是借助企业管理经验开展理念育人活动。高校通过与企业的深度交流，把企业管理的先进理念特别是对人才聘用、选拔和任用的标准融入大学生日常的思想政治教育教学活动，在课堂上用最直观的形式向大学生传递企业文化，从而促进校园文化和企业文化的融合，能增强思想政治教育的实效性、说服力和感染力，帮助学生树立正确的就业观、择业观。二是借助企业平台开展实践育人活动。实践育人是马克思主义德育思想的精髓。"生产劳动同智育和体育相结合，它不仅是提高社会生产的一种方法，而且是造就全面发展的人的唯一方法。"① 大学生通过在企业的实习实践活动，可以有效提升自身的知识应用能力、组织表达能力以及团队合作能力，让学生更好地将

---

① 《马克思恩格斯选集》第 2 卷，人民出版社 2012 年版，第 230 页。

理论知识融入实践，为以后走上工作岗位，走向社会打下坚实的基础。三是借助企业合作项目研究提升学生的创新精神。高校教师和企业之间经常有一些合作项目。高校通过鼓励学生积极参与校企合作项目研发，充分发挥高校与企业双方优势，让学生了解本学科理论热点与前沿知识，将专业知识与实务操作更加紧密地结合起来，有利于培养学生的创新精神和创业能力。

（二）社区

社区是社会的细胞，是提供社会管理服务的基层单位。高等教育的改革和发展加快了高校后勤社会化的步伐，学生宿舍也紧随高校后勤社会化的浪潮涌向周边社区。这种变革严重挑战了传统的大学生思想政治教育工作模式，也迫使大学生思想政治教育逐渐从校内向校外的学生社区延伸。在此大背景下，社区思想政治教育功能被不断强化，对大学生思想政治教育产生着越来越重要的影响。其功能能否有效发挥直接关乎高校教育教学的秩序和校园安全稳定的大局。一方面，不同生活方式和价值观念的大学生在社区集中，容易产生各种碰撞和摩擦，各种思潮也容易在社区汇集；另一方面，社区不仅是学生活动的重要场所，更是学生成才的第二课堂，其环境也会对大学生的思想产生潜移默化的影响。因此，大学生思想政治教育协同，要着力发挥学生社区的主动配合作用，从而实现社区活动教育化、隐性资源显性化的目的。

当前，学生社区的主动配合作用主要体现在三个方面：一是社区要主动为大学生思想政治教育协同提供丰富的资源支撑。社区中拥有的各类教育基地、福利院、留守儿童学校等场所弥补了学校教育资源的不足。高校通过鼓励与组织学生参观这些场所，将思政育人从课堂延伸到课后，从校园延伸到生活区，开辟了新的育人平台与阵地，丰富了大学生思想政治教育的形式。同时，社区为学生提供志愿服务和社会实践的资金与场所，为学生进一步了解社会、服务社会提供了有益平台，锻炼了学生的自主创新能力和实践能力，增强了学生的社会责任感和历史使命感。二是社区要主动为大学生思想政治教育协同提供良好的环境支持。社区可以结合其管理和服务工作，有针对性地开展大学生思想政治教育活动。如通过开展"文明宿舍"创建、"书香宿舍"评比、"我的好室友"评选等活动，切实提升大学生的文明素养、安全意识，营造安全、文明、和谐、向上的社区文化氛围；通过开展沉浸式、趣味性的社区科普体验活动，弘扬科学精神，丰富大学生的科学文化生活，激发大学生爱科学、学科学、用科学的热情。三是社区要主动为大学生思想政治教育协同提供力所能及的保障。社区是大学生生活的主要场所，也是大学生相互交流、沟通思想的重要场所。社区在力所能及的范围内帮助大学生解决思想问题与生活问题，能够使大学生切实感受到社区带来的温暖，有利于维护校园的安全稳定，促进社会的和谐发展。

近年来，高校与社区的合作日益紧密。通过与社区建立思想政治教育实践基地，深化校社合作成为广大高校的选择。这一举措不仅有利于培养和锻炼青年学生，推动大学生思想政治教育活动走深走实，在服务社会、服务基层、服务群众过程中提升大学生的思想政治素质，而且有利于高校、社区双方承担社会责任，共同努力培养新时代中国特色社会主义事业的合格建设者和可靠接班人。以湖北省为例，2020年6月，共青团湖北省委倡导发起了社区青年志愿服务大赛。该大赛以青年志愿服务"社区计划"为载体，探索深化青年志愿服务社区行动，着力引导更多青年弘扬雷锋精神，打造一支常态化运行的社区青年志愿服务团队，形成一批满足群众需求、符合基层社会治理要求的志愿服务品牌项目，以不断提升社区青年志愿服务的专业化、制度化水平。在活动的开展中，高校青年大学生志愿者服务团队当之无愧地成为"社区计划"的主力。他们走进社区，围绕社区普遍关注的青少年、老年人、残疾人等服务群体开展活动，以高度的责任意识、专业的服务能力赢得了社区群众的广泛认可。大学生所接受的正面教育以及在开展这些活动中传递出来的正能量又产生了积极的辐射扩散作用，形成与社区及其他社会组织主体文化的良性协同，进一步营造了大学生思想政治教育协同的良好文化氛围。

（三）家庭

家庭是社会的基础。以家庭血缘关系而生成的社会道德关系是奠定社会秩序的伦理基础。无论是过去、现在还是将来，绝大多数人都生活在家庭之中。家庭始终是维系人们社会生活的基本组成单位。这种由血缘纽带和亲情关系所维持的家庭存在的本质不会被任何新技术和新观念动摇。而家庭教育是人生教育的基础和起点，具有不可替代性。从出生到长大成人，我们每个人几乎 2/3 的时间都生活在家庭之中，接受家长的教育，受家长的影响，且这种影响伴随着人的一生。而渗透于家庭教育之中家训文化不仅是中国传统文化的重要组成部分，在中国古代教育中起着重要作用，也是整个社会道德教育的源头。因此，虽然进入大学的孩子大多已经成年，但并不意味着家庭责任的结束。相反，作为孩子的重要支持系统，家庭有义务协助学校做好大学生的思想政治教育工作。这也是马克思主义家庭观的基本要求。马克思主义认为，人的本质不是单个人所固有的抽象物，在其现实性上，它是一切社会关系的总和。因此，家庭教育也必须放在社会整体视角下考察，其不单单是家庭的事、个人的事，而是每个人应当为社会、为国家、为民族承担的责任和义务。

党的十八大以来，以习近平同志为核心的党中央高度重视家庭文明建设，围绕注重家庭、注重家教、注重家风建设发表了一系列重要论述，强调"不论时代发生多大变化，不论生活格局发生多大变化，我们都要重视家庭建设，注重家庭、注重家教、注重家风"。家庭教育日益受到全社会的广泛关注。2021 年，家庭教育成为社会关注的热点，贯穿全年。2021 年 3 月 28 日，中共中央党史和文献研究院编辑的《习近平关于注重家庭家教家风建设论述摘编》一书，由中央文献出版社出版，在全国发行，其中的 60 多篇重要文献第一次公开集中发表。这些论述对于动员社会各界广泛参与家庭文明建设，努力使千千万万个家庭成为国家发展、民族进步、社会和谐的重要基点，把实现个人梦、家庭梦融入国家梦、民族梦之中，汇聚成全面建设社会主义现代化国家、实现中华民族伟大复兴中国梦的磅礴力量，具有十分重要的意义。2021 年 7 月 22 日，中宣部等国家七部委联合出台《关于进一步加强家庭家教家风建设的实施意见》，强调要围绕落实立德树人根本任务开展家庭教育，引导家长用正确行动、思想和方法培养孩子的好思想、好品行、好习惯。2021 年 10 月 23 日，中华人民共和国主席习近平签署中华人民共和国主席令第九十八号，公布《中华人民共和国家庭教育促进法》自 2022 年 1 月 1 日起施行，酝酿十年的家庭教育立法终于实现。事实上，2021 年家庭教育成为热点并非无迹可寻。党的十九大和十九届四中、五中全会对家庭教育工作都提出明确要求，为通过立法引导全社会注重家庭、家教、家风，使千千万万个家庭成为国家发展、民族进步、社会和谐的重要基点指明了方向。2021 年 11 月 11 日，党的十九届六中全会通过的《中共中央关于党的百年奋斗重大成就和历史经验的决议》指出，要"注重家庭家教家风建设"，也进一步说明了家庭家教家风建设的重要性。2022 年 10 月，党的二十大报告将加强家庭家教家风建设作为"推进文化自信自强，铸就社会主义文化新辉煌"的重要内容，从坚守中华文化、弘扬中国精神层面强调其重要性，进一步凸显了家庭在国家发展、民族进步、社会和谐中的基石作用。这也是家庭家教家风建设首次出现在党代会中。综上所述，我们可以看出，家庭教育对于落实立德树人的根本任务，推进大学生社会主义核心价值观的培育和践行，引导大学生增强文化自信、自觉肩负起实现中华民族伟大复兴的中国梦的责任意识和使命意识具有重要作用。因此，重视家庭教育的基础性作用，构建家庭、学校和社会三者有机结合的大学生思想政治教育工作模式，推进家庭、学校和社会等多方力量的协同参与，是现代大学生思想政治教育的必然选择。

家庭在大学生思想政治教育协同过程中的配合作用主要表现在以下几个方面：一要发挥家庭环境在人的思想政治品德形成中的积极作用。家庭对人的发展具有最直接、最具体、最深刻、最持久的影响。它通过营造积极、健康、向上的家庭氛围来影响陶冶大学生的情操。家庭也是大学生成人成才的最坚实的支持系统，家庭教育的缺位和家庭支持系统的缺失，会引发学生的心理问题，影响大学生的健康成长。因此，强化家庭在大学生成长成才中的作用，赋予家庭更多的教育责任，有利于大学生价值观念引导、责任意识培养和精神境界提升。二要重视家庭教育对学校教育的有益补充。人的全面发展是"真""善""美"的统一，是知识、责任、审美情趣的有机结合。多元文化的渗透增加了学校教育的难度，单靠学校一方已经无法承载大学生思想政治教育的全部责任。当前，尽管大多数大学生在学校的时间比在家的时间多，但这并不妨碍家庭对其的教育和引导。在某种意义上，没有良好的家庭教育，学校教育可能会被"一笔勾销"。因此，高校要转变传统的单兵作战的观念，重视与学生家庭的沟通与联系，从家庭中寻找学生问题的深层次原因，以实现大学生思想政治教育目标为己任，平等真诚地合作往来，从而实现教育互补、效果倍增。三要发掘家庭教育中蕴含着的丰富方法与经验。家庭教育的优势是因材施教，注重个性，因此也具有学校教育不可比拟的全面性和感染性。家庭教育更注重通过日常行为规范的养成来促进个体道德素养的提高，其涉及的内容涵盖了衣、食、住、用、行、兴趣爱好、能力提升、自我实现等各个方面。在家庭教育中，父母的赏识、信任等情感教育都有利于激发学生践行文明行为、提升道德修养的自觉性。这些也是高校开展大学生思想政治教育的宝贵财富。此外，通过家校沟通，全面了解学生的成长历程，也有利于更好地开展有针对性的思想政治教育。

第二节　协同目标

"任何事情的发生都不是没有自觉的意图，没有预期的目的的。"[①]大学生思想政治教育协同的形成与发展也是如此，是理性引导下的有目的的主体实践活动。大学生思想政治教育协同的目标（简称"协同目标"）是协同主体在思想观念上对大学生思想政治协同目的及实践结果的预期，是根据社会发展的客观需要和思想政治工作本身的规律、教书育人的规律以及大学生群体成长成才的规律确定的，能够对大学生思想政治教育协同的形成及发展起到牵引和规范作用。一方面，作

---

① ［德］恩格斯：《路德维希·费尔巴哈和德国古典哲学的终结》，人民出版社 1997 年版，第 39 页。

为大学生思想政治教育协同系统整体功能发挥的精神支柱，协同目标具有强烈的牵引作用。它能最大限度地激发主体内在潜能，凝聚主体思想共识，提高主体统一协调行动和统一配置资源的效率，激励主体为达到共同的目标而不懈奋斗，促进思想政治教育合力的形成。另一方面，协同目标是大学生思想政治教育协同过程校正和结果评价的标准和依据，具有规范性作用。一旦协同活动与目标产生偏离，协同主体可以根据协同目标迅速调整活动，及时纠偏，确保协同置于可控范围内。

协同目标是大学生思想政治教育协同的有机组成部分，体现了社会对大学生能力与素质的要求与期许。不仅如此，作为起点和归宿，协同目标还表征着大学生思想政治教育协同的方向和结果。因此，大学生思想政治教育协同目标的明确，不仅有利于系统地设计协同活动的内容，科学地把握大学生思想政治教育的着力点，还为大学生思想政治教育理论创新和实践发展创造了条件。

协同目标由各个等级、层次和水平的子目标组成。根据不同的分类标准，可以分成不同的类型。本书重点讨论时间维度下的协同目标。根据目标的时间维度，可以把协同目标分为三个层次：第一个层次为"促进发展"的远期目标；第二个层次为"提升实效"的中期目标；第三个层次为"服务学生"的近期目标。

一　远期目标

远期目标又称终极目标，需要经过长时间持续努力才能实现。它贯穿于大学生思想政治教育协同活动的全过程，反映了大学生思想政治教育的长远需要，是大学生思想政治教育协同想要达到的终极效果，具有宏观性、长期性、全局性和相对稳定性，对思想政治教育和人的思想行为有着重要的、长远的引导作用。大学生思想政治教育协同的远期目标与思想政治教育的根本目标具有一致性，即促进学生个体的全面发展和社会的全面进步。

"人的全面发展问题是社会发展的根本问题，是教育的根本目的和价值取向，以德、智、体、美等诸多因素构建的社会主义教育旨在培养全面发展的人。"[①] 人的全面发展包括自由发展、全面发展、充分发展与和谐发展四个方面，是人的本质的丰富性和完整性的体现。它随着社会的发展而不断完善和发展。而青年是整个社会力量中最积极、最有生气的力量，也是始终被寄予厚望的力量。国家的希望在青年，民族的未来在青年。无论时代怎么变迁，中国青年始终是推动历史进步的重要力量。"四有青年"的提出与发展也进一步证实了国家对青年的殷切期望。1980 年 5 月 26 日，中共中央副主席邓小平给《中国少年报》和《辅导员》杂志的题词"希望全国的小朋友，立志做有理想、有道德、有知识、有体力的人，立志为人民作贡献，为祖国作贡献，为人类作贡献"初次提出"四有青年"概念。随后，"四有青年"的内涵也在不断地丰富和发展。1985 年 3 月 7 日，邓小平在全国科技工作会议上的讲话中谈到加强理想和纪律教育时指出："我们在建设具有中国特色的社会主义社会时，一定要坚持发展物质文明和精神文明……教育全国人民做到有理想、有道德、有文化、有纪律。"进入新时代，大学生思想政治教育协同要着力于培养"有理想信念、有中国精神、有核心价值、有能力素养的"能够担当中华民族伟大复兴使命的时代新人，实现人的全面发展的终极目标。"新四有"思想是对"有理想、有道德、有文化、有纪律"的"老四有"思想的继承、丰富与

[①]　王学俭、顾超：《思想政治教育整体性协同创新》，《湖北社会科学》2016 年第 12 期。

发展。其中，"有理想信念"是对"有理想"的继承，是对大学生政治素质的新要求。它是人的全面发展的基础，制约着人的发展方向。"有中国精神"和"有核心价值"是对"爱国主义""艰苦奋斗"等思想素质内容的完善，体现了社会对大学生思想素质的新要求；"有能力素养"是对"有道德""有纪律"和"有文化"的综合概括，体现了社会对大学生文化素质和道德素养的要求。它们共同构成了人的全面发展的内容。

除了促进人的全面发展，远期目标还表现为促进社会的全面发展。社会的全面发展体现在经济、政治、文化等多个方面，这就要求大学生思想政治教育协同既要在大学生思想政治素质提升、主观能动性调动、自我社会价值实现与身心素质和谐发展方面起作用，还要通过大学生思想政治教育协同活动把精神力量转化为物质力量，推动社会生产力的发展、推进社会主义先进文化建设、促进社会的安全稳定团结。远期目标的两个方面，即人的全面发展和社会的全面发展互为前提、互相促进。一方面，社会的发展是人的发展的集合体，需要以人的发展为前提；另一反面，社会的发展又推动了人的全面发展。人的全面发展需要的满足是社会进步与发展的意义所在。

二 中期目标

中期目标就是指需要经过一个较长的历史阶段的艰苦努力才能实现的目标，反映社会某一发展阶段的特点和需要，贯穿思想政治教育阶段始终，一般为5—10年。中期目标与远期目标在本质上具有一致性，受远期目标的制约，是实现远期目标的中介。中期目标是大学生思想政治教育中期趋势和需要的反映，具有阶段性、局部性和过渡性特征。大学生思想政治教育协同的中期目标表现为提升教育实效。

　　长期以来，思想政治教育意识形态属性的本质规律，已经被学界广泛接受和认同。在阶级社会中，意识形态本身具有较强的政治性、阶级性，即它明确地属于一个阶级，并为这个阶级的根本利益服务，其作用在于维护特定社会统治阶级的利益。不同阶级和国家开展思想政治教育，本质上都是为了维护本阶级的利益，传递国家意志和社会规范，引导人们进行价值选择和价值判断。随着全球化、多元化、多极化趋势的发展，我国意识形态也呈现出主导性与多样性、民族性与全球性、冲突性与互渗性相结合的发展特点。党的二十大报告指出："建设具有强大凝聚力和引领力的社会主义意识形态"，对大学生思想政治教育协同提出了新的要求。高校作为培养中国特色社会主义伟大事业的合格建设者和可靠接班人的园地，广大青年学生的聚集地，是意识形态工作的最前沿。实践也证明，高校专业知识的传授固然重要，但如果没有帮助大学生形成正确的人生观、价值观，系好人生的第一粒扣子，大学生就难以成为社会需要的人才，高校培养什么样的人、如何培养人以及为谁培养人这些根本问题的根基也将动摇。因此，能否增进大学生对主流意识形态的认同，牢牢树立党在高校意识形态领域的话语权，不断凝聚"价值最大公约数"，实现主流意识形态对多样化社会思潮的正向引领，就成为大学生思想政治教育协同成效的首要衡量标准。大学生思想政治教育必须坚持马克思主义的指导地位，坚持用习近平新时代中国特色社会主义思想这一马克思主义中国化最新成果来武装广大师生头脑，坚持扎根中国大地办教育，积极引导学生建立正确的认知体系，使得学生的思想和行为符合国家和社会主流的意识形态，不断巩固党在意识形态领域的领导权、话语权和主动权。

　　除了意识形态功能，大学生思想政治教育协同的教育实效还体现在它的非意识形态功能上。所谓非意识形态性，是指大学生思想政治教育非阶级性的社会性、普遍性的一面，它可以为一切社会和社会中所有人的发展服务，其作用是维系一个社会共同体的存在和发展。大学生思想政治教育的非意识形态功能反映了人类社会发展的普遍性要求，即在坚持社会主义意识形态主导地位的前提下，不断满足协同主体的多样化目标要求以及人类社会最具有普遍意义的道德要求。如对大学生开展科技素养教育、人文素质教育等，都属于大学生思想政治教育非意识形态教育的内容。这既有利于满足大学生全面发展的个性化和普遍化需求，又有利于推动不同意识形态国家和地区大学生思想政治教育的交流合作活动，深入推进人的社会化和全面发展。因此，大学生思想政治教育协同的中期目标就是要从协同的战略构想和顶层设计上下功夫，以人才培养为导向，以强化意识形态工作为重点，以提高大学生思想政治教育的协同度为手段，不断优化和整合大学生思想政治教育的人力、物力和财力资源，不断探索大学生思想政治教育协同的新途径、新方法，形成合力，提升大学生思想政治教育的实效性。

三　近期目标

近期目标是较短时间内实现的目标，也称具体目标或基础性目标。近期目标反映了社会发展的现实需要，针对具体问题而设，是大学生思想政治教育现实需要的反映，映射着大学生思想政治教育协同近期内想要达到的效果，因而具有现实性、具体性和可操作性。大学生思想政治教育协同的近期目标表现为服务学生成长。

大学生思想政治教育是培育人的思想品质、政治素质与道德修养的实践活动，思想政治教育协同的本质是为大学生的发展创造更好的条件。这一本质要求协同主体坚持贴近实际、贴近生活、贴近学生，坚持遵循教育规律，不断调动大学生的主观能动性，不断激活大学生的创造力以及成长成才的内动力。现阶段，大学生面临着来自学习、生活、思想、心理、就业各个方面的压力或困惑，仅靠单一主体、单一途径、单一载体很难满足大学生的现实需求。因此，大学生思想政治教育协同的建立，就是要正视现实，打破思想政治理论课、党课和专业课独自作战的局面，打破学生工作由辅导员来做的传统认知，不断推进高校辅导员与思政课教师、高校思政工作者和专业课教师、管理队伍以及后勤服务人员的融合，不断在思想政治教育载体创新、渠道创新、环境优化和制度建设方面下功夫，致力于解决大学生发展过程中的若干现实问题，把工作落实。同时，加强高校与家庭之间的沟通与交流，加强高校与社会、企业的协同与合作，为大学生的成长成才搭建平台。这也是构建大学生思想政治教育协同的最直接目标。

近期目标、中期目标和远期目标相互联系、相互统一。近期目标是基础，中期目标是桥梁，远期目标是根本。没有近期目标，中期目标就无从谈起，远期目标更是空中楼阁。同时，中期目标又是近期目标的延伸和远期目标实现的基础，起着承上启下的作用。中期目标完成了，远期目标才有实现的希望。相较于近期目标和中期目标，远期目标是最根本、最长远的目标，可以分解为若干个中期目标和近期目标，在大学生思想政治教育协同过程中起着导向作用。没有远期目标，近期目标和中期目标将会偏离正确的航道。综上所述，远期目标、中期目标和近期目标构成了一个完整的目标系统。只有三个层次的目标逐层次、逐阶段、逐一实现，才能使目标符合人的认识规律，符合各个时期的社会实际，达到预期的效果，最终实现大学生思想政治教育的根本目的。值得注意的是，对目标进行远期、中期和近期的划分也是一个相对的概念。它们也在一定程度上反映了目标实现的难易程度。

第三节　协同动力

"动力"是一个物理学概念,意指一切力量的来源。《辞海》对动力的解释有两种,一是基本意义,泛指使机械做功的各种作用力,如水力、电力、风力、畜力等;二是引申意义,比喻能够推动事物前进和发展的力量,如创造世界历史的动力等。大学生思想政治教育协同动力中的"动力"则是对动力引申概念的使用。它是指通过作用于大学生思想政治教育实践活动,从而推动大学生思想政治教育协同形成的各种力量。邱伟光、张耀灿认为:"作为一种能够自我运行、自我调节的系统,思想政治教育机制必然存在一种能够推动这种自我运动稳定向前发展的动力。离开了动力,一切思想政治教育活动都不能正常进行。"① 作为思想政治教育机制的重要组成部分,大学生思想政治教育协同的形成和发展也是动力驱动的结果。一般认为,大学生思想政治教育协同的动力要素由以下几方面内容组成:党和国家的领导力、社会氛围的推动力以及协同主体的执行力。这些动力要素协同作用,形成合力,共同推动大学生思想政治教育协同的形成和发展。

一　党和国家的领导力

党和国家的领导力是指党和国家在全面分析大学生思想政治教育环境,全面把握高校思想政治教育规律、教书育人规律以及学生成长规律的基础上,通过加强顶层设计与系统推进而表现出来的全局统领

---

① 邱伟光、张耀灿主编:《思想政治教育学原理》,高等教育出版社 1999 年版,第207—208 页。

力、凝聚力和制约力。这种领导力有利于激活不同主体成员的协同意识，推动大学生思想政治教育协同作用的发挥。

大学生思想政治教育工作是个系统工程。作为回答"培养什么人、怎样培养人、为谁培养人"问题的关键环节，大学生思想政治教育在塑造青年的灵魂、引领青年健康成长方面起着重要作用。面对社会发展的新环境，大学生思想政治教育迫切需要系统设计、整体推进，以此提升大学生的思想道德修养，增强大学生担当中华民族伟大复兴的历史责任感和使命感。正是以此为基点，党和国家从顶层设计出发，提出把立德树人作为高校的中心环节，坚持"三全育人"，把思想价值引领贯穿于教育教学的全过程和各环节，统筹推进课程、科研、管理、服务、文化、实践、网络、组织等育人作用，这为新形势下的大学生思想政治工作提供了坚实的保证。

党在思想教育领域的领导力根源于党的先进性和权威性。习近平总书记指出："在当今中国，没有大于中国共产党的政治力量或其他什么力量。党政军民学，东西南北中，党是领导一切的，是最高的政治领导力量，各个领域、各个方面都必须坚定自觉坚持党的领导。"① 事实的确如此。自中国共产党成立以来，党便领导人民取得了一个又一个的阶段性胜利，并带领中国实现了从站起来到富起来再到强起来的伟大转变。在思想文化建设方面，中国共产党更发挥了不可替代的作用。意识形态领域领导权的不断加强、理论创新的持续推进、社会主义核心价值观的广泛弘扬、国家文化软实力的大幅提升以及全党全社会思想上的团结统一都进一步巩固了党的领导地位，增强了党的领导力和

---

① 中共中央宣传部：《习近平总书记系列重要讲话读本（2016 年版）》，学习出版社、人民出版社 2016 年版，第 101—102 页。

号召力。在推进大学生思想政治教育协同建设、牢固树立高校意识形态的领导权、话语权、主动权的过程中，中国共产党也发挥着重要的作用。同时，国家作为阶级统治的工具和政党意图的体现，在大学生思想政治教育协同中拥有着不可比拟的强大力量。利用国家这一有机整体，发挥其在大学生思想政治教育协同中的领导力，是加强和巩固马克思主义在意识形态领域指导作用、培养担当民族复兴大任的新时代青年的必然选择。

二　社会氛围的推动力

"社会氛围指的是在经济社会发展大背景下具有社会属性的人，因为与他人或物发生各种各样的联系后生成的一种大环境气氛，内在包含制度、文化风气、道德规范准则等。"① 社会氛围的推动力是指从社会大环境中衍生出的制度、法律、政策等外部力量对大学生思想政治教育协同所产生的推动作用。这种推动力并非完全脱离于协同主体自身，而是一种能够被协同主体所感知、认同进而转化成为协同主体自动力的力量。在社会政治经济稳定发展时期，思想道德状况也具有相对稳定性，大学生思想政治教育协同建设以发挥协同主体的自动力为主，辅之以外部推动力量；在社会转型时期，经济利益的不断调整，社会矛盾的不断激化，对大学生的思想道德状况产生着深刻的影响，这些影响也会在无形中增加协同主体开展大学生思想政治教育的难度。故此，大学生思想政治教育协同建设应当着力发挥外部动力作用，在良好的协同社会氛围的营造上下功夫。

---

① 陆树程、张鹏远：《论培育和践行诚信价值观的动力机制》，《苏州大学学报》（哲学社会科学版）2017 年第 4 期。

当前，协同氛围的弱化与缺失，影响了大学生思想政治教育协同的构建。如有些领导口头上讲"重视协同、支持协同、带头协同"，在公开场合也一再表态"坚决执行、坚决照办"，但对需要协同的工作消极应付；有些领导一味强调本校、本部门的"情况特殊"，以"创造性"开展工作为名，把党和国家的文件精神放到一边，自己另搞一套；更有甚者，"以文件贯彻文件、以讲话贯彻讲话、以会议贯彻会议"，却不联系本部门实际，提出切实可行的措施⋯⋯长此以往，不仅协同政策的落实打了折扣，还会打击协同主体的积极性，影响大学生思想政治教育协同发展的进程。因此，营造良好的协同社会氛围，需要加强对协同相关制度法规的制定、实施与反馈，加强对协同育人思想的宣传。

特别需要指出的是，社会氛围的推动力与党和国家的领导力并不是相互独立的，二者相互联系，不能随意割裂。协同氛围的营造离不开党和国家的领导力以及政府施政层面的力量，例如对大学生思想政治教育协同活动的资金投入和政策支持都是在党和国家的领导及政府的支持下营造协同氛围的重要举措。没有党和国家、政府的强力领导和支持，全员全过程全方位育人的协同氛围将无法营造。同时，也只有在党和国家、政府领导支持下，协同氛围才能够从他律层面有效化解大学生思想政治教育协同实践中存在的各种矛盾，推进协同的广度、深度和效度，构建科学合理的协同长效机制。

三　协同主体的执行力

协同主体的执行力是指大学生思想政治教育协同中，协同主体发挥出的自觉能动的实践能力。这种执行力源自协同主体的内心，是一种内在自动力。协同主体的执行力决定大学生思想政治教育协同的形成，大学生思想政治教育协同的形成固然离不开党和国家领导力、社会氛围推动力的外部激发，但其能否建立关键在于协同主体自身。领导力与推动力作用的发挥，虽然能够使协同主体基本认识到开展大学生思想政治教育协同的必要性、重要性，但这并不能保证其在认同协同的基础上，能主动从事相关协同实践活动。从这一层面来说，大学生思想政治教育协同的构建关键在于提升协同主体的执行力。仅靠发挥党和国家的领导力、社会氛围的推动力而没有协同主体自发的执行力，大学生思想政治教育协同也将流于形式。

协同主体执行力的强弱与主体内在需要被满足的程度密切相关。"需要是有机体内部的一种不平衡状态，它表现为有机体对内部环境或外部生活条件的一种稳定的需求，并成为有机体活动的源泉。"[①] 它激发人采取行动，并朝着既定的目标而努力，以求得到自身的满足。当人的活动被需要所驱使，需要就表现为活动的动机。需要在活动中不断产生与发展并处于永不满足的状态。协同主体的执行力就是主体内在需要被激发而采取行为的表现。主体需要越强，被满足得越多，协同的动机和执行力也就越强。

协同主体的需要主要体现在互补需要和共享需要两个方面。互补需要是协同主体基于其他主体在大学生思想政治教育方面的优势产生的通过与对方合作来强化自身价值或弥补自身缺陷的需求。协同主体的复杂性决定了主体成员在大学生思想政治教育中所扮演的角色的多样性。这也为教育主体之间的协同提供了可能。共享需要是协同主体基于大学生思想政治教育公共资源的有限性而产生的资源共享的需求。不容置疑，资源在大学生思想政治教育过程中起着重要的作用。谁拥

---

① 彭聃龄：《普通心理学》，北京师范大学出版社 2004 年版，第 315 页。

有了资源，谁就拥有了教育的资本。但资源又是相对有限的，这势必引起各协同主体对资源的争夺。这种争夺体现了协同主体间竞争的一面。同时，为了最大限度地占有和使用资源，各协同主体又会展开积极的合作，在信息资源、平台资源等方面进行共享，以实现自身利益的最大化。互补需要和共享需要的存在决定了协同主体的执行力在推动大学生思想政治教育协同中的重要作用。它与党和国家的领导力、社会氛围的推动力共同构成大学生思想政治教育协同的动力系统。其中，党和国家的领导力起着统摄调控作用，社会氛围的推动力起着环境助推作用，协同主体的执行力起着内在决定作用。为了更好地回应大学生思想政治教育协同构建中的现实问题，必须发挥三者的合力，构建相应的动力机制。

第四节　协同环境

协同环境是指影响大学生思想政治教育协同活动开展的、具有内在逻辑联系的一切外部因素的总和。把协同环境作为大学生思想政治教育协同的构成要素予以考察，主要原因在于：第一，环境因素是影响大学生思想政治教育效果的重要指标，环境分析是大学生思想政治教育协同分析的必要环节。"环境意识或环境观念是系统思想的重要内容，环境分析是系统分析不可或缺的一环。系统的完整规定性由内部规定性和外部规定性共同构成。"[1] 大学生思想政治教育协同是由若干要素构成的系统，对其进行分析必须遵循系统分析的一般规律。抛开协同环境去孤立探讨大学生思想政治教育协同不符合系统分析规律，

---

[1]　苗东升：《系统科学精要（第3版）》，中国人民大学出版社2010年版，第26页。

也是不完整的。第二，协同环境具有成为大学生思想政治教育协同要素的属性。协同环境具有层次性和相对性，界限并不清晰，难以分辨出其在大学生思想政治教育协同系统内部或外部。对某个子系统来说是环境，对另一个子系统来说则可能是要素。因此，有必要将其作为大学生思想政治教育协同的构成要素来加以分析。第三，环境对于大学生思想政治教育协同和发展具有不可忽略的潜在影响。事实上，开放性特征决定了大学生思想政治教育协同必须在与外界环境的相互联系、相互作用中求得生存与发展。其开放程度直接决定协同的效果。如果环境开放得充分，协同将是有序的；反之，协同和发展也将受影响，严重时可能导致解体。这种特性也从客观上要求把协同环境作为大学生思想政治教育协同的有机组成部分。

新形势下，大学生思想政治教育协同环境也发生了很大的变化。充分认识这些环境因素，分析不同环境带来的影响，对于揭示大学生思想政治教育协同的形成和规律具有重要作用。在此，我们根据研究的需要，对大学生思想政治教育协同环境进行了不同分类。如依据范围的不同，可以将协同环境分为外环境和内环境；依据性质的不同，可以将协同环境分为硬环境和软环境；依据形态的不同，则可以将协同环境分为现实环境和虚拟环境。

一 外环境和内环境

根据影响大学生思想政治教育协同因素范围的大小，我们可以把协同环境分为外环境和内环境。

(一) 外环境

外环境，顾名思义，是指影响大学生思想政治教育协同的一切外部因素的总和。它既包括宏观层面要素，即社会的经济、政治、文化环境等；也包括中观层面要素，即家庭、社区环境等。

大学生思想政治教育协同系统与外环境关系紧密，一方面，协同效能的发挥在很大程度上依赖于外环境所提供的条件；另一方面，不同外环境产生的协同作用也不尽相同。从宏观层面来看，经济环境是一切环境的基础，反映了社会生产力的水平和人与人之间的利益关系，是构建大学生思想政治教育协同的决定性力量；政治环境以国家政权和政党利益为核心，反映了国家对安全稳定和谐的社会局面的强烈要求，是构建大学生思想政治教育协同的推动性力量；作为社会经济、政治的产物，文化环境对培养大学生思想政治教育主体的协同意识具有感染熏陶的作用。三者相互联系、相互作用，共同影响着大学生思想政治教育协同的形成。只有在经济建设良性发展、政治环境公正清明、社会风气逐渐改善的条件下，大学生思想政治教育协新机制的形成与发展才有了可靠的基础，其整体功能的发挥才有了坚实的保障。从中观层面来看，家庭和社区环境是外环境的重要组成部分。大学生思想政治教育协同活动的开展和协同的构建离不开家庭、社区等社会组织的参与。而家庭环境和社区环境的状况也影响了大学生思想道德素质和思想政治教育协同进程。

（二）内环境

所谓内环境，是指影响大学生思想政治教育协同的微观或局部环境因素，主要指高校内部协同环境。大学生思想政治教育协同是大学内部教育机制的重要组成部分，离不开内部环境系统的支撑。其中，立德树人、整体育人的理念以及无界合作的组织文化将作为重要的内部观念环境渗透于大学生思想政治教育协同建构的全过程。高校辅导员与思政课教师协同育人制度、高校思想政治工作者与专业课教师协同育人制度等制度的制定与实施是大学生思想政治教育协同构建的内部制度环境。此外，高校自身校情、生情、办学理念以及校园文化也是影响大学生思想政治教育协同构建的重要内环境。它们对于因时制宜、因事制宜地选择合适的协同措施具有重要作用。

因此，内、外环境扮演着不同的角色，各有作用和优势。作为影响大学生思想政治教育协同活动开展的宏观环境，外环境对大学生思想政治教育协同的形成具有根本性作用。而作为影响大学生思想政治教育协同活动开展的具体的、微观的环境，内环境的作用更加直接。只有把两者有机结合起来，才能实现优势互补，更好地发挥环境子系统的整体育人效应。

二 硬环境和软环境

根据影响大学生思想政治教育协同活动及其教育效果的环境能否看得见、摸得着，能否被人们有效感知，可以把协同环境分为硬环境和软环境。

(一) 硬环境

硬环境是指影响大学生思想政治教育协同活动及其教育效果的有形的、可见的物质条件，也称社会物质环境。它处于人们的意识、体验之外，具有客观实在性和相对稳定性。硬环境一经形成，便在一段时间内存在并持久地发生作用，给人以潜移默化的影响。硬环境的作用主要体现在三个方面。第一，为大学生思想政治教育协同的构建提供必要的物质条件。毫无疑问，大学生思想政治教育协同的构建既是一个理论问题，更是一个实践问题。作为一项重要的教育实践活动，它的开展需要依托一定的物质条件和物质场所。没有这些物质条件和物质场所做保证，大学生思想政治教育协同活动就不能进行，协同的构建也将是空中楼阁。如协同开展大学生思想政治教育，必然要求协同主体之间进行信息交流，而交流的中介——信息化平台，便是硬环境之一。第二，为大学生思想政治教育协同的构建提供必要的经费支持。大学生思想政治教育活动所需要的资料、物质设备和其他必要的经费支撑是构建大学生思想政治教育协同的有力保障。第三，硬环境的变化会引发大学生思想政治教育协同活动的变化。硬环境总是处于不断的变化之中。硬环境的改善不仅能够为大学生思想政治教育协同提供更好的物质条件和载体，而且能够把大学生思想政治教育协同理念较好地外化和体现。

（二）软环境

软环境是指影响大学生思想政治教育协同活动及其教育效果的无形的精神文化氛围，它看不见、摸不着，具有隐性特征。大学生思想政治教育协同环境不仅包括为大学生思想政治教育协同活动提供对象和基础的物质硬形态，还包括进入大学生思想政治教育协同中的、生成协同主体的价值观念和交往方式等的精神软形态。它既包括经过历史沿革承袭下来的思想、道德、风俗、艺术、制度以及行为方式等，也包括当代的思想和文化成果。其中的积极因素能够对大学生政治教育协同活动产生巨大的推动力，如全员育人的工作局面、部门之间和谐友善的工作关系等，都是促进大学生思想政治教育协同形成的软因素。

作为大学生思想政治教育协同环境的子系统，软环境和硬环境在构成要素的性质和功能发挥的方式方面有着显著的区别。硬环境具有外显性、集中性，很容易被人觉察；而软环境是潜在的、缓慢的，需要进行沉淀，也因此具有其自身的相对独立性。它一方面反映了社会物质生产的现实关系和发展水平，另一方面又表现为个体与社会的精神状态、人际氛围、心理习惯等。同时，尽管硬环境和软环境各具特点，表现各异，但二者之间依然存在着明显的互动关系。硬环境是软环境形成和发展的物质基础，其发展程度决定着软环境发展的速度和水平；软环境对硬环境又具有反作用，能够促进或妨碍硬环境建设的进程。二者一明一暗、一外一里，为大学生思想政治教育协同的形成提供了必备的物质条件和精神文化条件。因此，协同环境系统的建设要强化统筹意识，整体推动"硬环境"和"软环境"建设的进程，实现二者间的良性互动，以更好地发挥环境子系统的作用。如大学生思想政治教育协同平台，本来属于硬件设施，但是它却承载着协同主体之间以及协同主体与外界沟通交流的使命，有利于架起协同主体与外界以及协同主体之间沟通交流的桥梁，整体推动大学生思想政治教育协同建设的进程。

三 现实环境和虚拟环境

网络的发展及其广泛运用，极大地改变了大学生思想政治教育的环境，使其呈现出多维、复杂和开放的特征，并出现了诸如媒介环境、虚拟环境和竞争环境的极具代表性的环境样态。以此为背景，美国专栏作家 W. 李普曼在其著作《舆论学》中提出了两个环境的著名理论。他认为人类生活在两个环境中，一个是现实环境，处于人的意识和体验之外，具有客观性；一个是虚拟环境，存在于人的意识之中，具有主观性。现代社会中，网络新媒介的出现和发展，扩大了虚拟环境的比重，也增加了人们对"虚拟环境"的依赖程度。而追根溯源，"虚拟环境"比重的扩大，主要在于大众传媒的作用。换言之，大众媒介在现代人和现实环境之间构筑了一个巨大的"虚拟环境"，人们基于这种环境去期待，去行动。根据李普曼的两个环境理论，结合思想政治教育学相关知识，我们也可以根据协同环境的形态将其划分为现实环境和虚拟环境。

（一）现实环境

现实环境主要是指在现实社会中影响大学生思想政治教育协同活动开展的具有内在逻辑联系的一切外部因素的总和。它可以是宏观环境，也可以是微观环境；可以是积极环境，也可以是消极环境；可以是物质环境，也可以是精神环境；可以是意念环境，也可以是行为环境……现实环境具有现实性，它客观存在于现实社会中，不以人的意志为转移。协同主体可以通过现实的环境进行面对面的交流，更好地了解彼此的想法，确认对象行为是否一致。同时，这种现实性也表现出一定的局限性。受时空的约束，生活在具体环境中的协同主体不可能全面地了解到来自世界范围各个方位的信息，这也会影响协同主体对待大学生思想政治教育协同的态度。

（二）虚拟环境

虚拟环境是指在网络空间中影响大学生思想政治教育协同活动开展的具有内在逻辑联系的一切外部因素的总和，它与现实环境形成鲜明的对比。虚拟环境的本质特征是虚拟性。"虚拟性使虚拟环境中的一切不具有现实环境中的实体性，也不具有外在的可触摸和可察觉的时空位置与形态，只有一种功能上的实在性和可重复性。"① 这决定了虚拟环境是"真"与"假"的有机统一体。同时，虚拟环境也具有隐蔽性和复杂性。虚拟环境中的交往是一种以机器为中介的间接交往。各主体可以素不相识，仅仅通过机器进行沟通与交流。在虚拟的网络空间，主体可以自由地进入，信息也可以快速地传播，各种环境因素的影响相互交织在一起，大大增加了虚拟环境的复杂性，降低了协同主体对环境的控制力。

综合现实环境和虚拟环境的定义与特点，我们可以看出这两个环境的差异性。把这两个环境共同置于大学生思想政治教育协同环境这个子系统之下，又凸显了二者之间的联系。而加强现实环境和虚拟环境建设，实质上就是将大学生思想政治教育协同活动从现实环境向网络空间环境拓展，其关键是研究虚拟环境下大学生的行为特点和成长规律，探索网络协同视域下大学生思想政治教育的工作机制和工作方法，并通过网络这个载体，牢牢掌握网络舆论的领导权、话语权和主动权，使现实环境和虚拟环境相互补充、相互促进，构建全员、全过程、全方位的育人机制，共同营造大学生成长成才的良好氛围。

---

① 骆郁廷主编：《当代大学生思想政治教育》，中国人民大学出版社 2010 年版，第247 页。

第四章　大学生思想政治教育
协同的方式

　　研究大学生思想政治教育协同的方式旨在剖析协同的样态及规律。当前，大学生思想政治教育协同的方式表现为大学生思想政治教育智库协同、校企协同、网络协同、高校联盟协同和高校内部协同。深入分析不同类型协同的方式和策略，对于提升大学生思想政治教育的时代性、针对性和实效性，具有重要意义。

第一节　大学生思想政治教育智库协同

　　智库（Think Tank）也称"思想库""智囊团""外脑"。P. Dickson认为，"智库是一种稳定的、相对独立的政策研究机构，其研究人员运用科学的研究方法对广泛的政策问题进行跨学科的研究，在与政府、企业及大众密切相关的政策问题上"①；A. rich 认为智库是"那些独立的、不以利益为取向的非营利组织，它们生产专业知识以及思想观念，并主要借此来获得支持并影响政策制定过程"②；杨玉良认为"智库是

---

① Dicksonp, ed. , *Thinktanks*, New York：Atheneum, 1971, pp. 1 - 3, 26 - 35.
② ［美］安德鲁·里奇：《智库、公共政策和专家治策的政治学》，潘羽辉等译，上海社会科学院出版社 2010 年版，第 10、78—91 页。

指由各方面的专家组成，为决策者出谋划策，提供最佳理论、策略、方法、思想等的研究机构"①。在我国，智库的发展比较滞后。2012 年 11 月，党的十八大报告明确提出："坚持科学决策、民主决策、依法决策，健全决策机制和程序，发挥思想库作用。" 2013 年 4 月，习近平总书记对建设中国特色智库作出重要批示。2013 年 11 月，党的十八届三中全会第一次提出"加强中国特色新型智库建设，建立健全决策咨询制度"。2014 年 2 月，教育部颁布了《中国特色新型高校智库建设推进计划》。2015 年 1 月，中共中央办公厅、国务院办公厅印发了《关于加强中国特色新型智库建设的意见》。2017 年，党的十九大报告指出，要深化马克思主义理论研究和建设，加快构建中国特色哲学社会科学，加强中国特色新型智库建设，进一步明确了智库的地位。2022 年，党的二十大报告指出，深入实施马克思主义理论研究和建设工程，加快构建中国特色哲学社会科学学科体系、学术体系、话语体系，培育壮大哲学社会科学人才队伍。深入贯彻这一重要论述，对我们顺应时代潮流，推动建设中国特色新型智库，意义极为重大。

大学生思想政治教育智库是中国特色新型智库的有机组成部分，是由大学生思想政治教育领域和其相关领域的专家、学者组成，通过对大学生思想政治教育领域的关键和核心问题进行客观、科学的研究，向各级教育管理部门和高校提供最佳理论、方法和策略的研究机构，主要包括三类：第一类是由高校主导成立的大学生思想政治教育智库，诸如武汉大学的中国大学生思想政治教育发展研究中心、复旦大学的少数民族大学生思想教育研究中心、华中师范大学的湖北高校思想政治教育管理发展研究中心以及各高校自主成立的思想政治教育研究所。

---

① 杨玉良：《大学智库的使命》，《复旦学报》（社会科学版）2012 年第 1 期。

这类智库聚集着大量的高层次人才，学科优势明显，学术氛围宽松，国际视野广阔，且拥有丰富的大学生思想政治教育的第一手资料，更有利于产生新思想、新方法、新成果和新建议。第二类是由政府主导成立的各种大学生思想政治教育智库，如北京市委教育工委、市教委依托北京交通大学成立的首都大学生思想政治教育研究中心，中共上海市教育卫生工作委员会、上海市教育委员会依托华东理工大学成立的高校思想政治工作中心。这类智库官方背景比较深厚，但智库本身的独立性略显不足。第三类是由民间学术团体自主成立的各类大学生思想政治教育智库，如全国高校思想政治教育研究会、各省高校思想政治教育研究会等。这类智库一般由民间出资组建，经费大多来自基金会和企业资助。但这类智库发展较小，影响力相对有限。当前，我们研究大学生思想政治教育智库，重在构建智库协同，发挥智库的合力。值得注意的是，思想政治教育的意识形态属性也决定了思想政治教育智库与一般智库的"观点中立""独立于政府、政党和利益集团"不同，尽管在研究过程中需要兼顾不同利益集团和社会群体的利益，但不可能"观点中立"，而是必须为执政者服务，反映最广大民众的利益和诉求。①

一 智库协同的方式

所谓智库协同，就是通过各类智库主体间的协同合作和资源的优化整合，形成大学生思想政治教育智库的合力，从而不断提高大学生思想政治教育智库研究成果的质量和转化率，提升智库的影响力。具体来说，包括以下几个方面。

---

① 李辽宁：《论思想政治教育的智库功能》，《思想政治教育研究》2015 年第 5 期。

（一）人力资源协同

大学生思想政治教育智库相对于教育管理部门和高校决策者的重要优势就在于它研究的问题虽然源于现实，却能不拘泥于现实工作，从更深更广的范围洞察事理，因而具有较强的前瞻性和创新性。而这一优势的发挥关键在人。因此，大学生思想政治教育智库协同首先要整合人的要素，以学者为核心，充分尊重学者的主体地位，发挥学者的主观能动性，通过人力资源的协同扩大智库合作。从大学生思想政治教育智库建设的现状来看，人力资源协同表现在三个方面：一是不同学科专家队伍之间的协同。当前，各学科专家队伍表现出一定程度的封闭性，严重阻碍着大学生思想政治教育智库功能的发挥。智库协同，就是要逐渐打破各学科专家队伍封闭的局面，促进不同学科专家队伍特别是思想政治教育学科专家与哲学、教育学、心理学、管理学、法学、社会学等学科专家的交流合作，从而保持思想视角的内在张力，提升决策的全面性。二是理论工作者与实务工作者之间的协同。从高校立德树人的实践来看，大学生思想政治教育理论研究者和实务工作者各自为战的情况也时有发生。大学生思想政治教育智库协同，就是要推进学科专家队伍与实务工作队伍的协同发展，努力实现研究者与行动者的"视域融合"及一定程度与意义上的"身份融合"，① 从而实现决策的合理性与实效性的统一。三是不同年龄段学者之间的协同。大学生思想政治教育智库协同既要充分发挥年长学者在大学生思想政治教育理论研究和实践经验方面的优势，也要注重吸纳青年学者，为智库研究输入新鲜血液，从而保证决策的创新性和持续性。

---

① 沈壮海：《在立德树人实践中锻造思想政治教育智库》，《中国高等教育》2014 年第 1 期。

（二）机构协同

大学生思想政治教育智库协同还必须发挥机构的作用，通过加强机构建设来整合智库资源，从而有效提升智库的服务能力和服务水平。机构协同主要体现在两个方面。一是高校内部机构的协同，一般是指高校内部机构、学科、团队之间的资源整合与共享。它以学校力量为主体，如高校内部大学生思想政治教育研究机构与哲学社会科学类研究机构的交流合作。二是指高校与外部机构之间的协同，包括高校与高校机构之间的协同和高校与政府管理部门、民间学术团体组织的协同两类。高校间协同通常以"高校智库联盟"的形式出现。这类联盟通常发生在同一水平的高校之间，旨在通过发挥各个高校大学生思想政治教育智库的作用，实现强强联合、优势互补、相互合作，为教育主管部门的科学决策提供高水平的智力支持。高校与政府之间的协同通常以"地区智库联盟"或区域性大学生思想政治教育研究中心（以下简称"中心"）的形式出现。这类联盟或中心一般以政府为主导，高校和社会团体共同参与，从而发挥政府机构、高校和社团组织的智慧，建立长期稳定的战略合作关系。地区智库联盟和中心的关键在于全面整合地方政府、高校和社会团体的大学生思想政治教育智库资源，并根据需求对资源进行合理配置，从而构建完善的决策咨询系统，以保障地区性大学生思想政治教育问题决策的科学性。

（三）项目协同

大学生思想政治教育智库协同必须依托一定的载体，而项目是最好的抓手。这是由于大学生思想政治教育智库具有其自身的特殊性。在我国，大学生思想政治教育智库大多是在政府主导下成立的或者是积极响应党和国家的政策号召而建立的，因此具有较强的意识形态性。

这也决定了大学生思想政治教育智库的研究成果必须服务于大学生思想政治教育领域的重大现实问题和战略需求，为政府决策提供科学依据。要达到这个目标，仅靠单一的智库主体很难完成。以项目的形式开展研究，有利于密切协同主体关系，克服单一智库主体研究的局限性。同时，项目的选题也在一定程度上反映了党和国家的理论和实践需要。依托项目开展研究，更有利于满足教育主管部门和高校领导决策的需要，提升智库成果转化的成功率。而要深入推进大学生思想政治教育智库项目的协同，提升智库成果质量，必须做到以下几点。一是坚持问题导向与学术导向相结合，科学设置大学生思想政治教育智库项目选题。大学生思想政治教育智库项目既要注重原创性研究，为大学生思想政治教育智库建设提供坚实的学科支撑，又要立足大学生思想政治教育领域的重大现实问题，为教育管理部门的决策提供智力支持。因此，大学生思想政治教育智库要及时了解政策信息和社会公众信息，或邀请实际工作部门参与选题征集工作，共同确定智库的研究目标和研究任务，从源头上解决科学研究与决策需求脱节的矛盾，不断提升智库成果的针对性。二是鼓励跨学科、跨团队申报项目、开展研究，促进思想政治教育学科与其他哲学社会科学学科之间的交叉渗透，提升大学生思想政治教育研究的国际视野。大学生思想政治教育智库项目应具有较强的开放性，既要反映国际学术领域的热点和难点问题，也要反映国内社会变革的时代背景。这要求申报和研究主体具备完善而全面的知识结构，而跨学科、跨团队申报研究成为提升智库成果质量的前提和基础。三是结合学科发展优势开展项目研究，逐步形成智库的核心竞争力。大学生思想政治教育智库成果质量的好坏依赖于智库成果自身的创新性与实效性。因此，大学生思想政治教育智库还需将研究领域与学科发展紧密结合，长期积累，逐步形成智库自身的研究特色，从而更好地发挥政府决策的"智囊团"作用。

（四）平台协同

大学生思想政治教育智库能否生存与发展，从根本上取决于其核心竞争力，即大学生思想政治教育智库研究成果的转化率。而提升研究成果转化率最有效的方法就是对成果进行积极宣传和推广。为此，大学生思想政治教育智库协同还必须着力于建设起畅通的研究成果发布渠道和决策咨询呈送渠道，不断推进大学生思想政治教育智库研究成果的传播与转化。一要加快建立大学生思想政治教育智库的专题网站。通过网站及时宣传智库的研究理念，发布智库最新的研究成果，以加强与外界的沟通与交流。二要逐步完善大学生思想政治教育智库成果的宣传和推广渠道，如通过举办高端前沿论坛、出版高质量研究报告和创办高水平的期刊等影响公众舆论、树立公众形象，不断提升大学生思想政治教育智库的品牌知名度和社会影响力，继而间接影响政策走向。三要不断加强大学生思想政治教育智库信息化和数字化渠道建设，充分发挥信息网络平台在智库成果宣传和推广中的作用，通过新媒体及其他信息技术的广泛运用，使社会各界及时了解科研成果，从而增强大学生思想政治教育智库产品的传播力。四要深入推进大学生思想政治教育智库成果的呈送渠道建设。通过与政府政策制定部门的积极沟通，不断完善大学生思想政治教育智库成果呈送制度，制定一系列高效快捷的呈送程序，以保障大学生思想政治教育智库研究成果的时效性，为政府提供有效的政策参考。

二　智库协同的策略

相较于国外成熟的智库运作，我国的大学生思想政治教育智库建设还显得很不成熟。"小、散、弱"现象比较普遍，高质量研究成果不多，影响力也相对有限，难以影响政府决策。这也在一定程度上反映了大学生思想政治教育智库协同尚不成熟，缺乏系统性，难以适应社会需求。要保障大学生思想政治教育智库协同的有序性，必须积极争取政府支持，构建智库协同的有利外部条件；深入完善制度建设，营造智库协同的良好制度环境；不断拓宽筹资渠道，奠定智库协同的坚实经费基础。

（一）构建智库协同的有利外部条件

大学生思想政治教育智库，既是科研的平台，更是政府的智囊。但遗憾的是，在日常的建设中，很多智库往往脱离了"为政府决策提供高水平智力支持"的初衷，关起门来做研究，逐渐沦为"为科研而科研"的机构，既影响了智库本身的发展，也影响了智库协同功能的发挥。因此，智库协同必须积极争取政府的支持，构建智库协同的有利外部条件。这种支持主要表现在以下几个方面：一是政府要为智库提供资金支持。政府通过委托研究的方式支持智库开展研究，智库根据政府的需要，协同合作，为政策制定者提供专业的咨询和建议，从而保障智库研究成果的独立性和客观性。二是政府要完善决策的程序，将决策咨询纳入大学生思想政治教育政策制定的过程，从程序上保证大学生思想政治教育咨询的必要性，突出大学生思想政治教育智库的应有地位。三是政府要建立智库研究成果的反馈机制。对于各智库呈交的研究成果，未予采纳的应予以说明，从而规范智库研究成果的使用机制，保护学者的积极性。四是政府要遵循决策与执行相分离的原则，把大学生思想政治教育咨询业务从政府系统中独立出来，为独立于政府的智库提供更多的委托机会，支持智库发展。五是政府要出台专项法规，明确大学生思想政治教育智库与政府各自的主体责任，从组织制度、资金来源、机制等方面进行法律规范，为大学生思想政治教育智库协同的良好发展提供政策支持。

（二）营造智库协同的良好制度环境

大学生思想政治教育智库协同，离不开环境系统的积极支持，以更好地维持其尚未成熟的模式。因此，完善制度建设，强化制度的基础保障作用至关重要。一是加强和完善高校内部的制度体系和治理结构。高校要建立和健全参与资政的激励机制，鼓励大学生思想政治教育智库开展与国家和地方大学生思想政治教育领域关键需求问题紧密结合的研究工作，构建以学术研究能力和参与资政能力为核心评价指标的绩效评价体系。同时，要建立高校大学生思想政治教育智库人才流动的平台，增强大学生思想政治教育智库协同发展的自主权。二是加强智库间协同制度建设。当前大学生思想政治教育智库缺乏学科间的协同攻关、机构间的协同合作和人才间的协同互补。这种缺乏交流与合作的现状制约了大学生思想政治教育智库协同发展的空间。要有效改善这种局面，必须在现有的智库个体制度的基础上，努力探寻多方协商、协作共赢的制度机制，达成各方共同遵守的"游戏规则"，推进大学生思想政治教育智库的协同发展。三是加强智库和政府的合作制度建设。智库和政府的合作既体现在信息共享方面，政府要尽力满足大学生思想政治教育智库在研究中的数据需求，开放政府相关数据库供智库研究使用；也体现在人才交流方面，要建立智库和政府之间的人才交流机制，促进政府官员和智库研究者之间的合理流动，充分发挥智库在人才培养方面的职能。

（三）奠定智库协同的坚实经费基础

大学生思想政治教育智库协同，离不开经费的支持。目前，我国智库的收入来源主要是政府投入，资金来源渠道略显单一，这也直接影响了大学生思想政治教育智库协同的效果。为此，要拓宽筹集渠道，为智库协同提供经费保障。一要加强智库的筹资能力建设。智库筹资能力水平既决定着研究成果的质量，也影响着智库协同的效果，必须予以足够的重视。加强智库筹资能力建设，可以从以下方面进行。首先，可以邀请思政名家担任大学生思想政治教育智库的主要职务，通过整合这些名家资源为智库协同争取资金。其次，可以通过智库研究者和政府官员的"双向流动"，引发他们的换位思考，深化他们对智库资金问题的认识，继而影响相应的资金决策。最后，可以聘请专业管理人士对智库资金进行运作和管理，提升智库筹资的实际水平。二要鼓励社会资源支持智库的发展。在吸引社会资源投入方面，美国智库的建设经验给我们提供了很多宝贵的借鉴。美国智库发达的原因在于其多元化的筹资渠道，而社会捐赠与基金会是其重要的资金来源。此外，智库也经常进行其他筹资活动。在市场经济条件下，我国大学生思想政治教育智库也应该有意识地与市场接轨，突破政府资助的藩篱，借助社会捐赠和基金会的经费支持开展协同研究，促进智库研究与大学生思想政治教育实践和重大需求接轨。值得注意的是，不管资金来源如何，大学生思想政治教育智库的性质不能发生改变。它必须体现鲜明的中国特色，坚持马克思主义的立场、观点和方法，服务于中国特色社会主义的伟大实践。三要鼓励社会资助智库研究。当前，大学生思想政治教育智库的研究经费主要来自财政拨款，经费投入相对有限，且大多按人头拨款，社会效益和经济效益较差。因此，政府在加大对大学生思想政治教育智库经费投入的同时，也要积极探索科学的财政拨款机制和资助优惠政策。如根据研究项目拨付经费，并把项目研究成果的运用及采纳情况与经费挂钩，不断提高经费的使用效率；

大力支持大学生思想政治教育智库开展横向合作研究，并给予一定的
税收减免或投资融资优惠政策等等。

第二节　大学生思想政治教育校企协同

　　大学生思想政治教育校企协同，既是经济社会转型发展升级的客
观需要，也是现代高等教育人才培养模式创新、形成人才培养新优势
的必然选择。校企协同的产生有其特定的背景。它是实践育人理念下
大学生思想政治教育创新发展的产物，也是我们党长期以来育人的基
本思想。2004 年，中共中央、国务院颁发的《关于进一步加强和改进
大学生思想政治教育的意见》明确指出："大学生思想政治教育要坚持
知行统一原则，注重实践教育、体验教育、养成教育，努力提高思想
政治教育的针对性、实效性和说服力、感染力。"2015 年，中共中央办
公厅、国务院办公厅《关于进一步加强和改进新形势下高校宣传思想
工作的意见》再次指出："要立足学生全面发展，努力构建全员全过程
全方位育人格局，形成教书育人、实践育人……服务育人长效机制。"
2017 年，党的十九大报告进一步指出："要以培养担当民族复兴大任的
时代新人为着眼点，强化教育引导、实践养成、制度保障……把社会
主义核心价值观融入社会发展各方面，转化为人们的情感认同和行为
习惯。"这些政策和精神进一步强化了实践育人的重要性，也推动了大
学生思想政治教育校企协同。

一　校企协同的方式

　　校企协同就是把学校和企业作为大学生思想政治教育的双主体，
将学校育人标准与企业用人标准相结合，校园文化与企业文化相结合，

学校育人过程与企业育人过程相结合，实现校企大学生思想政治教育目标、资源、队伍等的一体化建设，共同培养学生——"准员工"的思想道德素质，从而改变当前校内大思政理念与实践在一定程度上脱节的现状，全面提升校企协同紧密度，通过校企分工协作来凝练办学特色，强化育人成效，形成学校和企业的合力。具体来说，包括以下几个方面。

（一）校企人才培养标准协同

大学生思想政治教育校企协同是围绕人才培养而构建的一种新型的教育机制。因此，人才培养的标准问题也自然成为大学生思想政治教育校企协同首先要解决的问题。具体来说，就是要科学整合学校人才培养标准与企业用人标准，明确校企协同目标，形成校企统一的培养标准。从大学生思想政治教育校企协同实践来看，校企统一的人才培养标准就是立足大学生职业素养的培养，不断提升大学生的职业能力和就业核心竞争力。

大学生的职业素养一般由职业信念、职业知识技能以及职业行为习惯三部分构成。其中，"职业信念"是职业素养的核心，体现为积极向上的职业心态和正确的职业价值意识，如爱岗、敬业、诚信、友善、感恩、奉献、忠诚与担当等。"职业知识技能"是从事某一职业应具备的专业知识和能力，如新知识、新技能的应用与转换能力，沟通表达能力，组织协调能力，创新创造能力，社会适应能力，以及发现问题与解决问题的能力等。职业行为习惯是职场工作者通过长时间积累而形成的一种习惯，表现为职场的综合素质。

大学生思想政治教育校企协同，以大学生职业素养培养为结合点，将教育育人标准与企业用人标准有机结合，让大学生在企业学习职业技能，感受文化氛围，形成积极向上的工作态度，树立良好的职业道德和职业意识。在此过程中，学校与企业可以充分发挥自身人才培养的优势，有效提高学生的心理素质、敬业精神、服务意识和就业能力，最终把学生培养成为担当民族复兴大任的时代新人。

（二）校企文化协同

校企文化协同是提升学生职业素质的内在需要，有利于培养学生爱岗敬业、忠于职守、团结协作、勇于奉献的职业道德，是引领学生培育和践行社会主义核心价值观的应有之义，也是大学生思想政治教育校企协同的核心所在。加强校企文化协同，其根本目的在于挖掘企业文化中丰富的大学生思想政治教育资源，利用先进的企业文化陶冶人的情操，提升人的修养，实现文化育人。值得注意的是，校企文化协同并不是简单地把校园文化和企业文化相加。校企文化协同的实现以及校企深度合作的展开，必须做到以下几点。一是合理选取校企文化协同的内容。诚然，作为企业的灵魂，企业文化不仅凝聚着企业的历史和文化特质，而且蕴含着极为丰富的思想政治教育资源。但并不是所有的企业文化都与校园文化匹配，也不是优秀企业文化的加入必然会扩大大学生思想政治教育内容。因此，在多向度的文化协同与融合过程中一定要把握大学生思想政治教育的主流价值取向，做到有所取舍，即尽量选取企业核心价值观当中与校园校风校训相一致的文化，摒弃与校园文化相冲突的唯利是图文化，坚决抵制社会上流行的享乐主义文化和拜金主义文化，以不断提升文化的内涵，发挥文化的熏陶作用。二是积极拓宽校企文化协同的范围。如把学校的办学理念、校风、校训、校歌等校园文化精神与企业的价值观、经营理念等对接起来；把校园里具有文化意义和职业力量的名人雕塑、文化长廊、箴言警句等与优秀校友、优秀企业家、公益慈善家以及其他对学校做出过重要贡献的人对接起来；根据企业的标准建设校内实训场所，营造浓厚的企业氛围；利用校园媒体广泛宣传优秀企业文化和员工事迹，讲好企业故事，使学生在潜移默化中实现自身职业道德素质的提高。三是不断搭建校企文化协同的平台，通过丰富多彩的校企文化协同活动增强协同的深度和广度。如通过举办校企科技文化节、校企艺术文化节、校企主题党团日活动、校企心理健康月活动以及优秀企业家高峰论坛等活动，进一步缩小校园文化与企业文化之间的距离，让学生更加了解企业、了解社会，最终在校企文化互动的过程中提升自我。

（三）校企师资协同

校企协同还需要强化师资队伍协同。而师资队伍协同的关键在于选聘德育导师。在校企协同过程中，学生在企业环境中学习，不仅仅是学习专业技能，更多的是将理论知识学习和就业、生活、发展联系起来，更好地满足企业和社会的需要。因此，校企协同中的大学生思想政治教育除了考虑用人单位的要求，还必须考虑学生的可持续发展。这要求我们全面、全方位了解学生的思想动态和内在需求，关注学生德育能力的培养，帮助学生在企业实践活动中进行道德抉择。而德育导师的配备，恰好适应了校企协同的客观要求，有利于解决学生职业发展中的困惑，引领学生健康成长。科学配备德育导师，促进校企师资协同可以从以下几方面进行。一是做好德育导师的选拔工作。德育导师的选拔应该立足学校和企业现状，同时从校企双方选拔优秀人才。于学校而言，重在选拔具有较高道德素养、人文素养，同时具备丰富社会实践经验的老师；对企业来讲，应选择有志于服务教育事业、具有高度的责任心、技能精湛、品行端正的优秀管理者、员工或道德模范。具体安排上，德育导师应遵从双向意愿选择，可以由学校指派，也可以由学生自主选择。每个导师所带学生人数在 10 人左右为宜，以更好地满足学生的个性化需求。二是做好德育老师的培训交流工作。德育教师应该是德艺的表率，不仅要具备高超的技术，更要具备高尚的品德。而要达成这个目标，德育导师就必须在上岗前接受学校和企业联合组织的系统培训。培训的内容包括但不限于德育导师权责的明确、经验交流推广、德育课程学习等，考核合格后，方能上岗。同时，学校和企业应建立德育导师沟通机制，通过例会、工作交流等形式，定期分享德育经验，通报相关问题，反馈学生动态，不断提高教师育人水平。三是加强德育导师考核评比工作。要加强德育导师工作规范及评价制度建设。对于在考核期表现优秀的德育导师，实行续聘制度，并给予一定的物质奖励和精神奖励；而对于责任心不强、考核期表现不佳的导师，应取消其德育导师资格，同时根据情况适当取消其在该年度的其他评优评先资格。

二　校企协同的策略

校企协同，对于培养大学生的职业素养、提升大学生的职业能力和就业核心竞争力，起着至关重要的作用。因此，必须构建科学的保障体系，以保障大学生思想政治教育校企协同的正常进行。

（一）确保协同主体统一

大学生思想政治教育校企协同，客观上要求学校和企业共同成为大学生思想政治教育的主体，这对传统的大学生思想政治教育来说也是新的挑战。传统教育模式下，大学生思想政治教育的主体相对明确，即学校党政部门、学工团以及院系的学工部门对大学生的学业、思想、生活以及就业进行引导和指导。学生虽然也会到企业实习，但企业对大学生思想政治教育并不负有直接的责任。而校企协同的建立打破了高校作为大学生思想政治教育单一主体的模式，要求校企双方转换思路，增强合作意识，共同对大学生开展思想政治教育，确保教学主体的统一。具体来说，就是要做到以下几点：一是正视问题，积极应对挑战。学校和企业要迅速适应校企协同的人才培养模式，保持大学生思想政治教育的主动性和自觉性。于学校而言，就是要以更加开放的姿态开展大学生思想政治教育。高校思想政治理论课教师要尽量突破从理论中来到理论中去的灌输模式，恰当地运用校企合作的经典案例丰富思政课的教学内容，调动学生理论学习的积极性，为大学生深入企业实习和生产实践奠定良好的理论基础；高校辅导员要深入开展和组织各种形式的社会实践活动，帮助学生提前熟悉企业、熟悉社会。于企业而言，就是要积极担负起对实习大学生开展思想政治教育的责任，科学合理地安排学生的实习实训工作，把大学生的职业素质提升、就业能力培养以及社会适应作为一项重要工作来抓，以服务于大学生的成人成才。二是加强联动，促进理论与实践的融合。高校与企业要改变过去各自为政的局面，在积极的联动中探索大学生思想政治教育的新思路和新方法，促进理论与实践的有机融合。比如派遣高校教师到企业挂职，邀请企业导师进校园宣讲、举办校企座谈会和专题讲座等。三是建立有效透明的沟通机制。当前，阻碍大学生思想政治教育校企协同的一个很重要的因素就是学生信息不通。企业对学生的在校表现缺乏必要的知晓，而高校对学生的实习情况也缺乏有效的了解，这也在一定程度上制约了校企协同的效率。因此，高校与企业的思想政治教育管理部门之间要建立有效、透明的沟通机制，定时地分享学生的有效信息，形成一条完整的教育链，从而提升大学生思想政治教育的及时性，确保学生在实习中遭遇突发事件时双方能够及时配合与沟通。

（二）确保协同环节畅通

资源共享与互补是校企协同存在的前提和基础。要保障校企协同的进行，必须整合双方资源，确保协同环节的畅通。

第一，科学配置资源，确保资源依赖结构合理。大学生思想政治教育校企协同是一种链式的战略联盟。高校和企业依托双方资源的互补性在战略层面达成合作。企业为学校提供教学实践的场所，帮助学生提升职业道德和职业能力；高校为企业提供高素质的人才，并对企业员工的再教育提供积极支持。二者在一定程度上形成资源依赖关系。但从学校和企业对对方资源的依赖程度看，高校对企业的依赖程度明显高于企业对高校的依赖程度，这是因为在学生职业道德与职业能力培养方面，企业比高校更具优势。因此，在人才培养的过程中，高校迫切地希望企业能够给予更多的支持，在更广的范围达成合作，如共同制定人才培养实施方案、开展实习实训和课程建设等。然而，企业认为参与大学生思想政治教育校企协同并不能获得现实的经济利益。从这个意义上讲，大学生思想政治教育校企协同能否达成，主要取决于高校资源配置的情况。当且仅当高校拥有的资源能够让企业对其产生依赖时，企业才会选择以资源互补的合作方式，与高校达成战略合作，共同进行人才培养。此时，校企协同才能可持续发展。反之，当高校对企业的资源依赖性明显强于企业对学校的资源依赖性时，校企协同将会流于形式。

第二，有效利用资源，促进"合法性"认同达成。"合法性"主要是指制度环境对组织行为的影响，它包括法律制度、文化制度、观念制度和社会期待等多个方面。有效的校企协同建立在校企双方对协同行为"合理"的判断之上。只有校企双方共同认为协同行为"合理",在客观上确实能增加双方的利益,并达成"合法性"认同时,合作行为才有可能进一步实施。从大学生思想政治教育校企协同的实践来看,高校很容易为协同行为找到合适的理由,难就难在企业。因此,促进企业对协同行为作出"合理"的判断,继而达成"合法性"认同至关重要。为此,高校要善于利用现有的资源,促进"合法性"认同的产生。高校可以根据企业的现实需求定制课程模块,有针对性地对企业员工开展培训,促进学校和企业之间的沟通和交流,为后续的合作奠定基础;同时,高校也可以聘请政治素质高、业务能力强的企业高管担任学生人生导师,提升他们的荣誉感。这些行为都有利于企业对校企协同作出"合理"的判断,从而推进校企"合法性"认同的进程。

第三,平衡资源收益,打破校企协同困境。大学生思想政治教育校企协同之所以容易陷入困境,主要还在于高校和企业付出和收益的不同步。相较于企业,高校在信息和资源方面的付出能收到立竿见影的效果。如安排学生到企业进行实习实训,学生的职业素养与能力就能得到一定程度的提高,人才培养的质量也会优于高校封闭式的教育;企业对学校的经费赞助则能较好地改善学校的办学条件,为开展大学生日常思想政治教育提供经费保障。而企业在信息、资源方面的付出与收益则具有一定的延时性和不确定性。一方面,企业获得的回报是对未来的良好预期。学生职业道德与职业能力的提高能否转化为现实的经济效益需要时间来验证。另一方面,企业面临着培育人才流失的风险。很多企业为大学生提供了良好的实习实训机会,但学生出于自身发展的考虑,往往会在获取一定的职业资本后离开原来的企业,到新的企业工作。这就会直接损害企业的现实利益，引发企业对校企协同的担忧。因此，大学生思想政治教育校企协同还必须平衡校企双方的资源收益，就双方信息资源共享、合作分工、利益分割等一系列问题建立有效的机制和标准，不断打破校企协同的困境。

(三) 确保协同关系融洽

大学生思想政治教育校企协同是提升人才培养质量的重要举措，旨在提升大学生的综合素质与实践能力，促进理论与实践的有机统一。当前，大学生思想政治教育校企协同主要有三种形式。一是校企互动。主要表现为企业到高校设立奖助学金，资助学生开展校园文化活动，对学生进行就业创业指导等。二是校企共建。由企业提供资金改善学校办学条件，建立校内校外大学生思想政治教育实习实训基地、毕业生就业基地，并接收学生开展专业实践活动。三是校企一体。即高校和企业建立起比较完善的联动机制，共同开展形式多样、立体多元的大学生思想政治教育活动。它们又分别对应着校企协同的三个不同层次。其中，校企互动是最浅层次的合作，校企共建居中，校企一体的合作程度最深。当前，大学生思想政治教育校企协同还停留在较低层次。大多数情况下，是高校主动寻找合作的企业，设计育人的项目；而企业处于相对被动的地位，合作意愿并不强烈。这也导致大学生思想政治教育校企合作的深度不够，关系不稳定。

要实现大学生思想政治教育校企协同，就必须正位政府职能，发挥政府在大学生思想政治教育校企协同中的主导作用，确保校企合作关系可持续发展。正位政府职能主要体现在三个方面：一是履行宣传职能，激发合作意愿。高校和企业在单位性质、目标追求、管理体制方面具有很强的异质性，这也导致校企双方在育人理念和价值取向方面存在较大的差异。学校追求人才培养的质量和效果，而企业更关注资产收益和利润的最大化。这种差异大大减弱了企业合作的动力。此时，政府应履行好宣传引导职能，让企业意识到参与大学生思想政治教育不仅是义务，更是实现校企双赢的重要途径，从而提升企业合作的意愿。二是履行协调职能，化解合作纠纷。校企协同的目的在于发挥学校和企业各自的优势，培育能够适应企业和社会需求的合格建设者和可靠接班人。但在校企协同过程中，校企双方都希望按照各自利益最大化的方式开展大学生思想政治教育相关活动。此时，政府就必须有效履行组织协调职能，消除合作中的不稳定因素。三是履行控制职能，监督合作过程。在大学生思想政治教育校企协同过程中，校企双方虽然以合同的方式约定了彼此的权利和义务，但由于两个主体对大学生思想政治教育的认识难以达成高度一致，在实际过程中，双方对约定权利和义务的履行情况并不尽如人意。此时，政府应该履行好控制的职能，对合作的过程予以管理和监督，从而有效推动校企协同的进程。

第三节　大学生思想政治教育网络协同

2011 年，著名的创新思想家查尔斯·李德彼特和 257 位作者共同出版了《网络协同》一书。作者在书中主要强调了网络在形成新思想、新观念过程中的重要性。根据作者的观点，网络之所以重要，主要在于它可以让更多的人以更多的方式与他人共享观念，共享的过程正是创新、创造和福祉的源泉。而协同为社会提供了一种不同的组织基础，从而可以更好地鼓励共享、协作和参与，并在这个过程中不断扩大自由、民主和平等。同时，作者还指出了协同成功的秘诀，即参与、认同和协作三者的平衡。通览全书，查尔斯·李德彼特虽然没有直接定义什么是网络协同，但其核心思想却是非常明确的，那就是如何最大限度地利用网络集合大众的力量产生创造力。[①] 查尔斯·李德彼特的网络协同思想，对于新时期开展大学生思想政治教育协同具有重要的借鉴意义，它是高校思想政治工作因时而进的内在要求。

当今时代，以数字化、虚拟化、网络化为特征的信息技术不断渗透到大学生学习生活的各个方面，深刻改变着大学生的学习生活方式和思考问题的模式。网络成为大学生学习知识、交流情感和提升认知的重要渠道。维护网络安全也成为全社会的共同责任。党的十八大以来，习近平总书记高度重视网络安全和信息化工作，提出了一系列新思想、新理论、新论断、新战略，党和国家也出台了一系列文件，为加强网络空间治理、开展大学生思想政治教育网络协同指明了方向。

2016 年，习近平总书记在全国高校思想政治工作会议上强调高校思想政治工作要"因时而进"，即要与时代发展保持一致，根据时代发展的特征不断创新思想政治工作的方式与方法，立足网络信息化的时代特征，充分把握历史性机遇，主动将思想政治教育衍生到网络区域，以学生喜闻乐见的方式进行引导教育，动态把握大学生思想政治状况的新特点和新变化，不断增强网络思想政治教育的有效性。2021 年，中共中央办公厅、国务院办公厅印发的《关于加强网络文明建设的意见》指出，加强网络文明建设是加快建设网络强国、全面建设社会主义现代化国家的重要任务，进一步凸显了大学生思想政治教育网络协同的重要性。

---

① ［美］查尔斯·李德彼特与 257 位作者：《网络协同》，旷野等译，知识产权出版社 2011 年版，第 4 页。

大学生思想政治教育网络协同就是教育主体基于共同的目标和价值观，通过网络协同社区共享、参与和协作集合大众力量创造性开展大学生思想政治教育的新型组织方式。① 它充分利用了网络及时、便捷的特点，倡导以共享、参与与合作的方式开展思想政治教育，迎合了当前大学生追求平等和自由的心理需求，是新时期大学生思想政治教育协同的重要方式。同时，它也具有传统思想政治教育所不具有的优势。一方面，在网络协同社区中，协同主体与大学生的身份界限被逐渐弱化，大家地位相对平等，故而可以围绕共同的项目自由地作业并进行自我管理，有利于培养深厚的感情，创建和谐的社区文化，构筑青年大学生的网上精神家园。另一方面，大学生通过参与网络社区互动来表达自己的想法，也有利于教育主体及时了解学生的思想动态，针对学生们关注的热点、难点问题答疑解惑，有力地避免思想政治教育被边缘化的风险，真正实现贴近实际、贴近生活、贴近学生。尽管如此，也并不是所有的网络协同都能有效转化为创造行为，大学生思想政治教育网络协同也不例外，必须通过有效的措施推进协同的达成。

一　网络协同的方式

大学生思想政治教育网络协同主要包括网络队伍协同、网络载体协同和网络环境协同三个方面。

（一）网络队伍协同

网络队伍协同是网络协同有效转化为创造行为的关键，其本质是

---

① 肖慧：《大学生思想政治教育网络协同研究》，《领导科学论坛》2017 年第 15 期。

打造一支专兼职协同配合的大学生网络思想政治教育队伍。"只有好的内核才能吸引有能力的参与者和开发者。"① 因此，网络队伍协同首先需要培养一支优秀的既懂大学生思想政治工作又懂网络技术的专职核心团队。团队成员应具备较高的素养，具体包括五个方面：第一，热爱网络思想政治教育，愿意承担额外的工作；第二，具有较强的创新精神，能提出富有吸引力的项目，且引来较多的追随者；第三，人品、学识和能力能得到大多数人的认可；第四，具有较强的共享意识，乐于及时分享自己的研究成果和资料，对项目进行补充和重新定义；第五，具备不同的知识结构和技能，能从不同的视角，运用多种研究方法提出解决问题的方案。综合以上条件，结合当前大学生思想政治教育的实际，网络协同的核心团队应至少包括党委主要领导、思政课教师、辅导员和专业课教师。只有如此，才能保证大学生思想政治教育工作队伍的权威性，保证项目能吸引更多的成员参与，为协同创造贡献智慧。

除了以上核心团队成员作为中坚力量，网络协同还要求保持社区的活力，吸引不同知识和技能的人参与协同项目。大学生思想政治教育本身便是一个复杂系统，涵盖思想教育、政治教育、职业引导、学业帮扶、心理疏导等多个方面。同时，学生中出现的问题从来就不是由单一原因导致的，也不是通过单一途径可以妥善解决的。党委、政府、学校、家庭、企业和社区等多主体的参与，可以增加核心团队成员的知识储备，向惯性思维方式提出挑战，并为核心团队成员提供积极的灵感和思路。同时，对于复杂的教育问题，参与解决的不同思维

---

① ［美］查尔斯·李德彼特与257位作者：《网络协同》，旷野等译，知识产权出版社2011年版，第44页。

模式的人越多，解决问题的角度和方法也越多，提出创意性解决方案的可能性也相应越大。"协同创造可以让某些观点经受更多的、更广泛的不同视角的检验，在提出观点的核心团队成员和检验观点的参与者之间，这些观点会得到充分交流。"① 这也有利于激发更多的创造行为，形成思想政治教育的合力。

（二）网络载体协同

网络载体协同是网络协同的应有之义。网络协同必须发挥网络载体的作用，促进载体之间的组合运用，充分发挥载体的协同效应。网络载体协同包括两方面的内容：一是网络载体的共建共享，二是网络载体与其他载体的优化整合。

网络载体的共建共享是网络协同的前提。大学生思想政治教育网络协同客观上要求在高校辅导员、思政课教师、专业课教师和学生之间以及学校、家庭和社会成员之间有一个适宜思想自由流动的、中立的场所来增强交流，凝聚共识，分享创意，促进协作。这对网络载体也提出了更高的要求，必须通过共建共享来打造一个信息化网络平台。这个平台可以是辅导员自愿设立的论坛，也可以是思政课教师自愿创办的某个网站，还可以是其他可以共享的网络空间。各成员因为共同的目标、爱好和兴趣聚集在一起，共享资源，从而产生 $1 + 1 > 2$ 的协同效应。

除了网络平台资源的共建共享，网络载体协同还要求实现网络载体与其他载体的优化整合，即网上网下载体、内网外网载体、传统载体和新兴载体的有效结合。要通过网站、"两微一端"、宣传板、橱窗

---

① ［美］查尔斯·李德彼特与257位作者：《网络协同》，旷野等译，知识产权出版社2011年版，第47页。

以及校园文化活动等渠道开展大学生思想政治教育，构建立体化的宣传网络；同时，通过整合传统载体与新兴载体资源，形成宣传合力。当前，教育部实施的易班推广计划便是网络虚拟社区建设和载体协同的不错尝试。它以高校师生为主要使用对象，集教育教学、生活服务、文化娱乐为一体，融合了论坛、博客、微博等主流社交平台，再加上为在校师生定制的教育信息化一站式服务功能，很受高校师生的欢迎；并且已经成为全国教育系统的知名文化品牌，并先后荣获最佳文明社区奖、最佳思政创新奖、全国高校校园文化建设优秀成果特等奖等多个奖项。

（三）网络环境协同

网络就像一把双刃剑，在给大学生思想政治教育协同带来便利性、快捷性、形象性的同时，也带来了很多负面的影响。网络信息的良莠不齐和碎片化的解读方式，严重影响大学生价值观和人生观的正确养成。因此，大学生思想政治教育网络协同必须加强网络环境协同。其本质是优化网络环境，营造风清气正的网络生态，以发挥环境育人的作用。

网络环境协同具体包括以下几个方面的内容：一是传播网络正能量和消解网络负能量相结合。营造良好的网络生态，既需要坚持正面宣传，不断凝聚正能量，着重宣传党政部门和高校在大学生思想政治教育过程中涌现出的一些好的经验和做法；也要注意消解网络负能量，为大学生答疑解惑。对于网络中的负面报道，相关部门要及时查明真相，掌握舆情动态，坚持客观事实标准，及时进行宣传报道，并做好后续的跟踪回访，妥善回应公众关切。二是整顿社会网络大环境和优化校园网络小环境相结合。网络环境协同要求大小网络环境的优化统一。一方面，要通过整顿社会网络大环境，控制不良信息的蔓延和传播，营造大学生成长的良好环境氛围，为提升大学生的思想道德素质提供外部环境保障。另一方面，要着力改善校园网络小环境，营造健康向上的校园文化氛围，把网络打造成为开展大学生思想政治教育的"第三课堂"。通过有意识、有针对性的培养，打造一支从事网络环境建设的学生骨干生力军，从而准确把握大学生的思想动态，推进协同的展开。三是建设网络虚拟环境和治理现实环境相结合。要倡导良好的道德风尚和正确的舆论导向，将虚拟环境中的大学生思想政治工作和现实思想政治工作相结合，形成合力，共同营造大学生思想政治教育的良好育人氛围，有效推进大学生思想政治教育协同。

二　网络协同的策略

大学生思想政治教育网络协同的形成需要一个漫长的过程。高校必须从网络队伍建设、社区建设、生态建设入手，为大学生思想政治教育网络协同提供组织保障、平台保证和环境支持。

（一）加强网络队伍建设

网络协同要发挥作用，首先必须加强网络队伍建设。当前，网络空间已然成为大学生思想政治教育的"第三课堂"。尽管如此，无论是辅导员、思政课教师还是专业课教师，在网络空间的作用都发挥得有限，这主要是因为大家对网络思想政治教育尚缺乏有效的共识。虽然全国高校思想政治工作会议明确要求把立德树人作为高校思想政治教育的中心环节，贯穿于教育教学的全过程。但这并未赢得专业课教师内心真正的认同。在很多专业课教师心中，思想政治教育是高校辅导员、思政课教师的本职工作，与他们关系不大，更别提在网络上开展思想政治教育。而辅导员和思政理论课教师尽管都是明确的思想政治工作者，但工作性质的差异也使他们在协同的路上举步维艰。此外，一些负面的发声也对教师开展网络思想政治教育带来现实的困扰。如有人认为网络是极端个人的场所，是娱乐和放松的主阵地，教师不宜介入；网络思想政治教育过于敏感，适宜官方媒体发声；等等。另一方面，当前的职称晋升和职务评比体系中，也并未把是否参与网络思想政治教育作为评价指标。这也在一定程度上遏制了老师从事网络思想政治教育的积极性，影响着网络协同的成效。因此，高校要加强网络队伍建设，着手建立党委领导，学工部、思政部等多部门齐抓共管的工作机制，不断畅通内核成员的沟通渠道，凝聚内核成员的思想共识。同时，要优化成果评价，引入网络文化成果的认定体系，探索建立优秀网文及网络思想政治教育参与情况在科研成果认定、职务职称评聘方面的长效机制，着力培育一批政治坚定、影响广泛的网络名师。此外，高校还要注意提高协同成员对自身工作的满意度以及对协同社区的认可度，不断激发他们的工作成就感。

（二）加强网络社区建设

大学生思想政治教育网络协同的过程实质上是协同主体成员分享创意的过程。在这个过程中，主体成员的灵感得到激发，创意得到增长。而要实现创意的充分共享，就必须在网络载体协同方面下功夫，加强网络社区建设，不断提升社区的吸引力和影响力。具体来说，包括以下几点：一要加强网络社区中专职核心团队成员之间的沟通和交流。核心团队成员应包括高校辅导员、思政理论课教师、党政部门领导、学工团负责人以及哲学社会科学的相关教师。他们通过持续的思想碰撞和交流，互相影响，互相借鉴，并利用手中的资源优势开展合作,从而吸引更多的大学生参与社区创建。二是加强网络社区协同主体成员之间的合作。大学生思想政治教育网络协同社区包含了高校辅导员、思政课教师、专业课教师、家长、社会工作者和学生等成员。各主体成员有着不同的立场和思维方式。反映在对事物重要性的看法上,就呈现出很明显的差异。而"协同的成功在于,它创造了自我管理社区,充分利用了成员知识的多样性,同时又没有让这种差异化占据主导地位"①。这就要求协同主体成员具备较强的规则意识,能够进行有效的自我管理,并围绕合作方式在最大范围内达成共识。三要深化共同创造。大学生通过参与协同社区的小组作业和共享观点达成目标,产生巨大的创造力。而社区通过为大学生提供诸如论坛、网站、杂志等发布观点和交流思想的平台,帮助大学生从协同活动中获得被赏识的机会。协同社区由辅导员、思政课教师和专业课教师骨干组成的核心团队以及对协同社区具有较大贡献、成果质量显著的一批人负责决策。他们有权决定谁能加入这个社区,有权对网站发表的内容进行筛选,把有利于实现思想政治教育目标的内容予以保留,有权决定用什么样的方式来建设网站。不遵守社区规则的参与者将被剔除。

(三)加强网络生态建设

网络协同鼓励具有不同知识和技能的人参与项目协作,但这也为大学生思想政治教育带来了巨大的风险和挑战。由于网络的极端开放性,毫无限制地出入社区,会在无形中侵蚀专家的权威知识,削弱参与成员的个性,并扩大参与成员的差异,增加网络协同的潜在风险。因此,要提升网络协同的有效性,就必须加强网络生态建设。一要加

---

① [美]查尔斯·李德彼特与257位作者:《网络协同》,旷野等译,知识产权出版社2011年版,第51页。

强自上而下的控制。协同社区的内核成员们，要牢牢把握网络协同社区意识形态的领导权、主动权和话语权，坚持正面宣传、凝聚正能量。同时，内核成员们要通过制定协同社区规范，约束社区成员行为，营造良好的工作氛围，为大学生树立表率；通过提供有意义、有价值的工作和问题，激发大学生承担社区工作的兴趣和责任感。二要加强同等层次控制。通过同行评议，增强对协同社区成员思想状况的了解，从而有针对性地开展协同社区成员的思想政治教育，不断提升协同社区的吸引力和影响力，为网络协同构建风清气正的网络环境。三要鼓励自我管理和控制。通过开展网络协同社区"文明网名"评比活动和网络诚信档案建立活动，强化协同主体成员的网络意识，提升协同主体成员的网络文明素养，为大学生树立优秀典型；同时促进青年大学生的自我约束和管理，共建文明、和谐、积极、向上的网络生态环境。

第四节　大学生思想政治教育高校联盟协同

经济全球化、网络信息化、教育国际化改变了高校的发展模式和竞争方式。"联盟共赢""开放合作"成为高校创新发展的主流。高校联盟协同顺应了社会发展的潮流，有利于提升大学生思想政治教育的有效性。

"所谓高校联盟，是指两个或两个以上的高校相互结盟，实现资源共享、优势互补、协同发展目的的运作过程。"[①] 它是高等教育改革发展的现实需要。随着社会主义市场经济的不断完善，政府对高校的管理权逐渐下放，高校办学的自主权得以扩大和强化。为了谋求新发展，

---

① 于洪良：《对当前高校联盟化发展的审视与展望》，《中国高等教育》2013 年第 18 期。

最大限度地争取政府投入和社会支持，有效解决高等教育大众化阶段教育资源相对不足的现实困境，优化高等教育的资源配置，降低办学成本，实现资源效益的最大化，各高校纷纷结盟，由"各自为政"转为"协商合作"，共同解决发展中出现的问题。基于此背景，协作共赢也成为大学生思想政治教育创新发展的必由之路。大学生思想政治教育高校联盟正是在此背景下产生的。

大学生思想政治教育高校联盟协同是指两个或两个以上高校相互结盟，立足大学生思想政治教育展开积极合作，从而实现资源共享、优势互补、协同发展的运作过程。其目的在于优化和整合大学生思想政治教育资源，提升资源的效益。高校联盟的达成，不仅有利于大学生思想政治教育资源的共享，避免思想政治教育的重复投入和教育力量的不均衡，更为优质资源的再分配、科学教育理念和教育方法的交流共享提供了良好的平台，是介于高校合作与高校合并之间的深层次合作形式。联盟成员追求共同的利益，遵守共同的约定，但保持着独立的身份。

当前，高校联盟在结盟院校选择方面呈现出多样化特征。根据不同的标准，高校联盟可以分为不同的类别。根据地理位置，大学生思想政治教育高校联盟可以分为区域高校联盟和跨区域高校联盟。其中，区域高校联盟是同一地理区域内的高校组成的联盟，同一地理区域可以是同一省域或同一市域。跨区域高校联盟，是指来自不同区域的高校组成的联盟。联盟高校以跨区域合作为主，可以在更大的空间范围内选择合作伙伴。依据联盟各方的实力，大学生思想政治教育高校联盟又可以分为对等联盟和非对等联盟。所谓对等联盟，是指联盟高校办学定位相似、办学资源相当、办学水平与社会声誉具有相近性。对等联盟是高校联盟的主要形式，也是高校结盟的基本原则。然而，在特定情况下，非对等联盟也会在高校之间发生。这种联盟主要是为了满足高校之间对资源支持和发展扶持的特殊需要。需要明确的是，不管以哪种标准进行划分，联盟高校都会围绕大学生思想政治教育展开积极的合作，但合作的广度和深度有所区别。有的联盟合作是全方位的，涵盖思政课教育、队伍建设、实践教学等方方面面；有的联盟合作仅针对一些特定的项目，如高校名师工作室联盟、思政课联盟、就业联盟等。

一　高校联盟协同的方式

高校联盟协同是应对大学生思想政治教育不确定性、突破思想政治教育学科发展瓶颈、促进高校合作共赢的有效方式。它顺应了时代发展的趋势和潮流，开辟了大学生思想政治教育协同创新的新路径，形成了通过发挥高校合力扩充优质大学生思想政治教育资源，提升大学生思想政治教育质量的新局面。高校联盟协同能有效规避大学生思想政治教育中的"孤岛"现象，深入化解和防范各类风险，提升高校的核心竞争力。

高校联盟协同使联盟高校可以跨学科交流或围绕思政课教学、校园文化建设、网络建设、师资队伍建设和社会实践等方面展开充分的合作，形成大学生思想政治教育的合力。

（一）高校跨学科联盟

高校跨学科联盟就是要在开放育人理念的指引下，通过跨学科的交流活动，实现不同学科人力和资源的协同一致。

高校跨学科联盟的形成有其特定的背景。从学科发展来看，近年来，随着各学科陆续脱离母体，跨学科的交流陷入窘境。专业壁垒的出现，人为地拉大了学科之间的距离感，给思想政治教育学科的创新发展带来现实的困难。不同高校学科资源的闲置，不仅造成了资源的巨大浪费，也影响着学科整体实力的提升。从人才培养来看，大学生思想政治教育是为了培养德智体美劳全面发展的中国特色社会主义事业的接班人和敢于担当复兴大任的时代新人。但是，大学生整体素质的提升，仅仅依靠思想政治教育单一学科，是很难实现的。只有加强跨学科的交流，才能更好地启发协同主体的思维，为他们提供解决问题的思路和方法。事实上，很多创新型人才都在多个领域取得了骄人的成绩，也是多个领域公认的行家。

高校跨学科联盟主要通过以下方式进行：一是跨学科课程的开发和应用。它是高校跨学科联盟的重要方式，对于促进学生全面发展，培养学生跨学科思维和创新能力具有重要作用。跨学科课程的教学工作通常以详细的学术内容为依托，以多学科教师协同教学为手段，其目的在于培养学生系统的知识结构，提升学生交叉思维的能力，激发学生的创新创造潜能。二是跨学科项目的创建和申报。联盟高校通过跨学科项目创建活动，共同开展大学生思想政治教育理论研究或实践探讨。其实质是利用不同学科的学科优势和资源优势，从不同学科的背景出发，以不同的方式探讨大学生思想政治教育中面临的问题和解决问题的办法，不断提升大学生思想政治教育的科学化水平。三是跨学科交流活动的组织。联盟高校通过举办学术研讨会议、高端论坛以及其他文化活动，促进联盟高校跨学科资源的共享和整合。如中国研究生跨学科协同创新联盟，它由北大、清华等国内"985""211"高校的硕士研究生、博士研究生自发组建，是目前全国最大的研究生公益学术交流平台。其主要通过学术交流活动推进跨学科知识的共享，对于提升研究生跨学科知识素养，推进研究生协同创新起到了积极作用。

（二）高校思政课联盟

高校联盟协同，必须坚持发挥高校思政课的主渠道作用，不断增强思政课教学的吸引力、说服力和感染力。因此，高校思政课联盟也理所当然地成为高校联盟协同的主要形式。近年来，围绕思政课教育教学，各高校纷纷结盟，涌现出了一大批联盟平台。在全国范围内，产生了全国高校思想政治理论课信息化建设联盟、全国高职高专思政课建设联盟；在区域范围内，各种思政课同城联盟、区域联盟遍地开花，如湖北省高职高专思政理论课建设联盟、淮南高校思政课同城联盟、天津海河教育园区思政课资源共建共享联盟。还有部分高校依托现有的联盟平台开展思政课协同合作，如"卓越大学联盟"的各高校，利用"卓越大学联盟"平台开展思政课教学改革活动，也取得了较好的效果。

高校思政课联盟为联盟高校搭建了一个学习、交流、培训、提高的平台。在联盟高校内部，思政课教师集体备课，集体研讨，统筹规划教材内容，以更好地将教材体系转化为教学体系。同时，联盟高校思想政治理论课教学改革的成功经验将在联盟高校内部推广，联盟高校的优质思想政治教育资源也可以在联盟高校内部共享。这些都有利于增强大学生对思政课的"获得感"，让思想政治教育在高校"立德树人"的育人实践中发挥引领性作用。

（三）高校校园文化联盟

校园文化是大学生思想政治教育的有效载体，在对大学生人生观、价值观的正确树立及其思想道德素质的提升中起着潜移默化的作用。依托校园文化平台促进协同合作是高校联盟协同的必然选择。

从大学生思想政治教育高校联盟协同实践来看，校园文化联盟是高校最普遍的联盟形式，也最有利于调动大学生的参与积极性，陶冶大学生的道德情操。这些联盟以社团文化活动为载体，在联盟高校开展大学生思想政治教育，有利于促进学生社团的健康发展、推进校园文化的繁荣。如成都市校园网络文化联盟通过在联盟高校开展成都校园网络文化节、"青年之声·网络文化"交流日专题培训等活动，提升成都校园网络文化的知名度和影响力；山东省大学生戏剧联盟定期在联盟高校组织多种多样的戏剧活动，包括大学生戏剧展演、专家论坛、戏剧欣赏、剧本诵读等，丰富联盟高校学生的业余生活；北京校园传统文化联盟通过举办国风音乐会、汉服摄影大赛、首饰设计大赛等一系列丰富多彩的传统文化活动增强学生的文化自信，激发学生的爱国情怀……同时，这些联盟具有一个共同特点，那就是参与面广，参与人数众多。如中国高校社团联盟由北京近50所高校的200多个社团组成，几乎覆盖北京所有的高校；成都市社团联盟由成都地区包括学术科技、创业促进、体育健身和环境保护等13个类别的大学生社团联盟组成，参与学校达30余所。

（四）高校网络建设联盟

信息技术的飞速发展，使互联网逐渐成为影响教育改革发展和人才培养质量的不可忽视的重要变量。因此，高校联盟协同也必须自觉加强高校网络阵地建设，不断掌握网络意识形态领域的领导权和话语权。

当前，高校网络联盟主要分为两类，一类是综合性网络联盟，如中国大学生在线、全国高校校园网站联盟、辽宁大学生在线网络联盟；一类是专业性网络联盟，如全国高职高专院校思想政治理论课建设联盟网、江苏省高校毕业生就业网络联盟、高校社团联盟、贵州高校新媒体联盟等。不同网络联盟根据其成立的初衷，在功能方面略有差异，但总体来说，都是为了打造联盟高校网络信息共享的平台、宣传舆论协作的平台和思政工作学习的平台，以更好地服务大学生的成长成才。具体来说，包括以下几个方面：一是依托联盟高校资源，建立网络建设管理队伍培训基地，开展网络文化研究和网络文化活动，提升高校网络建设管理水平；二是整合联盟高校优势资源，推进大学生网络思想政治教育合力的形成，不断提升网络思政的实效性；三是建立联盟高校间定期网络教育教学研讨制度、教师间网络平台交流协作制度，共同提升教师素质和教育教学水平。因此，各联盟高校要借助网络建设联盟成立的契机，主动开放本校优质网络资源，深入推动优质大学生思想政治教育资源共建共享的进程；同时，积极借鉴其他高校在大学生网络思想政治教育方面的先进经验，不断培育具有本校特色的网络思想政治教育文化品牌。

（五）高校师资队伍联盟

教师对学生的成长具有传道授业解惑的作用。教师师德的高低、价值观的对错、能力的大小直接关乎大学生思想政治素质的培养水平和中国特色社会主义事业建设者和接班人的培养质量。因此，高校联盟协同，必须抓好提升教师素质这个关键环节。

大学生思想政治教育高校联盟的建立，使联盟高校思政课教师互聘互派成为现实。更多的思政课教师有机会走出校门，感悟其他高校的大师、名师风采，学习借鉴其他高校优秀的教育教学经验。在和联盟高校师德楷模零距离的平等对话中，在与联盟高校教学名师的交流探讨中，联盟高校思政课教师的师德水平和教育教学水平得以进一步提高，并带动高校教师整体队伍德育水平与教学水平的提高。同时，大学生思想政治教育高校师资队伍联盟在创新教育综合体系方面也表现出较强的优越性。早期比较有代表性的是全国高校思想政治理论课名师工作室联盟。该联盟于 2017 年依托"张健华工作室"成立,机构设在天津工业大学。其目的在于通过名师工作室联盟教学教育交流展示活动,以点带面,推进思政课教学综合体系的创新。开办名师工作室的教师及其成员一般都具有丰富的思政课教育教学经验,在教育部高校思想政治理论课影响力人物评比、全国高校思想政治理论课教学能手评比、高校思想政治理论课教学比赛中都取得过较好的成绩。名师工作室成员通过分享课堂教学组织、知识讲授以及多媒体技术运用等方面的教学理念、技巧与策略,与现场专家充分讨论和交流,形成高校思想政治理论课教育教学的某些共识,从而提升思政课的感染力和教师的引导力。2019 年,教育部印发《普通高等学校思想政治理论课教师队伍培养规划(2019—2023 年)》,进一步完善国家、省(区、市)、校三级思政课教师培养体系。随后,各类思政课名师工作室如雨后春笋般涌现出来,高校师资队伍联盟进入一个新时期。

(六)高校社会实践联盟

社会实践是大学生思想政治教育的重要组成部分。高校联盟协同,必须着力于整合联盟高校的实践资源,培养大学生的创新实践能力。当前,以社会实践活动为协同点,高校组建了形式多样的联盟,初步形成了联盟高校利用实践活动共同实现思想政治教育理念创新的良好局面。在社会实践的形式方面,联盟高校集思广益,大胆创新,通过联合举办大学生社会实践与创新主题竞赛,联合开展研究课题申报和社会调查,共同开设思想政治教育实践课程,构建课内实践、社会实践、网络实践三位一体的实践教学体系等,为大学生提供更多参与社会实践活动的平台，有助于大学生走出课堂和校园，走向社会和基层，直观、具体地感知国情社情民意，提升大学生服务社会的责任感和使命感，增强大学生的创新意识和创新能力。比较典型的是全国大学生创新创业实践联盟。该联盟于 2017 年 6 月由厦门大学联合国内一批高校共同发起成立，首批共有 490 所高校和 4 家企事业单位参加，其中"985"高校 37 所，"211"高校 106 所。其旨在引领全国大学生创新创业教育的发展，探索高校创新创业教育实践教学体系，打造高校实践教学资源共享平台，是高校社会实践联盟的有益尝试。

二　高校联盟协同的策略

要发挥高校联盟协同的作用，必须从联盟文化建设、制度环境建设和保障机制建设入手，构建起和谐共生、运作高效的联盟平台。

（一）积极构建协同共生的联盟文化

大学生思想政治教育高校联盟协同的基础不仅仅是联盟成员之间的共同利益，更在于联盟成员内心深处对联盟文化的认同。这是因为高校联盟是多成员、多文化相互融合的统一体，不同高校在文化、观念方面存在着较大的差异。这种差异会给高校联盟的管理和协调带来难度。因此，高校联盟协同，必须在联盟建立之初就加强联盟成员的文化认同及凝聚力建设，不断打造协同共生的联盟文化，构建联盟组织的共同愿景。一是坚持开放性。联盟成员要摒弃狭隘的"门第观念"，突破成员高校专业结构、办学规模以及管理体制的局限，整合成员高校优质的大学生思想政治教育资源，为联盟机制的协同提供资源共享的平台。同时，合理设定成员高校的"准入门槛"。对于承认《大学生思想政治教育高校联盟章程》，且愿意履行联盟成员义务的高校，经联盟成员一致同意可接受入盟。对于申请自愿退出，且不愿意履行成员单位义务的成员，联盟理事会应予以清退，从而保持联盟的活力。二是突出平等性。联盟成员要本着相互尊重、平等互利、合作共赢的原则展开合作，共享利益，均担义务。各联盟成员在大学生思想政治教育方面都有着自己独特的优势，这正是各高校愿意建立联盟、深入合作的基础。因此，各联盟高校要取长补短，通过资源的整合，增强大学生思想政治教育的效果。三是讲求实效性。高校联盟的存在，必须体现实效性原则，将联盟合作落到实处。一方面要明确联盟的目的，敢于突破思想观念和体制机制障碍；另一方面要坚持全方位开放办学，把有限的资源用在关键的地方，形成联盟的核心竞争力。只有如此，才能与联盟方共享资源，并借助联盟平台获取竞争优势，提高资源效益。四是注重特色化。高校联盟要避免同质化，以特色取胜。但特色的形成不是一蹴而就的，是联盟高校成员在长期磨合的基础上，求同存异、取长补短形成的。它要求联盟高校因地制宜，走差异化发展之路，以更好地吸纳各种资源，完善自我，以作为求地位，以特色创品牌。同时，联盟成员之间要协同合作，落实贯彻联盟发展的战略规划，确保合作稳步推进。

（二）深入营造高质量的联盟制度环境

大学生思想政治教育高校联盟协同是一个复杂系统。协同的形成离不开良好的联盟制度环境。为此，必须做好以下几方面的工作。一是加强日常制度建设。通过制定《大学生思想政治教育高校联盟章程》《大学生思想政治教育高校联盟管理制度》等，进一步明确联盟的目的、意义、流程和规则，为大学生思想政治教育高校联盟奠定良好的制度基础。二是建立有效的利益协调机制。基于理性选择制度主义理论，高校联盟本质上是行动者在具体行动情境中相互博弈的制度结果。① 各方都是为了获取特定的利益而加入联盟。一旦利益需求无法满足，联盟的根基将会受到动摇。因此，大学生思想政治教育高校联盟建立之初就必须建立有效的利益协调机制，更好地规范联盟高校的行为，避免联盟高校因利忘义、唯利是图。三是畅通合作交流的渠道和平台。大学生思想政治教育高校联盟要积极搭建成员沟通交流的平台，如通过举办联盟高校的研讨会、工作论坛等形式促进成员之间的沟通与交流；通过大学生思想政治教育实习实训基地共建等形式凝聚联盟高校共识，形成联盟合力，实现联盟高校共生效益的最大化。四是加快高校内部的制度创新。高校要不断完善现代大学制度建设，加快建立系统高效的联盟体系。在选择联盟对象时，要坚持高标准、高规格。一旦确定目标，就必须聚集全校力量推动联盟建立。而当联盟建成后，更要积极将联盟的内容落细、落小、落实，并将其分解到具体的部门和院系，不断推进高校联盟协同的进程，扩大联盟高校的受益面。

（三）不断完善责权利统一的联盟保障机制

战略联盟的本质属性是一种特殊的"中间组织"。它介于正式组织和非正式组织之间。建立联盟的目的在于扩大组织资源的边界，对已有力量和有限资源进行优化配置和整合。大学生思想政治教育高校联盟作为战略联盟的一种特殊形式，也具有其共同的属性，突出表现为组建大学生思想政治教育高校联盟的各高校都是在自愿的基础上加入联盟，联盟的组织结构相对松散，内部整合程度也不高，联盟的合

---

① 吴越：《基于理性选择制度主义的高校联盟分类研究》，《中国高教研究》2014 年第7 期。

作也处于有限合作的阶段，成员之间的共同利益点并不突出。在管理层面，联盟也缺少有效的管理机制，对联盟成员的约束作用并不明显。因此，大学生思想政治教育高校联盟协同必须不断完善责权利统一的联盟保障机制。一是构建科学的利益分配机制。利益是大学生思想政治教育高校联盟的基础，也是影响其稳定的关键因素。没有相应的利益保证，高校对加盟也将失去兴趣。同理，倘若加盟后投入多而产出少，联盟成员也必然选择退出联盟。因此，大学生思想政治教育高校联盟在建立之初就应该畅通利益表达渠道，并针对联盟高校的具体利益关注点展开深入的讨论，明确界定联盟高校的责、权、利关系，以保证联盟协同的有序。具体说来，就是要做到互惠互利、风险利益平衡、结构利益最优和信息资源共享。二是构建有效的评估监督机制。高校联盟协同，还必须构建有效的评估监督机制，积极推进联盟高校之间责权利的统一和信任关系的达成。监督可以通过在联盟内部设计专门的机构进行，也可以委托第三方进行。其主要任务在于对联盟成员的相关情况进行评估和考核，具体包括联盟高校的办学背景、办学条件、人才培养质量、社会认可程度；联盟高校履行承诺的能力、技能、资源及其加入联盟的动机；联盟高校在结盟期间的责任履行情况等。三是构建完善的法律保障机制。通过签订《大学生思想政治教育高校联盟合作协议》，明确联盟高校的责权利关系，促使各高校严格履行协议，以巩固和发展高校联盟关系。同时，在协议中要明确规定风险承担和利益分配的原则和依据。对于承担风险大和额外投入多的高校，要通过明确的补偿标准鼓励高校的积极性；而对于不作为的高校，要给予相应的惩罚，以维护联盟中其他高校成员的合法权益。

第五节　大学生思想政治教育高校内部协同

高校在合力育人体系中居于主导地位。其内部协同程度直接影响着大学生思想政治教育的成效。因此，大学生思想政治教育协同，必须加强高校内部协同。高校内部协同就是高校内部大学生思想政治教育各子系统基于一定的目标，相互影响、相互作用，形成大学生思想政治教育合力的过程。协同的目的主要在于调动高校内部协同主体的参与积极性，以发挥大学生思想政治教育的整体功能。

一　高校内部协同的方式

大学生思想政治教育高校内部协同系统是一项复杂工程，由多个相互联系、相互作用的子系统组成。因此，其协同也包括多个层面。从教育教学的视角，大学生思想政治教育高校内部协同，应促进思政课教学与日常大学生思想政治教育、心理健康教育、就业创业教育、人文素质教育和专业教育五大板块的相互嵌入，充分挖掘这五大板块中的思想政治教育资源，通过借鉴相关的教育理论和教学方法，不断增强思想政治教育理论课的育人效果；从队伍建设的视角，大学生思想政治教育内部协同应促进党政队伍、高校思政课教师队伍与辅导员队伍，即教师、管理与服务育人队伍协同育人的进程。在此，本书将重点探讨高校辅导员与思政课教师协同、高校思想政治工作者与专业课教师协同以及高校教书育人、服务育人、管理育人队伍协同三方面的内容。

（一）高校辅导员与思政课教师协同

高校内部协同，首先要推进高校辅导员和思政课教师这两支队伍协同育人的常态化。当前，高校思政课教师在从事思想政治理论教育时，仍然在一定程度上存在脱离社会现实的理论说教和知识灌输情况，难以调动广大学生的参与积极性，迫切需要增强课程的实践性、参与性与针对性，提升课程的感染力和吸引力。而辅导员因为准确把握了学生的心理需求，通过有效利用"第二课堂""第三课堂"，打造了时时处处的育人空间和育人环境，赢得了大学生的喜爱和共鸣。通过开展形式多样的主题教育活动和丰富多彩的校园文化活动，可以提升大学生的思想道德素质水平，推进大学生"第一课堂"理论知识与"第二课堂""第三课堂"实践活动的有机结合，从而促进大学生的"知行合一"。因此，大学生思想政治教育高校内部协同，首先必须抓好高校辅导员队伍和思政课教师队伍的协同。具体来说，包括理念共识、资源共享和队伍共建三个方面。

第一，理念共识。理念共识是高校辅导员队伍和思政课教师队伍协同的前提。这是因为主体协同首先需要解决观念问题。"因为有了共识，才能确保约束力在互动过程中得到贯彻。"[1] 而共识的达成，又必须以交流为基础。因此，要推进二者形成理念的共识，高校必须努力搭建辅导员与思政课教师交流合作的平台，以进一步凝聚双方思想共识，促进双方的和解和认同，推进协同育人工作的开展。

第二，资源共享。资源共享是高校辅导员队伍和思政课教师协同育人的内在要求，它包括自身资源的相互分享以及学校资源的共同利用。其中，自身资源的相互分享，可以推进辅导员工作和思政课教学从分离走向统一，加快二者协同育人的进程；而学校资源的共同利用

---

① ［德］尤尔根·哈贝马斯：《交往行为理论》第 1 卷，曹卫东译，上海人民出版社 2004 年版，第 286 页。

则是为了优化资源配置，提高资源使用的效率，避免资源的重复浪费。

第三，队伍共建。队伍共建是协同育人的内在要求。高校要通过思政课教师兼任班主任、辅导员兼任思政课教师等方式，促进两支队伍的融合发展。这是加强二者协同的有效方式。辅导员兼任思政课教师，可以增强思政课教师队伍力量，促进辅导员工作从自发向自觉、从经验向科学的转变，从而实现自我发展和内在提升的有机结合，打造一支素质高、战斗力强的充满活力的辅导员队伍；而思政课教师兼任辅导员，可以为辅导员队伍注入新鲜血液，打造一支课堂内教学深受学生喜欢、课堂外指导令学生终身受益的学生信任和尊敬的思政课教师队伍。[1]

（二）高校思想政治工作者与专业课教师协同

大学生思想政治教育不仅仅属于高校思想政治工作者的职责范畴，也是专业课教师的责任所在。作为高校培养全面发展人才的重要组成部分，德育和智育必须在教育实践中统筹起来，以实现两者在互补基础上的协同共进。这是全员、全过程、全方位育人的根本要求。因此，高校内部协同必须发挥专业课教师的引领示范作用，促进高校思想政治工作者和专业课教师的协同。这种协同本质上体现为多学科的交流碰撞和优势互补，它有利于优化思想政治教育队伍的结构，提升思想政治工作者与专业课教师的工作能力和育人水平，加速人才培养与师资队伍建设的有机融合。

高校思想政治工作者与专业课教师的协同体现在以下几方面：一是利用专业教育资源开展大学生思想政治教育。专业课特别是人文素

---

① 肖慧：《高校辅导员与思政课教师协同育人的实践与思考》，《学校党建与思想教育》2015 年第 21 期。

质教育课程中蕴含着丰富的思想政治教育资源，充分挖掘这些育人资源，可以丰富大学生思想政治教育的内容，提升大学生思想政治教育的亲和力和吸引力。二是搭建二者沟通交流的渠道和平台。通过建立专业教师兼任学生班主任制度、参加或指导学生第二课堂活动制度、本科生导师联系学生制度、教工党支部联系学生党支部制度等，让专业课教师参与大学生日常事务管理和实践活动，引导学生把专业学习与人格培养相结合，充分发掘学生自我管理、自我教育、自主学习、持续发展的能力。当前，很多高校把专业教师是否具有从事学生教育管理（班主任）工作的经历作为职称评审的重要依据，并实行一票否决制。这在一定程度上推动了专业课教师与高校思想政治工作者协同的进程。三是借鉴教育教学方法提升教育实效。高校可以通过专业教师与思政课教师功能互补、理论教学模块的相互渗透、实践教学环节的相互植入，实现思政课教学和专业教学的相互嵌入，从而不断提升思想政治理论教育的水平。

（三）教学、服务与管理育人主体协同

大学生思想政治教育是一项系统工程，需要多元育人主体的协同参与，多种教育元素的资源整合，多方部门的协同联动。党委、行政部门、教务处、就业指导中心、心理健康中心、后勤集团等部门都担负着重要的责任。因此，高校内部协同必须强化教学、服务和管理育人主体的协同。高校要树立"大思政"的观念，加强部门之间的联系，通过定期联席会议，统筹教学、管理和服务中遇到的问题，使协同向纵深开展。思政课教师和专业课教师通过课堂教学向学生传授知识，培养学生的职业道德，引导学生树立正确的价值观、人生观和世界观；学校管理部门通过严格、规范、科学的管理来提升学生的担当意识，提升思想政治教育的质量；教辅及后勤人员坚持以生为本，积极服务学生需求，帮助学生解决学习及生活中的实际问题，为学生成长营造良好的环境氛围，充分发挥服务育人的功能。只有三者相互影响，相互作用，大学生思想政治教育高校内部协同才能得到保障。在这方面很多高校已经做出了积极的尝试。如长江大学把"三尊"——尊重学生、尊崇学者、尊敬学术作为办学理念，贯穿于学校教育管理的全过程，正确处理了学生、学者和学术之间的关系，推进了大学生思想政治教育与学校教学、科研的融合发展。

二　高校内部协同的策略

大学生思想政治教育高校内部协同能否发挥最佳的整体功能，形成最大合力，与保障条件是否完善，资源能否有效整合密切相关。因此，大学生思想政治教育协同，要注意发挥协同保障系统的功能。

（一）完善领导体制

领导体制是关于组织系统内领导权限、领导机构、领导关系及领导活动方式的制度和规定的总称。大学生思想政治教育高校内部协同的主体能否有效执行协同，在多大范围进行协同，以及协同的效果如何，在一定程度上取决于组织层的领导体制是否科学和合理。因此，大学生思想政治教育高校内部协同首先需要完善领导体制，既要坚持在宏观层面进行系统设计，整体推进，又要着力于发挥中层和基层管理者协调实施的主观能动性和积极性。在宏观层面，要调动党委政府、教育部门、高等学校、社会力量来开展大学生思想政治教育，建立健全党委统一领导、党政群齐抓共管、有关部门各负其责、全社会大力支持的领导体制，为大学生思想政治教育协同提供思想导向保障。在中观层面，要坚持和完善党委领导下的校长负责制，切实发挥党委的核心作用，充分调动高校内部多元主体的积极性，着力于发挥教书育人主体、管理育人主体和服务育人主体在大学生思想政治教育中的作用。要通过强化师德师风建设，培育优良教风学风，发挥教师言传身教、以身示范的作用；要通过把大学生日常事务管理和思想道德教育、行为养成教育有机结合，凸显管理工作的育人导向；要通过把解决大学生的实际困难和大学生的思想问题紧密联系，切实加强人文关怀和心理疏导，在关心人、帮助人中教育人，引导人，使大学生思想政治教育工作入脑入心。在微观层面，要强化学院党委的领导，发挥学院党委的政治核心作用，坚持在学院党委的领导下有针对性地开展大学生思想政治教育活动，着力于发挥辅导员队伍、班主任队伍、学生干部队伍、学生党员队伍以及学生社团在大学生思想政治教育中的重要作用，充分调动辅导员、班主任开展学生学业指导、心理咨询、就业帮扶工作的积极性。同时，要发挥学生党员的模范引领作用，发挥学生干部以及学生社团组织的主观能动性，实现大学生的自我管理、自我教育和自我服务。

（二）创新工作机制

工作机制，反映了工作程序或规则的有机联系。创新工作机制，是大学生思想政治教育高校内部协同的根本保证。一方面，要加快建立高校跨部门的资源共享机制。资源共享是大学生思想政治教育协同的客观要求。其本质是通过对资源的优化整合，实现 $1+1>2$ 的效果。要实现跨部门的资源共享，首先要强化大学生思想政治教育协同主体的共享观念，引导各主体通过资源的主动分享实现资源共享，通过主动合作实现共赢或多赢。其次，要通过协同主体间的定期沟通以及网络信息平台建设实现信息的充分交流。最后，要加强对现有思想政治教育资源的开发和运用，实现资源效益的最大化。同时，在向学校或社会有关部门争取思想政治教育的相关政策和资金支持方面，各主体也要善于形成合力，做到既有利于工作的开展，又避免资源的重复浪费。另一方面，要建立科学合理的协同评价机制。协同评价主要考虑以下几个方面：一是对主体积极参与大学生思想政治教育工作情况进行评估，重在考察主体的协同意愿及配合程度；二是对大学生思想政治教育协同保障措施进行评估，重在考察协同制度建设、经费投入、队伍建设、平台资源、管控水平等方面的内容；三是对大学生思想政治教育协同绩效进行评估，重在考察大学生思想政治教育协同的实际效果。地方党委和高校要把大学生思想政治教育协同落实情况纳入相关职能部门和学校的考核制度，以评促建，以评促改，以评促管，从而将大学生思想政治教育协同落到实处。

（三）强化制度保障

制度具有根本性和全局性，可以有效规范和保障大学生思想政治教育高校内部协同的形成。因此，高校要努力加强制度建设，立足制度层面，探索解决大学生思想政治教育高校内部协同问题的途径和办法，并及时将解决问题的成功经验上升到制度层面，从而发挥制度的保障功能。

第一，坚持顶层设计和底层探索相结合，协同推进制度的建立和完善。"建立长效机制必须着眼于建立健全一整套科学严格的制度，用制度说话、用制度评判、用制度管人、用制度管事。"[1] 大学生思想政

---

① 聂卫国：《抓住构建党员先进性长效机制的关键点》，《理论参考》2006 年第 8 期。

治教育高校内部协同也必须坚持顶层设计和底层探索相结合，协同推进各项制度的建立和完善。如建立和完善大学生日常思想政治教育与思想理论课教学协同育人制度，推进辅导员和思政课教师协同育人的常态化；建立和完善高校思想政治工作者与专业课教师协同育人制度，发挥专业课教师在大学生思想政治教育中的引领示范作用；建立和完善多主体定期联席会议制度，发挥教书育人、服务育人、管理育人的合力等。

第二，坚持建立激励制度和完善配套政策相结合，以更好地调动协同主体的积极性。高校内部协同，除了制定一整套科学合理的制度推进协同的开展，还需要建立相应的激励制度，完善配套政策，鼓舞和调动协同主体的积极性、创造性和工作的持久性。为此，可以建立和完善队伍的聘用及培训制度，着力选拔一支政治素质硬、业务水平高、乐于奉献、积极作为的专职工作队伍，并探索建立和完善专任教师从事大学生思想政治教育的兼职制度，将德才兼备的管理干部和专任教师吸纳到大学生思想政治教育工作队伍中，使协同逐渐成为各主体的自愿行为；不断完善职务晋升和职称评审制度，探索建立优秀网络文章以及参与网络思想政治教育的工作量在科研成果统计、职务职称评聘方面的认定机制，着力培育一批政治坚定、导向正确、影响广泛的网络名师，推进大学生思想政治教育网上育人和网下育人的协同；积极优化评优表彰制度，从大学生思想政治教育工作的全局来进行各种评优表彰制度的设计，并适当向有利于促进大学生思想政治教育协同的行为倾斜，以达到凝聚共识、协同推进的目的。

第三，坚持规范执行和强化落实相结合，确保发挥制度实效。大学生思想政治教育高校内部协同的制度保障不仅在于制度的制定，更在于制度的执行和落实。只有真正贯彻执行、落实到位，制度才具有公信力和生命力。抓好制度的执行和落实，首先，需要学校的领导干部以身作则，率先示范，带头执行制度、维护制度，形成自上而下自觉执行制度的良好风气。其次，需要各协同主体增强制度观念，加强制度学习，领悟制度精髓，自觉把落实协同制度转化为日常工作的标准；最后，需要加强监督检查，不断强化管理机制的建设，明确各级组织、各部门、各类人员的思想政治工作职责和要求，形成横向各部门相互支持理解，纵向各环节层层贯彻落实、资源最佳配置的思想政治工作组织网络。

第五章　大学生思想政治教育
协同的评价

　　大学生思想政治教育协同评价是大学生思想政治教育协同研究的基本问题之一，在整个大学生思想政治教育过程中占有重要地位。它既是完整的大学生思想政治教育协同的必要组成部分，又是大学生思想政治教育协同信息反馈的基本方式之一；既有利于为大学生思想政治教育协同的科学成效评价提供客观依据，又有利于推进大学生思想政治教育协同的科学化进程。大学生思想政治教育协同评价，包括评价指标构建和评价方法选择两部分的内容。

第一节　大学生思想政治教育协同评价指标体系

　　构建协同评价指标体系是大学生思想政治教育协同评价的重要内容。大学生思想政治教育协同是质与量的有机统一，既有质的内在规定，又有量的外在表现。追求其质的优化和量的增长，既是大学生思想政治教育协同矛盾运动的内在规律性，也是其协同发展变化的内在驱动力。而协同评价指标体系的构建，可以使大学生思想政治教育协同系统的结构体系更加条理化、更富层次性，使大量相互关联的大学生思想政治教育协同因素关系更加清晰明了，为科学评价大学生思想政治教育协同的质和量提供重要的依据。

一　评价指标体系的构建原则

构建大学生思想政治教育协同的评价指标体系，必须在遵循一定指导原则的前提下，对其指标进行科学的设计和选择，为保证评价结果的准确性和有效性奠定坚实的基础。具体来说，包括以下原则。

（一）科学性原则

科学性原则是构建大学生思想政治教育协同评价指标体系必须遵循的首要原则。大学生思想政治教育协同评价指标体系是理论与实践结合的产物，是对大学生思想政治教育协同运行状况的抽象描述。只有坚持科学性原则，才能抓住大学生思想政治教育协同最重要、最本质、最有代表性的东西。而这也是构建大学生思想政治教育协同评价指标体系的关键和难点，必须引起足够的重视。

大学生思想政治教育协同评价指标体系的科学性主要体现在以下几个方面：一是评价指标体系的指标要能清晰明了、客观真实地反映大学生思想政治教育协同运行的状况，能客观全面地反映出各指标之间的真实关系。对客观实际抽象描述越清楚、越简练、越符合实际，其科学性也就越强。二是评价体系的指标应该具有典型代表性，既不能过多过细，相互重叠；又不能过少过简，有所遗漏。三是评价指标体系的内容应具有科学的规定性。各个指标的概念要科学、严谨，要有精确的内涵和外延。

（二）主导性原则

大学生思想政治教育协同的评价指标涉及面很广，不可能将所有方面的因素都纳入指标体系，必须依据主导性原则，进行科学的取舍。一是选择对大学生思想政治教育协同运行影响较大的指标。大学生思想政治教育协同评价指标体系应首先立足机制构建和运行的具体过程，提出可以纳入考虑范围的指标。再根据核心要素和主导问题对指标进行筛选，把对其运行影响较大的因素确定为最后的指标。而对于那些与运行可行性关系不十分密切的因素，应予以简化或省略。二是选择能反映大学生思想政治教育协同绩效的指标。之所以对大学生思想政治教育协同进行评价，其目的就在于全面了解大学生思想政治教育协同的运行情况及其对大学生思想政治教育的促进作用。因此，指标的构建应抓住大学生思想政治教育协同的重点，选择能反映大学生思想政治教育协同绩效的主要因素。对绩效影响不大的指标可以忽略不计。三是选择在大学生思想政治教育协同评价中起主要作用的指标。大学生思想政治教育协同评价指标既不是越多越好，也不是越少越好，其选择要以评价指标在评价中所起作用的大小为重要标准，作用大的优先考虑，作用小的可以忽略不计。

（三）系统性原则

大学生思想政治教育协同评价指标体系本身就是一个系统，在结构层面具有多层次的特征。因此，指标体系构建要遵循系统性原则，将静态因素和动态因素结合起来，从多个角度、多个层面进行构建，全面反映大学生思想政治教育协同的运行情况。一是指标体系的构建要考虑到各个指标之间的相关性、层次性、整体性，从宏观到微观层层深入，使各个指标形成一个有机的、不可分割的整体。二是指标体系所包含的指标要包括大学生思想政治教育协同运行过程所涉及的方方面面，完整地、多角度地反映大学生思想政治教育协同与外部环境以及子系统之间的关系。三是指标体系内的指标要力求反映不同类型协同的独特性。不同类型的大学生思想政治教育协同在构建和运行过程中也存在着差异，评价指标的构建应尽可能兼顾不同层面的协同，客观反映不同协同的现状对大学生思想政治教育的支持程度。

（四）适应性原则

适应性原则是指构建的大学生思想政治教育协同评价指标体系必须具有广泛的适应性。这是由大学生思想政治教育的属性决定的。大学生思想政治教育不是一成不变的，它必须因事而变、因时而进、因势而新，紧跟时代的发展和形势的演变。这对大学生思想政治教育协同的构建和运行也提出了新的要求。新时期、新时代背景下，大学生思想政治教育协同必须积极适应这种新变化、新要求，大胆创新，不断提升其运行的针对性和实效性。大学生思想政治教育协同评价指标体系的构建也必须体现这种变化，把适应性作为评价指标体系构建的重要遵循。

大学生思想政治教育协同评价指标体系的适应性主要体现在以下两个方面：一是评价指标体系能反映不同形式、不同类别的大学生思想政治教育协同的共性和特性，便于在实践中推广应用。二是评价指标体系应具有一定的灵活性，能够根据大学生思想政治教育协同系统内外部环境的变化，做出适当及时的调整，从而可以灵活应用。

（五）定性定量相结合原则

定性定量相结合原则客观上要求大学生思想政治教育协同评价指标体系将主观指标和客观指标相结合，综合专家主观判断与信息客观呈现，全面反映大学生思想政治教育协同运行的状况。大学生思想政治教育协同系统是一个复杂系统，系统结构涉及经济、政治、文化等诸多方面的因素。评价对象本身具有一定的抽象性和模糊性。因此，在构建大学生思想政治教育协同评价指标体系时，不可避免地将运用到很多定性的指标。而定性指标过多，又在一定程度上增加了评价的主观随意性，降低了评价的准确性。要有效平衡这种矛盾，科学地反映大学生思想政治教育协同的运行情况，就必须在明确限定指标体系中定性指标的同时，选择相应的定量指标，使评价建立在充分合理的信息获取和整合的基础上，避免评价主体的主观性过大。

定量指标的选择及信息的获取应注意以下问题：一是定量指标的选择要充分考虑大学生思想政治教育协同主体的差异性。在具体指标选择上，必须是各主体共有的指标。二是定量指标和范围应使统计口径尽可能保持一致，以保证数据的可比性。三是定量指标信息和数据的获取、测量应简单便利，避免因指标本身问题影响评价的效率；四是定量指标信息和数据的收集，要遵循客观、公正的原则，让过程透明化，便于监督和管理。

二　评价指标体系的构建思路

当前，对大学生思想政治教育协同评价的专门性研究还比较少。现有研究文献主要集中于对智库的评价研究。尽管在一定程度上可以给予参考（大学生思想政治教育智库也是智库的一种），但由于研究视角、研究领域和研究内容的差异性，缺少较强的借鉴意义。因此，协同评价指标体系的建构必须立足大学生思想政治教育协同的实际，努力探索协同的规律，处理好宏观和微观、整体和部分、一般和特殊的关系。研究结果表明，大学生思想政治教育协同要实现由低级向高级、由无序向有序的发展，必须建立在一定的人力资源、信息资源和组织体系的基础上。同时，大学生思想政治教育协同又会反过来促进知识、信息、人才等资源在协同主体间的共享。因此，协同评价指标体系的构建应兼顾过程与结果，既要能反映协同要素之间的交互作用，即协同的过程，又要重视协同目标的实现。而帕森斯结构功能主义理论正好为构建科学的大学生思想政治教育协同评价指标体系提供了新的思路。

（一）帕森斯结构功能主义理论的主要思想

帕森斯结构功能主义是现代西方社会学的一个理论流派。要弄清结构功能主义理论的主要思想，首先要了解"结构"的含义。"结构"是指一个事物或者现象整体的各个组成部分之间的配合或者构成方式。后被社会学家引入社会学研究领域，产生了"社会结构"的概念，并逐渐成为社会学家分析社会的一种认识框架。"社会结构"的内涵也比较复杂。首先，从表征上看，社会系统、社会网络、社会分层、社会整合等都可以成为其表征。其次，从分类上看，依据不同标准可以进行不同的划分。如学者拉德克利夫－布朗根据结构是否可以被观察把社会结构划分为两种类型：一种是真实具体的、可以直接观察的结构；另一种是被研究者揭示和描述的隐含的结构。这也成为结构主义理论的经典观点。20世纪40年代，结构主义理论得到了新发展。美国著名的社会学家塔尔科特·帕森斯提出从功能需求的角度来理解社会结构，认为社会结构是具有不同功能的、多层面的子系统所形成的一种"总体社会系统"，由此产生了"结构—功能"的主流分析范式，形成了在西方社会学领域比较有影响力的理论流派——结构功能主义。

该理论流派认为一个均衡有序的系统可以分为不同的结构层面，每个结构层面又发挥不同的功能，共同促进整个系统的协调发展。同时，它强调包括结构在内的系统与环境之间存在互动关系和依存关系。

其代表理论是塔尔科特·帕森斯的"四功能范式"理论（AGIL 模型）。在帕森斯的 AGIL 模型中，系统的运作被认为是静态结构与动态运行相互结合的结果。因此，对系统的分析也需要将宏观视野与微观实践相结合。在这一模型中，贯穿于各种运行机制中的资源、价值、影响等概念被赋予了现实的解释力。任何一个行动系统都必须具有四种功能，即适应功能、目标获取功能、整合功能和潜在维持功能。系统的四种功能相互制约、相互促进，从而使系统趋于均衡状态并获得最大的利益。其中，适应功能强调系统要能够从环境中获取自身发展所需要的资源，并在整个系统中予以重新分配；目标获取功能强调系统有能力制定目标，确立目标实现的优先顺序，并通过调动系统的一切资源实现目标；整合功能强调系统为维持自身的正常运行而对各组成部分之间的关系进行协调与控制，从而使各组成部分成为一个有机联系的整体；潜在维持功能强调为确保行动者在系统内积极扮演角色而提供维持系统正常运行的价值体系，或为缓解内部紧张关系而提供运作机制。

（二）基于帕森斯结构功能理论的评价指标体系构建

研究表明，大学生思想政治教育协同要实现由低级向高级、由无序向有序的发展，必须建立在一定的人力资源、信息资源和组织体系基础上。同时，大学生思想政治教育协同的运行又会反过来促进知识、信息、人才等资源在大学生思想政治教育协同主体间的共享，提升大学生思想政治教育的效果。因此，大学生思想政治教育协同评价指标体系的构建应兼顾过程与结果，既要能反映大学生思想政治教育协同各子系统及环节间的交互作用，即协同机制的运行过程；又要重视大学生思想政治教育协同运行目标的实现。而大学生思想政治教育协同的行动功能系统与帕森斯结构功能理论中的四项基本功能具有高度的吻合性。一方面，大学生思想政治教育协同是一个完整的行动功能系统，具备结构功能的特点，可以运用结构功能理论来进行阐释；另一方面，帕森斯结构功能理论中的四项基本功能正好可以描述大学生思想政治教育协同的全过程。通过结构功能视角分析评价大学生思想政治教育协同，既可以遵循大学生思想政治教育协同的规律，又可以将内部微观功能与宏观系统相互关联，从而构建符合大学生思想政治教育协同规律的评价指标体系。

　　基于以上分析，本书在研究国内外学者的理论成果的基础上，运用"社会结构"概念中的"结构—功能"分析范式，将帕森斯结构功能理论的核心思想引入大学生思想政治教育协同评价体系，从大学生思想政治教育协同的过程及其具有的功能入手，探索大学生思想政治教育协同评价体系中的隐含结构形式，并通过广泛征求专家、学者的意见和建议，从协同的资源条件、协同的影响力、协同的管控水平、协同的文化基础四个维度构建大学生思想政治教育协同评价指标体系，详见表5-1和表5-2，以期科学、全面、客观地反映大学生思想政治教育协同的构建和状况，并为大学生思想政治教育协同系统向高级阶段、有序结构的发展提供有益的指导。

表5-1　　　基于帕森斯结构功能主义理论的大学生思想政治
教育协同评价维度

帕森斯"四功能范式"理论	协同评价维度
适应功能	协同的资源条件
目标获取功能	协同的影响力
整合功能	协同的管控水平
潜在维持功能	协同的文化基础

表 5 – 2 　　　　基于帕森斯结构功能主义理论的大学生思想
政治教育协同评价指标体系

评价维度	指　标
资源条件	信息资源
	设备资源
	人力资源
	资金资源
影响力	决策影响力
	学术影响力
	舆论影响力
	国际影响力
管控水平	领导机构
	平台建设
	制度保障
文化基础	目标
	价值观
	使命感

三　评价指标体系的具体内容

（一）协同的资源条件

　　资源条件对应于帕森斯"四功能范式"理论的适应功能维度。资源条件是大学生思想政治教育协同的前提和基础，它反映了大学生思想政治教育协同从环境中获取资源、维持自身的能力。资源条件越充分，大学生思想政治教育协同维持自身的能力就越强，要素之间的关系也就越顺畅。大学生思想政治教育协同的资源条件既可以是看得见的有形资产，也可以是看不见的无形资产，还可以是稀缺的人力资源。

对大学生思想政治教育协同的资源条件进行分析，主要有两个目的：第一，通过对不同资源的特性和构成进行分析，了解不同类型大学生思想政治教育协同对资源的利用和整合能力，然后对现有机制进行优化，以实现资源利用效率的最大化；第二，充分合理地利用现有的大学生思想政治教育资源，从政策方面予以引导，以维持协同的可持续发展。资源条件指标主要包括信息资源、设备资源、人力资源和资金资源四个方面的内容。

1. 信息资源

信息资源是指大学生思想政治教育协同过程中所产生的和有使用价值的一切信息的集合。知识经济时代，信息资源呈现出两极化的趋势。一方面，信息资源的总量呈现出爆炸式增长；另一方面，各种冗余信息、污染信息、失真信息层出不穷，严重干扰着大学生思想政治教育协同的。谁拥有了第一手的有效信息，谁就掌握了大学生思想政治教育的主动权。因此，对信息资源质量的评估显得尤为重要。大学生思想政治教育协同的信息资源主要包括电子信息资源、网络信息资源和管理信息资源三大类。

2. 设备资源

设备资源在大学生思想政治教育协同创新及人才培养中发挥了重要的作用，也是大学生思想政治教育协同的物质基础和条件保障。随着互联网技术的迅速发展和新媒体技术的广泛应用，大学生思想政治教育机制的设备资源条件也越来越好，各协同主体纷纷加强仪器设备建设，促使协同主体拥有科学仪器和网络共享设备的数量及种类成为评价大学生思想政治教育协同资源条件的重要指标。

3. 人力资源

人力资源具有协调、整合、判断和想象的能力，是生产力要素中最具有活力和弹性的部分。大学生思想政治教育协同效果的好坏与人力资源的数量和质量具有密切的关系，突出表现为建设一支强大的大学生思想政治教育人才队伍，既能够保证教育任务、教育内容和教育方法得到贯彻落实，又能够促使大学生思想政治教育协同顺利进行。因此，对大学生思想政治教育协同的评价，必须关注人力资源指标，既要关注领导人才的数量和质量，也要关注参与人员的数量和质量。要制定具体的科学高效的大学生思想政治教育协同人力资源开发的中长期规划，将人力资源开发理念贯穿于学校人才工作的全过程，通过改进思想政治教育协同人力资源的选拔机制、晋升规则，明确思想政治教育协同人力资源的开发方案和标准，形成一体化的人力资源开发合力。

4. 资金资源

资金投入是支撑大学生思想政治教育协同的基础性投资。大学生思想政治教育系统必须建立并不断健全资金投入体系，为协同提供物质保障。对大学生思想政治教育协同资金资源的评价主要在于两个方面：第一，是否设立了协同专项经费。原则上，对开展大学生思想政治教育协同所需的资金投入，要制定规划，订立合理比例，编入专项预算。第二，是否具有促进协同的多元投入机制。各协同主体应积极探索多元资金筹措机制，以保障大学生思想政治教育协同的可持续发展。

（二）协同的影响力

协同的影响力对应于帕森斯"四功能范式"理论的目标获取功能

维度。构建大学生思想政治教育协同，根本目的在于促进大学生思想政治教育的理论创新和实践创新。其最终效果如何，需要借助相应的指标予以评价。把影响力作为衡量大学生思想政治教育协同绩效的重要指标，有其特有的优势。第一，影响力指标可以通过一些量化数据予以呈现，有利于弥补大学生思想政治教育协同定性指标过多而导致主观性过强的不足，提升评价的科学性；第二，影响力指标适用性比较强，适合不同类型、种类的大学生思想政治教育协同；第三，影响力指标具有层次性，可以根据协同的具体情况确定目标实现的优先顺序，制定不同阶段的目标，并调动所有的资源逐一实现。

协同的影响力指标主要包括决策影响力、学术影响力、舆论影响力和国际影响力四个方面的内容。

1. 决策影响力

决策影响力是指不同类型协同的资政谏言能力和水平。协同的根本价值是影响政府的决策。因此，构建协同评价体系，首先将决策影响力指标作为衡量不同类型协同在政策制定过程中的参与度以及被政策制定者认可的程度。决策影响力指标可以通过领导批示政策建议的数量以及参与政策咨询会和听证会的情况来反映。

2. 学术影响力

学术影响力是指不同类型协同的理论创新能力和水平。除了影响政府决策，大学生思想政治教育协同还应对学术共同体等精英阶层发挥其特有的影响力。学术影响力指标具体表现为协同主体成员在国内外核心期刊发表、被转载的论文数量，协同主体成员应邀参加国内外学术会议的数量及层次，协同主体成员公开出版学术专著、会议论文集、连续型研究报告的数量等。

3. 舆论影响力

舆论影响力是指不同类型协同的舆论引导能力和水平。高校要牢固树立党在意识形态领域的领导权、主动权和话语权，这是加强和改进意识形态工作的现实需要。因此，协同评价指标体系的构建，把舆论影响力作为一项重要评价指标。该指标可以通过协同主体成员在媒体上发表成果或被媒体报道的频率、接受媒体采访的频率、拥有博客或微博等自媒体的数量、协同网站平台建设等数据予以呈现。

4. 国际影响力

国际影响力是指不同类型协同在国际舞台的话语能力和水平。决策影响力、学术影响力、社会影响力主要是根据协同的国内影响力来衡量协同的效果。而在全球化的大背景下，大学生思想政治教育协同主体更应该拥有国际化的视野和眼光，利用自身优势在国际舞台争取话语权。因此，国际影响力成为衡量大学生思想政治教育协同影响力的又一重要指标。

以上评价指标，使抽象的协同影响力指标具体化，也更富有空间层次感，反映了大学生思想政治教育协同影响力从国内到国际的辐射范围的转化。

（三）协同的管控水平

协同管控水平对应于帕森斯"四功能范式"理论的整合功能维度。大学生思想政治教育协同必须协调好系统与环境以及系统内部各子系统之间的关系。这是因为协同的过程，难免会发生偏离大学生思想政治教育目标和任务的情况，必须加强对协同过程的管控。其本质在于通过综合运用各种手段，把要素整合到总体目标和根本任务的方向上，从而实现整体优化、协调发展。协同主体越复杂，需要协调和管控的区域就越多。因此，能否有效整合人力、物力、财力等要素，密切协同主体之间的联系，完善协同主体之间的信息协调配合机制，建立相关主体间的信息沟通、会商和通报制度，关乎大学生思想政治教育协同的效率。

管控水平指标主要包括领导机构、平台建设和制度保障三方面的内容。

1. 领导机构

领导机构指标主要用来反映大学生思想政治教育协同组织机构的基本建设情况，是否有专门的机构来负责协同。好的领导机构往往对应着好的决策层。而决策层对大学生思想政治教育协同的理解程度直接影响着协同主体对大学生思想政治教育协同的看法。决策层对协同的理解越深刻，对大学生思想政治教育协同形成的重要性的认识也就越清晰。这种认识会在无形中传递给协同主体，深化各主体对大学生思想政治教育协同的认知，并激励和鞭策协同主体为促进协同的形成和付出更多的努力。同时，领导机构的建立也能够有效预防和控制协同过程中出现的各种偏差，保证大学生思想政治教育协同的方向。

2. 平台建设

良好的协同创新平台是开展大学生思想政治教育协同活动的重要载体。它能增强主体成员之间的联系，让各参与主体在协同平台中得到锻炼，促进协同的形成。

平台建设评价主要从以下三方面进行：第一，是否具有信息互通和资源共享的工作平台，能够最大限度地满足协同主体在实际工作中的信息需要和资源共享需要；第二，是否具有良好的交流和沟通平台，以促进大学生思想政治教育协同主体成员之间的相互了解和理解；第三，是否具有良好的文化生态平台以培育向上和谐的生态文化环境，打造深度融合的合作文化。

3. 制度保障

制度带有根本性、全局性、稳定性和长期性。大学生思想政治教育协同，不仅要从思想上予以强调，而且要从制度上强化落实，切实加强各协同主体间基于不同层次、不同阶段和不同类型管理制度的协同整合，通过政策层面的引导和制度层面的创新，积极调动不同利益主体共同参与的积极性。制度保障的评价指标主要包括以下内容：第一，是否制定了大学生思想政治教育协同的详细计划和实施方案；第二，是否建立健全了有效的组织领导、监督管理、激励体制机制和法规制度；第三，是否制定了专项经费的使用细则。

（四）协同的文化基础

文化基础维度对应于帕森斯"四功能范式"理论的潜在模式维持功能维度，它主要指大学生思想政治教育协同系统成员的价值体系和系统的文化氛围。从文化基础维度来评价大学生思想政治教育协同，主要基于以下两个方面：第一，文化可以潜移默化地影响主体协同价值观的形成。大学生思想政治教育协同，需要协同主体树立协同、共享、共建的价值观。只有对协同价值预判水平较高，对协同高度认可，主体之间才可能形成大学生思想政治教育协同的共识。在这个过程中，文化起着熏陶的作用。它通过向系统成员提供确保大学生思想政治教育协同正常运行的价值体系，主要是协同的价值观，来促进成员之间信任关系的产生，推进系统成员目标与系统发展总目标趋于一致。第二，文化可以规范道德主体的行为。大学生思想政治教育协同的运行需要制度作为保证。而文化可以成为一种无形的制度，来规范协同主体的道德行为，缓解系统内部成员之间的紧张关系。文化基础越牢固，主体成员越愿意承担更多的道德义务，在协同进程中相互推诿的情况就会越少发生。

文化基础指标主要从构建系统的共同愿景角度来予以评价。共同愿景描述了未来的可能性，组织成员相信它是可实现的，并愿为之付出努力。把共同愿景作为大学生思想政治教育协同的评价指标，主要在于作为一种精神文化，共同愿景对于大学生思想政治教育协同的运行同样起着至关重要的作用。它描绘了协同主体共同勾画出的未来发展的宏伟蓝图，是建立在协同主体成员价值和使命一致基础上的共同愿望或理想，有利于提升协同主体间的协调水平，帮助主体避免误解并减少利益冲突，并激励协同主体更加广泛地参与协同活动。共同愿景包括目标、价值观和使命感三个方面。

1. 目标

目标是愿景的核心和灵魂，反映了协同的意义和价值。大学生思想政治教育协同共同愿景的实现依托于目标的分阶段落实。同时，它又有利于坚定协同主体对大学生思想政治教育协同发展远景的信心，从而让各主体在同样的教育目标的前提下建立交集，改变被动参与的格局，进一步探寻有效协同的规律、方法以及策略。

2. 价值观

价值观是共同愿景最根本的要素，反映了大学生思想政治教育协同的基本价值取向。大学生思想政治教育协同能否有序，关键在于协同主体间能否构筑起科学的、先进的价值体系。这些价值体系是主体成员最基本、最持久的信仰。它有利于凝聚协同主体成员的共识，规范协同主体成员的行为，是协同有序的内在动力，如以学生为本的育人理念、开放共享的价值观念等。

3. 使命感

使命感是人们寻求建立共同愿景的理由之一，它能激发协同主体履行大学生思想政治教育协同的责任感。使命感越强，主体对提升大学生思想政治教育效果的愿望也就越强烈，协同的意愿也就相应越强。当目标、价值观和使命感这三个要素合成一体时，协同主体的共同愿景就能构筑，并形成巨大合力，持续不断地推动大学生思想政治教育协同的展开。

第二节　大学生思想政治教育协同评价方法

评价方法是围绕一定的评价目的而选择的手段、方式和途径的总称。评价方法具体可包括评价工具、信息收集方式以及评价判断方式三个部分。其中，评价工具是评价方法的基础，信息收集方式是评价方法的重要组成部分，评价判断方式是评价方法的关键。从评价实践来看，常用的评价工具主要有问卷和量表两种形式；常用的信息收集方式主要有观察法、面谈法、调查法、分析法、抽样法、统计法；常用的评价判断方式有主观经验判断法、模糊印象判断法、综合比较判断法等。

协同评价方法是指大学生思想政治教育协同评价过程中，围绕一定的评价目的而选择的手段、方式和途径的总称。评价方法的确定，不仅要充分考虑协同的特点，更需要兼顾大学生思想政治教育协同评价指标体系的属性。评价指标体系的全面性、典型性，不同评价指标之间的相对独立性，是保证评价结果科学有效性的基础。然而，由于大学生思想政治教育协同系统本身具有客观复杂性，要科学构建一组既能全面反映大学生思想政治教育协同属性，又能保证评价指标之间相对独立的评价指标体系并不容易。同时，为了保证评价的相对科学性，在大学生思想政治教育协同评价指标体系的设计过程中，我们也有意识地将定性指标和定量指标综合运用，尽量兼顾主观评价和客观评价的有机结合。但这依然无法避免定性指标难以量化或无法量化、不同层次指标或同一层次不同指标之间依然存在相关性的情况发生。以上因素也在无形中增加了大学生思想政治教育协同评价的难度。因此，确定大学生想政治教育协同的评价方法不能拘泥于某种形式，要根据协同活动的实际开展情况，具体问题具体分析，切实确保评价工作的科学性和合理性。从大学生思想政治教育实践来看，大学生思想政治教育协同评价主要侧重于过程评价和绩效评价两个方面，相对应的评价方法主要有以下几种。

一　实践检验法

顾名思义，实践检验法是建立在实践基础上的评价方法。它以总结经验和调查研究为主要内容。毛泽东提出："只有人们的社会实践，才是人们对于外界认识的真理性的标准。"① 因此，实践对于大学生思想政治教育协同评价的重要性不言而喻。而作为协同评价的重要组成部分，绩效评价在大学生思想政治教育协同评价中占据着重要地位。而大学生思想政治教育协同的绩效又不是短时间内能看出来

---

① 《毛泽东选集》第 1 卷，人民出版社 1991 年版，第 284 页。

的，必须经过一段时间的实践才能得以客观评价，这也对大学生思想政治教育协同评价方法提出了更高的要求。要做好大学生思想政治协同评价工作，就必须重视实践标准，并在实践活动中进一步检验协同的成效。因此，实践检验法也成为大学生思想政治教育协同评价的重要方法。

依托实践检验法对大学生思想政治协同进行评价，一般要经过以下几个步骤：第一，听取协同主体工作汇报。工作汇报是有效评价的前提。一般而言，主体工作汇报从协同的 4 个维度、14 个指标进行。通过汇报，专家可以整体性地了解协同的概况，并形成一些宏观印象。第二，查阅资料，实地考察。通过查阅大学生思想政治教育协同的第一手资料，深入了解协同的情况。同时，通过实地考察来进一步验证汇报材料的客观真实性。实地考察可以通过多种形式进行，包括举办座谈会、问卷调查、个别访谈等。第三，比较分析，提出评估报告。通过对大学生思想政治教育评价指标体系中的各项指标进行比较分析，发现协同过程中存在的问题，以便相关主体明确努力方向，查遗补缺。

运用实践检验法对大学生思想政治教育协同进行评价，本质上是坚持一切以实践为前提，以实践为检验标准，以实践为根据。这是辩证唯物主义的实践观在大学生思想政治教育协同研究活动中的具体运用，是研究大学生思想政治教育协同的有效方法。但在具体操作中，实践检验法也暴露出一些弊端，主要体现在实践标准的确定上。以何种实践作为评价的对象就显得非常重要。例如，对某所高校内部协同进行评价，就会存在是以被考察高校大学生思想政治教育协同实践为标准还是以全国大学生思想政治教育协同实践的平均水平为标准的问题。如此，运用实践检验法进行大学生思想政治教育协同评价，就必须在评价前明确评价的导向和标的，做到具体问题具体分析，从而提升评价的针对性。

二　目标检测法

所谓目标检测法，就是根据事先确定的大学生思想政治教育协同目标，对照协同的实际情况，判断与既定目标之间的距离，以此来判定协同的实际效果。大学生思想政治教育协同目标的确立，既是协同主体努力的方向，也是对大学生思想政治教育协同效果进行评价的重要依据。因此，目标检测法也自然成为大学生思想政治教育协同评价的不错选择。

运用目标检验法对大学生思想政治教育协同进行评价一般要经过以下三个步骤：第一，确定协同目标。大学生思想政治教育协同评价的正常开展首先需要明确协同的总目标以及各阶段、各层次的具体目标，并确保目标明确具体、可以计量。同时，协同主体的每一个成员都需要在大学生思想政治教育协同总体目标之下，形成各自需要完成的具体目标。第二，制定执行标准。目标的确定是大学生思想政治教育协同的方向保证。此时，要确保目标的达成，就必须紧密围绕目标制定大学生思想政治教育协同的计划和具体执行标准。其目的在于两个方面，一是分解目标，使目标便于达成；二是为后期的评价提供客观标准和依据。根据大学生思想政治教育协同的评价指标体系，大学生思想政治教育协同的目标表现为协同的影响力，包括协同的决策影响力、学术影响力、舆论影响力、国际影响力四个方面。每一个方面又可以分解成若干可以操作的具体目标。第三，实施目标检测。即对照设定的大学生思想政治协同目标和执行标准，对协同过程中不同层面影响力的现状以及协同主体完成目标的情况做出具体的评价。目标检测是目标管理的重要环节。通过目标检测，协同主体成员可以发现协同实际效果与预定目标之间的距离，有利于协同主体分析查找差距产生的原因，进而调整自己的工作方式、方法，缩小甚至消除隐在的差距，实现目标。

相较于实践检测法，目标检测法是一种更加直观的评价方法。其指标也多以定量指标为准，能够较好地克服外界环境对评价结果的影响，客观反映大学生思想政治教育协同的现状。值得注意的是，采用目标检测法评价协同效果的时候，目标的制定一定要科学合理，既不能太高，也不能太低。太高，协同主体无法实现，容易打击主体参与的积极性；太低，协同就缺少了前行的动力。同时，在运用目标检测法进行评价时，辩证思维尤其重要，不能因为某一项指标没有完成而全盘否定大学生思想政治教育协同的效果。通过目标管理，具体问题具体分析，找到目标没有实现的具体原因，才是目标检测的根本目的。目标没有实现，原因是多方面的，可能有主观原因，也可能在于其他社会因素的影响，这就不能全部归咎于大学生思想政治教育协同运行本身。

三　专家评价法

专家评价法是指邀请大学生思想政治教育领域的知名专家，会同大学生思想政治教育协同效果评价部门或组织的主管领导成员和有关职能部门的工作人员，对所属区域大学生思想政治教育协同的情况进行综合分析和研究，从而客观进行效果判断的活动。这种评价方法主要是依赖专家自己对体验到的大学生思想政治教育协同的情况进行评价，经验成分比重较高，属于定性评价，主要有专家会议法、头脑风暴法和德尔菲法。

运用专家评价法开展大学生思想政治教育协同研究，主要有以下几个步骤：第一，确定评价指标体系。大学生思想政治教育协同评价是对现有大学生思想政治教育协同功能适应情况的综合性评价。本书基于帕森斯的结构功能主义理论构建了大学生思想政治教育协同的评价指标体系，包括 4 个一级指标和 14 个二级指标。各指标含义在上文已经详细描述，此处不予赘述。第二，选择专家。专家评价法要求专家能够对各种意见和价值进行科学的判断。如果选择的专家对评价的主题不熟悉或缺乏相应的经验与知识储备，就难以给出正确的判断和有价值的意见。因此选择合适的专家至关重要。一般而言，从事协同评价的专家应选择有大学生思想政治教育协同实践经验的思政课教师、辅导员和学工团负责人，同时考虑大学生思想政治教育主管部门的领导。专家组成员不仅要专业性强，而且要有一定的代表性，兼顾职称和工作年限等指标。第三，组织专家开展评价。在这个环节，可以通过会议或发放专家意见函的方式来了解专家对协同各项评价指标重要性的意见，确定各个指标的分值。第四，汇总分析专家意见。采用加法评分法、乘法评分法或加乘评分法求出各专家打分的总分值，作为大学生思想政治教育协同评价的初步结果。第五，反馈专家意见至个人。将第一轮专家打分的总分值反馈给各位专家，然后请各专家根据汇总分值和意见调整自己对各评价指标的赋值。第六，重复汇总专家意见，计算总分值，将分值和意见反馈给各专家，请专家调整赋值，再汇总反馈回收等，直到专家意见趋于一致。

专家评价法是目前运用比较普遍的一种评价方法，使用简单，直观性强，具有其自身不可比拟的优势。一是从事大学生思想政治教育协同评价的主体都是大学生思想政治教育领域的权威，对大学生思想政治教育协同情况具有直观的认识，有利于针对具体问题开展具体分析，从而提升评价的合理性；二是大学生思想政治教育协同评价专家一般采取随机抽取的形式产生，且不能与相关主体私下接触，充分体现了公平性原则，为评价结果的客观公正奠定了良好的基础；三是专家评价法决策往往实行少数服从多数的原则，具备一定的科学性；四是专家评价法运用的评价程序相对固定，可操作性强，适宜进行大学生思想政治教育协同评价；五是专家集体评价法能够在缺乏足够统计数据和原始资料的情况下，做出定量估计。

尽管专家评价方法运用范围广，也有其自身的优势，但其缺陷也是显而易见的。专家评价法在理论性和系统性方面略显不足，主要表现在以下两个方面：一是专家评价法主要依靠评价专家的知识和主观经验对大学生思想政治教育协同情况进行判断，评价的主观性较强而客观性不足；二是专家评价法对定性评价与定量评价的综合运用略显不足，评价结果缺少数据支撑，难以客观反映大学生思想政治教育协同的效果。依托此方法得出的评价结论，容易导致领导说了算而协同主体内心并不认同评价结果的情况。要克服以上弊端，提升专家评议的科学合理性，需要领导部门和有关职能部门专家在认真调研和有效积累的基础上开展评价。只有在平时有意识地了解情况，积累信息，才能对大学生思想政治教育协同的情况了如指掌，才能够全面、客观、真实地反映大学生思想政治教育协同的效果。

四 层次分析法

层次分析法（AHP）是把复杂问题中的多种因素按一定的标准划分成相互关联的层次，并使之条理化的决策方法。它通过分析复杂决策问题的本质、影响因素以及其内部关系，用较少的定量信息，通过数学化的决策思维过程，使复杂决策问题简便化，也因此被广泛应用于难以对决策结果进行直接准确计量的情况。

利用层次分析法对大学生思想政治教育协同进行评价，需要遵循以下步骤。

第一，建立大学生思想政治教育协同的评价指标体系。依据不同层次，协同评价体系可以分为目标层（最高层）、准则层（中间层）和方案层（最底层）三个层次。其中，最高层为大学生思想政治教育协同评价；中间层为协同的4个评价维度，分别为协同的资源条件、影响力、管控水平和文化基础；最底层为协同的14个评价指标，分别为信息资源、设备资源、人力资源、资金资源、决策影响力、学术影响力、舆论影响力、国际影响力、领导机构、平台建设、制度保障、目标、价值观和使命感。具体层次结构如图5-1所示。

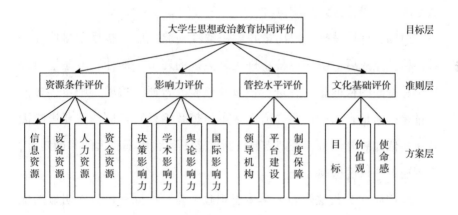

图5-1　大学生思想政治教育协同评价指标体系

第二，构造两两比较的判断矩阵。构造判断矩阵是运用层次分析法进行大学生思想政治教育协同评价的核心步骤。层析次分析的信息基础就是对每个层次指标的相对重要性做出判断。因此，评价结果是否科学与判断矩阵的计算结果密切相关。判断矩阵的构建一般遵循以下步骤：首先，根据协同指标体系对准则层和方案层的指标进行两两对比。其次，根据 9 度标分法对各指标的相对优劣顺序进行排序。再次，根据调查问卷对指标的权重进行赋值。最后，把指标的相对重要性情况通过数值的形式，即评价指标的判断矩阵表示出来。

第三，层次指标单排序及一致性检验。确定评价权重是协同评价中不可忽视的环节。而运用 AHP 方法计算各指标权重，又必须遵循一个前提，那就是判断矩阵要通过一致性检验。通过问卷调查，我们可以得出各评价指标的权重，但要确保评价结果科学有效，还必须对这些权重进行一致性检验，即利用一致性检验相关指标对每个判断矩阵的最大特征值和特征向量进行一致性检验。若检验能顺利通过，特征向量（归一化后）即为权向量；若检验不能通过，则需要重新构造判断矩阵，并进行一致性的检验。

第四，计算总排序权向量并做一致性检验。层次指标单排序和一致性检验完成后，协同评价将进入最关键的环节，即计算方案层对目标层总排序的权向量，并进行一致性检验。若通过检验，则可以按照总排序权向量表示的结果弄清大学生思想政治教育协同的重要影响因素，并依此展开评价，否则需要重新构造一致性比率较大的判断矩阵，直到通过一致性检验为止。

运用层次分析法进行大学生思想政治教育协同评价具有明显的优势。首先，AHP 的建立为权系数的确定及其应用问题奠定了系统的科学基础，有利于克服两两指标比较法的不足，提高权重设计的科学性。同时，每一层的权重设置以后都会对大学生思想政治教育协同最后的评价结果产生直接或间接的影响，且每个层次中的每个要素对结果的影响程度都是明确的、可以量化的。其次，层次分析法把定性方法与定量方法相结合，把复杂的系统分解化，把决策的思维过程数学化，有利于把复杂决策问题简单化，提升人们的接受度。最后，层次分析法从评价者对协同本质和要素的理解出发，更注重定性的分析和判断，因而比一般的定量方法需要更少的定量信息，具有更强的操作性。

当然，层次分析法也有其自身的局限性。首先，层次分析法在评价领域的应用是以假设各个评价指标之间相对独立且能够以线性加权方法进行计算为基本前提的。但是，大学生思想政治教育协同系统本身具有很强的复杂性和抽象性，协同评价指标体系之间也难以真正地实现毫无关联，这为层次分析方法的运用埋下了隐患。其次，层次分析法只能立足于现有备选方案择优，而不能为决策者提供解决问题的新方案。再次，层次分析法运用定量数据较少，定性成分多，不易令人信服。最后，层次分析法的计算量比较大，特别是当评价指标体系中的指标过多时，运用层次分析法进行评价将会加大数据的统计量，造成权重难以确定的局面。同时，指标越多，每两个指标之间的重要程度的判断越困难，一致性检验通过的概率越低，这也会增加后期调整修复的工作量。

基于层次分析法的大学生思想政治教育协同评价指标权重调查问卷

尊敬的专家：

您好！

我们是武汉大学的研究生。为了确定大学生思想政治教育协同评价各影响因素的权重，需要您提供宝贵的时间参与以下调查！请您针对问卷中提到的两个指标的相对重要性加以比较：问卷采用1—9标度法，请在相应的数字下打√。数字标度的含义和说明见下表：

重要性级别	含义	说明
1	同等重要	两因素比较,具有相同的重要性
3	稍微重要	两因素比较,一个因素比另一个因素稍微重要
5	明显重要	两因素比较,一个因素比另一个因素明显重要
7	强烈重要	两因素比较,一个因素比另一个因素强烈重要
9	极端重要	两因素比较,一个因素比另一个因素极端重要
2,4,6,8	上述相邻判断的中间值	

1. 一级指标:大学生思想政治教育协同评价要素层比较

指 标	1	2	3	4	5	6	7	8	9	指 标
协同的资源条件										协同的影响力
协同的资源条件										协同的管控水平
协同的资源条件										协同的文化基础
协同的影响力										协同的管控水平
协同的影响力										协同的文化基础
协同的管控水平										协同的文化基础

2. 二级指标:大学生思想政治教育协同的资源条件要素层比较

指 标	1	2	3	4	5	6	7	8	9	指 标
信息资源										设备资源
信息资源										人力资源
信息资源										资金资源
设备资源										人力资源
设备资源										资金资源
人力资源										资金资源

3. 二级指标：大学生思想政治教育协同的影响力要素层比较

指　标	1	2	3	4	5	6	7	8	9	指　标
决策影响力										学术影响力
决策影响力										舆论影响力
决策影响力										国际影响力
学术影响力										舆论影响力
学术影响力										国际影响力
舆论影响力										国际影响力

4. 二级指标：大学生思想政治教育协同的管控水平要素层比较

指　标	1	2	3	4	5	6	7	8	9	指　标
领导机构										平台建设
领导机构										制度保障
平台建设										制度保障

5. 二级指标：大学生思想政治教育协同的文化基础要素层比较

指　标	1	2	3	4	5	6	7	8	9	指　标
目　标										价值观
目　标										使命感
价值观										使命感

结　　语

对于思想政治教育学科而言，大学生思想政治教育协同研究无疑是个崭新的命题。其新，不仅仅在于它将协同学、系统学的相关理论应用于大学生思想政治教育，用跨学科的思维来开展大学生思想政治教育理论研究，更在于大学生思想政治教育协同实践的探索才刚刚开始，就像个初生的婴儿，一切都是新的，需要我们给予更多的关注和投入。也正因如此，大学生思想政治教育协同研究的意义不容小觑。它不仅体现了思想政治教育学科对新时代、新理念、新课题的强烈的理论自觉，有利于促进思想政治教育学科的创新发展，而且对大学生思想政治教育协同实践创新也具有积极的推动作用。

当前，党中央对全员育人、全过程育人、全方位育人的倡导为大学生思想政治教育协同理论研究和实践探索提供了良好的政策契机。我们每一位思想政治教育工作者都应该珍惜机会，主动担负起时代赋予我们的责任和使命，为大学生思想政治教育协同建设贡献属于我们自己的一份力量。与此同时，我们也应该清晰地认识到大学生思想政治教育协同建设的复杂性、艰难性和长期性。

一方面，协同主体素质提升工程任务还比较艰巨。大学生思想政治教育协同的形成是主客观条件共同作用的结果。如果说政策引导、社会需要、科技推动、学科支撑、物质保障这些客观条件已经满足或者正在完善之中，那么主观条件就成为制约大学生思想政治教育协同建设的关键因素。如何提升协同主体的协同意愿和沟通素养，培育协同主体的共享观念和开放的育人思维，就成为我们必须面对和思考的课题。而主观条件的改变并不是一蹴而就的，需要人力、物力和财力的持续投入，也需要时间的不断积累。

另一方面，大学生思想政治教育协同建设的现状不容乐观。由于缺乏战略性构想和系统性顶层设计，大学生思想政治教育协同建设总体目标与各子系统建设目标未能实现有效统一。错综复杂的协同之间相互独立，鲜有交集，形式上凝聚、实质上松散的情况普遍存在。如上文所提到的智库协同、校企协同、高校联盟协同、网络协同以及高校内部协同，都是相对独立的，不利于发挥协同的合力。同时，协同系统内耗也时有发生，严重影响着协同的效率，迫切需要对要素进行优化整合，从而使协同与大学生思想政治教育目标相吻合、与大学生思想形成规律相适应、与大学生思想政治教育实践相匹配、与大学生思想政治教育环境相契合，更好地发挥自身的功能。

因此，大学生思想政治教育协同研究不仅仅是一个理论课题，更是一个实践课题。理论研究在于厘清协同的构成要素，探索协同的形成机理和规律，构建一整套科学的评价体系，从而指导协同实践的开展；而实践的意义则在于去检验协同的科学性、合理性和有效性，从而推动理论的不断创新。二者不可割裂。

作为一名长期奋战在大学生思想政治教育工作一线的老师，我愿意把我的经验融入我的研究课题，也愿意以此研究来更好地服务于我的工作。但由于水平有限，本书的研究也还存在很多薄弱的环节，例如对大学生思想政治教育协同构成要素之间作用方式的研究还不够深入，对协同方式的梳理和总结还不够完善。但是，它毕竟迈出了协同研究的艰难一步。

"万事开头难"。在此，我也衷心希望这本书能起到抛砖引玉的作用，让更多的学者关注这个命题，不断开拓大学生思想政治教育协同理论研究和实践探索的新局面！

主要参考文献

一　经典文献

《列宁选集》第1—4卷，人民出版社2012年版。

《列宁专题文集》，人民出版社2009版。

《马克思恩格斯文集》第1—10卷，人民出版社2009年版。

《马克思恩格斯选集》第1—4卷，人民出版社2012年版。

《马克思恩格斯选集》第2卷，人民出版社1995年版。

《毛泽东文集》第1—2卷，人民出版社1993年版。

《毛泽东文集》第3—5卷，人民出版社1996年版。

《毛泽东文集》第6—8卷，人民出版社1999年版。

《毛泽东选集》第1—4卷，人民出版社1991年版。

习近平：《习近平谈治国理政》第一卷，外文出版社2014年版。

习近平：《习近平谈治国理政》第二卷，外文出版社2016年版。

习近平：《习近平谈治国理政》第三卷，外文出版社2020年版。

习近平：《习近平谈治国理政》第四卷，外文出版社2022年版。

习近平：《习近平新时代中国特色社会主义思想学习纲要》，学习出版社2023年版。

二 中文专著

北京大学哲学系外国哲学史教研室编译:《古希腊罗马哲学》,生活·
　读书·新知三联书店 1957 年版。

陈安琪:《新时代高校思想政治教育协同育人路径研究》,中译出版社
　2022 年版。

陈秉公:《21 世纪思想政治教育工作创新理论体系》,吉林教育出版社
　2000 年版。

陈秉公:《思想政治教育学》,吉林大学出版社 1992 年版。

陈浩、王学川等编著:《经验与创新:"政产学"协同培养人才机制研
　究》,浙江工商大学出版社 2010 年版。

陈劲编著:《协同创新》,浙江大学出版社 2012 年版。

戴钢书:《德育环境研究》,人民出版社 2002 年版。

冯刚、沈壮海主编:《中华人民共和国学校德育编年史》,中国人民大
　学出版社 2010 年版。

郭跃进:《管理学》,经济管理出版社 2004 年版。

郭治安、沈小峰编著:《协同论》,山西经济出版社 1991 年版。

何宗元:《新时代思想政治教育协同育人原理与实践研究》,企业管理
　出版社 2021 年版。

洪波:《思想政治教育:话语范式转换研究》,浙江大学出版社 2012
　年版。

胡树祥主编:《网络思想政治教育研究》,电子科技大学出版社 2005
　年版。

黄立新:《网络环境下的协同教育研究》,科学出版社 2010 年版。

霍绍周编著:《系统论》,科学技术文献出版社 1988 年版。

姜玲玲:《思想政治教育系统论》,合肥工业大学出版社 2012 年版。

教育部思想政治工作司：《思想政治教育原理与方法》，高等教育出版社 2010 年版。

教育部思想政治工作司：《中共中央国务院关于进一步加强和改进大学生思想政治教育的意见，加强和改进大学生思想政治教育重要文献选编（1978—2008）》，中国人民大学出版社 2008 年版。

李辉：《现代思想政治教育环境研究》，广东人民出版社 2005 年版。

李秀芳、王鑫：《高校思想政治教育主体协同论》，社会科学文献出版社 2023 年版。

李志才主编：《方法论全书（Ⅲ）自然科学方法》，南京大学出版社 1995 年版。

刘建军：《寻找思想政治教育的独特视角》，中国人民大学出版社 2017 年版。

刘明广：《复杂群决策系统决策与协同优化》，人民出版社 2009 年版。

刘志迎：《管理科学理论在思想教育中的应用》，合肥工业大学出版社 2005 年版。

鲁洁、王逢贤主编：《德育新论》，江苏教育出版社 2010 年版。

鲁洁：《德育社会学》，福建教育出版社 1998 年版。

罗华丽：《高校思想政治理论课教师与辅导员队伍协同育人优化研究》，天津人民出版社 2023 年版。

骆郁廷主编：《当代大学生思想政治教育》，中国人民大学出版社 2010 年版。

马俊平：《高校思想政治教育和创新创业教育协同育人研究》，中国水利水电出版社 2018 年版。

苗东升：《系统科学精要（第 3 版）》，中国人民大学出版社 2010 年版。

倪愫襄主编：《高校思想政治理论课程的国际视野》，中国社会科学出版社 2013 年版。

倪愫襄主编:《思想政治教育元问题研究》,中国社会科学出版社 2014
  年版。

欧阳康、张明仓:《社会科学研究方法》,高等教育出版社 2001 年版。

彭聃龄:《普通心理学》,北京师范大学出版社 2004 年版。

邱伟光、张耀灿:《思想政治教育学原理》,高等教育出版社 2002
  年版。

戚万学:《冲突与整合——20 世纪西方道德教育理论》,山东教育出版
  社 1995 年版。

任鹏、马天威、张福堃:《高校思想政治教育协同育人研究》,中国社
  会科学出版社 2022 年版。

邵云飞、何伟、刘磊等:《高校协同创新机制与人才培养模式研究》,
  清华大学出版社 2015 年版。

佘双好:《大学生思想政治教育研究方法》,高等教育出版社 2010
  年版。

沈壮海:《思想政治教育有效性研究(第 2 版)》,武汉大学出版社
  2008 年版。

孙其昂:《思想政治教育学前沿研究》,人民出版社 2013 年版。

童彭庆主编:《思想政治教育心理学》,高等教育出版社 1996 年版。

王运武:《基于协同理论的数字校园建设的协同机制研究》,中国社会
  科学出版社 2013 年版。

王宗礼、甘德荣:《高校德育的协同机制及其实践研究》,中国文史出
  版社 2015 年版。

韦吉锋:《网络思想政治教育研究》,新华出版社 2005 年版。

魏宏森、曾国屏:《系统论》,世界图书出版公司 2009 年版。

吴大进等:《协同学原理和应用》,华中理工大学出版社 1990 年版。

吴东莞、沈国权:《思想政治工作机制论》,军事科学出版社 2008 年版本。

乌杰:《系统辨证论》,人民出版社 1991 年版。

乌杰编:《马列主义的系统思想》,人民出版社 1997 年版。

项久雨:《思想政治教育价值论》,中国社会科学出版社 2003 年版。

熊建生:《思想政治教育内容结构论》,中国社会科学出版社 2012 年版。

颜泽贤、范冬萍、张华夏:《系统科学导论——复杂性探索》,人民出版社 2006 年版。

颜泽贤:《复杂系统演化论》,人民出版社 1993 年版。

张彦:《思想政治教育主体性研究》,广东人民出版社 2006 年版。

陈万柏、张耀灿主编:《思想政治教育学原理》,高等教育出版社 2015 年版。

张耀灿、郑永廷:《现代思想政治教育学》,人民出版社 2001 年版。

张耀灿:《思想政治教育学前沿》,人民出版社 2006 年版。

赵新峰:《协同育人论》,人民出版社 2013 年版。

郑吉春:《协同理论视域下的高校大学生思想政治教育工作机制优化研究》,科学出版社 2016 年版。

郑永廷:《思想政治教育方法论》,高等教育出版社 2000 年版。

郑永廷:《现代思想道德教育理论与方法》,广东高教出版社 2000 年版。

中共中央宣传部:《习近平总书记系列重要讲话读本（2016 年版)》,学习出版社、人民出版社 2016 年版。

《中国发展新理念：学习贯彻党的十八届五中全会精神》,新华出版社 2015 年版。

周济：《中西科学思想比较研究：识同辨异探源汇流》，厦门大学出版社 2010 年版。

邹珊刚等编著：《系统科学》，上海人民出版社 1987 年版。

三　中文译著

[美] 阿尔伯特·班杜拉：《社会学习理论》，陈欣银、李伯黍译，中国人民大学出版社 2015 年版。

[美] 埃里克松：《童年与社会》，罗一静等编著，上海学林出版社 1992 年版。

[美] 贝塔朗菲：《普通系统论的历史和现状》，载《科学学译文集》，科学出版社 1980 年版。

[美] 查尔斯·李德彼特与 257 位作者：《网络协同》，旷野等译，知识产权出版社 2011 年版。

[德] 恩格斯：《路德维希·费尔巴哈和德国古典哲学的终结》，人民出版 1997 年版。

[德] H. 哈肯：《协同学——自然成功的奥秘》，戴鸣钟译，上海科学普及出版社 1988 年版。

[德] H. 哈肯：《信息与自组织》，郭治安译，四川教育出版社 2010 年版。

[德] H. 哈肯：《高等协同学》，郭治安译，科学出版社 1989 年版。

[德] 赫尔曼·哈肯：《协同学：大自然构成的奥秘》，凌复华译，上海译文出版社 2013 年版。

[德] 赫尔曼·哈肯：《协同学：理论与应用》，杨炳奕译，中国科学技术出版社 1990 年版。

[德] 黑格尔：《小逻辑》，商务印书馆 1980 年版。

［美］柯尔伯格：《道德教育的哲学》，魏贤超、柯林等译，浙江教育出版社 2000 年版。

［美］安德鲁·里奇：《智库、公共政策和专家治策的政治学》，潘羽辉等译，上海社会科学院出版社 2010 年版。

［美］马斯洛等：《人的潜能和价值》，华夏出版社 1987 年版。

［美］塞缪尔·亨廷顿：《文明的冲突与世界秩序的重建》，周琪等译，新华出版社 1999 年版。

［英］斯蒂芬·F. 梅森：《自然科学史》，上海人民出版社 1977 年版。

［德］尤尔根·哈贝马斯：《交往行为理论》第 1 卷，曹卫东译，上海人民出版社 2004 年版。

［美］约翰·杜威：《民主主义和教育》，王承绪译，人民教育出版社 2014 年版。

［美］约翰·杜威：《民主主义与教育》，人民教育出版社 2006 年版。

［美］约翰·杜威：《学校与社会》，人民教育出版社 2005 年版。

［美］约翰·威尔逊：《道德教育新论》，蒋一之译，浙江教育出版社 2003 年版。

四　中文期刊

艾楚君、焦浩源：《试论高校思想政治教育协同机制的构建》，《思想教育研究》2019 年第 6 期。

步海洋：《新时代高校思想政治教育协同创新探析》，《江苏高教》2023 年第 2 期。

蔡小葵：《运用协同理论探索大学生思想政治教育的协同机制》，《内蒙古师范大学学报》（教育科学版）2013 年第 11 期。

曹海燕：《组织视域下新时代高校思想政治教育路径优化》，《江苏高教》2022 年第 2 期。

陈国强、蒋秀萍：《Web 2.0 时代网络新媒体影响下大学生思想政治教育工作模式探析》，《学校党建与思想教育》2013 年第 11 期。

陈海瑾、汪力：《增强高校思想政治教育协同效应的逻辑基点与实践方略》，《思想理论教育》2023 年第 6 期。

陈华洲：《思想政治教育资源共建共享模式建构研究》，《南京社会科学》2009 年第 6 期。

陈倩龄、周长群：《新媒体时代创新高校思想政治教育工作的策略探讨》，《思想政治教育研究》2014 年第 6 期。

陈万柏、张冬利：《高校思想政治教育资源配置现状及其对策思考》，《思想教育研究》2008 年第 10 期。

陈武元、吴彬：《推进高校思想政治教育协同育人的路径探析》，《中国高等教育》2023 年第 1 期。

陈媛媛、李刚：《智库网站影响力评价指标体系研究》，《图书馆论坛》2016 年第 5 期。

陈萌、姚小玲：《高校学生党建与思想政治教育协同融合的理论与策略分析》，《学校党建与思想教育》2013 年第 16 期。

成洪波：《充分发挥高校思想政治教育协同育人力量》，《中国高等教育》2020 年第 5 期。

党喜灵：《浅析大学生心理健康教育和思想政治教育的协同整合》，《中国学校卫生》2023 年第 3 期。

丁燕、巩克菊：《近 5 年来思想政治教育评价研究述评》，《山东青年政治学院学报》2011 年第 5 期。

董平、丛晓波：《思想政治教育价值生成评价模式的建构理路》，《思想教育研究》2016 年第 7 期。

戴吉亮、孙波：《基于整体性的高校思想政治教育协同研究》，《中国成人教育》2014 年第 19 期。

范建刚：《道德品格与学术能力的协同发展——关于改进研究生德育的思考》，《学位与研究生教育》2009 年第 12 期。

房广顺、司书岩：《论高校党委思想政治理论课主体责任的制度化建构》，《思想政治教育研究》2017 年第 5 期。

房亚兵：《信息化条件下创新大学生思想政治教育的理论重构与应用》，《高教探索》2009 年第 5 期。

冯刚等：《加强整体设计　注重协同推进　进一步提高高校思想政治工作的针对性实效性——访教育部思想政治工作司司长冯刚》，《思想理论教育导刊》2014 年第 3 期。

冯培：《把握高校思想政治教育同向同行格局的思考》，《思想理论教育》2017 年第 10 期。

冯培：《协同性、针对性、感受性：推动高校思想政治教育科学发展的三个重要关系》，《思想理论教育导刊》2013 年第 4 期。

付小平：《论科技创新与思想政治工作》，《探索》2000 年第 6 期。

顾斐泠、柳礼泉：《在思想政治教育中融入共享发展理念的探索与实践》，《思想教育研究》2016 年第 6 期。

关善勇：《基于共同利益导向的高职教育协同育人机制研究》，《山西师范大学学报》（社会科学版）2015 年第 S2 期。

韩力争：《基于协同理论的高校思想政治教育与心理健康教育结合途径思考》，《江苏高教》2008 年第 1 期。

韩丽颖、李忠军：《新时期大学生思想政治教育目标调整的若干思考》，《思想理论教育》2013 年第 17 期。

胡绪明：《高校思政课教师与辅导员协同育人的功能定位及实施对策》，

《学术论坛》2018 年第 4 期。

华为国：《共生视角下的道德教育新路径探索》，《现代大学教育》2012
年第 5 期。

霍洪波、李逸龙：《学科建设必须为思想政治教育实践提供支撑》，《高
校理论战线》2012 年第 9 期。

季海菊：《高校思想政治教育"载体合力"的动态生成———以新媒体
语境为视域》，《南京社会科学》2009 年第 10 期。

姜晓丽：《大学生网络思想政治教育实效性评价体系研究》，《思想教育
研究》2010 年第 6 期。

康凤云：《论邓小平现代化理论的形成条件和思想来源》，《汉江论坛》
2004 年第 3 期。

赖雄麟、李海峰：《思想政治教育的本源：社会需要还是个人需要》，
《理论月刊》2010 年第 3 期。

冷文丽、罗来松、史久林等：《新时代大学生思想政治教育协同机制研
究》，《江西师范大学学报》（哲学社会科学版）2022 年第 2 期。

李成龙、秦泽峰：《研究生德育工作系统协同性现状分析与对策》，《思
想教育研究》2012 年第 3 期。

李成龙：《研究生思想政治教育协同机制的构建》，《研究生教育研究》
2013 年第 4 期。

李冲、张存建：《协同理论视域下构建高校大思政格局微探》，《学校党
建与思想教育》2022 年第 6 期。

李春华：《构建现代思想政治教育评价体系基本特征研究》，《中国高等
教育》2012 年第 1 期。

李鸿：《帕森斯现代化理论及其缺憾》，《社会科学战线》1998 年第
5 期。

李建刚：《现代科技发展与思想政治教育创新》，《学校党建与思想教育》2006 年第 11 期。

李赛、欧安欣：《基于模糊数学理论的大学生思想政治教育实效性综合评价模型》，《数学的实践与认识》2015 年第 13 期。

李伟、邹绍清：《系统共生论视野下思想政治教育新探》，《理论月刊》2010 年第 10 期。

李霞玲、李敏伦：《信息化背景下高校思想政治教育协同机制的构建》，《学校党建与思想教育》2019 年第 17 期。

李晓虹、魏晓文：《高校社会主义核心价值观协同教育机制探析》，《思想理论教育导刊》2015 年第 10 期。

李友富：《论整体协同把握思想政治教育的三个着力点》，《学术论坛》2015 年第 5 期。

李友富：《思想政治教育整体性协同性的现状与对策思考——基于"卓越计划"的视域》，《黑龙江高教研究》2014 年第 2 期。

李元来：《社会工作与高校思想政治教育的协同效应研究》，《思想理论教育导刊》2018 年第 8 期。

李振秋：《五大发展理念是构建网络思想政治教育阵地的必然遵循》，《学校党建与思想教育》2017 年第 4 期。

李晔、王涛：《以社会主义核心价值观认同推进高校主流意识形态建设》，《教育研究》2016 年第 12 期。

李辽宁：《论思想政治教育的智库功能》，《思想政治教育研究》2015 年第 5 期。

梁继峰、吕莉媛：《自组织理论视野下的思想政治教育系统研究》，《黑龙江高教研究》2009 年第 7 期。

梁齐伟、王滨：《思想政治教育与创新创业教育协同发展机制及路径》，

《广西社会科学》2019 年第 2 期。

蔺伟、王军政、纪惠文：《研究生思想政治教育协同育人机制构建论析》，《学位与研究生教育》2022 年第 1 期。

刘兵勇、齐宁、王雅静：《高校辅导员与专业课教师思想政治教育协同配合的蕴涵、价值与模式》，《思想理论教育》2014 年第 7 期。

刘国龙、陈波：《高校思想政治教育大数据平台机制探析》，《思想政治教育研究》2016 年第 3 期。

刘华才、刘时新、张廷等：《新形势下大学生思想政治工作协同创新研究》，《学校党建与思想教育》2017 年第 5 期。

刘建军：《论高校思想政治工作的育人格局》，《思想理论教育》2017 年第 3 期。

刘俊峰、王晓珊：《构建大学生思想政治教育整体协同机制探究》，《学校党建与思想教育》2015 年第 1 期。

刘娜：《关于思想政治教育环境的思考》，《思想理论教育导刊》2011 年第 8 期。

刘庆标、刘群、余彪等：《新时代高校思想政治教育协同机制的构建》，《学校党建与思想教育》2022 年第 16 期。

刘三宝、谢成宇：《基于大数据的高校思想政治教育协同创新研究》，《广西社会科学》2021 年第 4 期。

刘社欣、郑永廷：《思想政治教育合力理论与实践研究》，《思想理论教育导刊》2009 年第 4 期。

刘社欣：《论思想政治教育合力模式的构建》，《思想教育研究》2014 年第 3 期。

刘社欣：《论"合利益性"是思想政治教育合力形成的应然性原则》，《学校党建与思想教育》2009 年第 8 期。

刘洋：《高校辅导员与专业教师协同育人机制构建》，《学校党建与思想教育》2019 年第 20 期。

刘征、左殿升、张莉等：《新时代大学生思想政治教育协同创新论析》，《学校党建与思想教育》2021 年第 12 期。

龙妮娜：《大学生思想政治教育网上网下协同育人模式刍议》，《思想理论教育》2014 年第 5 期。

陆红如、陈雅、梁颖：《国内外智库研究热点定量分析语境下的我国智库评价体系构建研究》，《图书馆》2017 年第 1 期。

陆树程、张鹏远：《论培育和践行诚信价值观的动力机制》，《苏州大学学报》（哲学社会科学版）2017 年第 4 期。

栾瑞英、初景利：《4 种智库影响力评价指标体系评介与比较》，《图书情报工作》2017 年第 22 期。

罗洪铁、蔡小菊：《论思想政治教育精神环境的结构和功能》，《思想理论教育》2013 年第 19 期。

罗洪铁、陈淑丽：《论思想政治教育机制的内涵、功能及价值》，《思想理论教育导刊》2014 年第 3 期。

吕遊、史向军：《增强"95 后"大学生理想信念教育实效性需要把握好的几个问题》，《思想理论教育导刊》2016 年第 5 期。

马海群、邹纯龙：《结构功能视角下构建期刊数据政策评价体系》，《中国科技期刊研究》2017 年第 8 期。

马娟、陈岸涛：《高校学生工作队伍协同创新能力的评价机制》，《高等农业教育》2014 年第 2 期。

马宁：《现代科技背景下思想政治教育模式探讨》，《教育评论》2010 年第 2 期。

马奇柯：《论思想政治教育协同作用机制》，《江汉论坛》2008 年第 4 期。

马奇柯：《思想政治教育机制要素及其特性分析》，《学校党建与思想教育》2008 年第 4 期。

门志国、王蕾、王兴梅：《研究生思想政治教育协同管理模式研究》，《黑龙江高教研究》2016 年第 10 期。

梅萍、向荣：《思想政治教育文化资源与文化载体之辨》，《思想教育研究》2022 年第 9 期。

聂卫国：《抓住构建党员先进性长效机制的关键点》，《理论参考》2006 年第 8 期。

钱昌照：《思想政治教育评价体系的当代困囿与重构》，《学校党建与思想教育》2014 年第 23 期。

乔永忠：《高校思想政治教育绩效评价的新方法探析——模糊综合评价法》，《黑龙江高教研究》2007 年第 6 期。

邱柏生、刘巍：《试论思想政治教育学科建设的协同创新》，《东南大学学报》（哲学社会科学版）2014 年第 6 期。

邱仁富：《整体性思维与思想政治理论课学科支撑的路径创新》，《学术论坛》2014 年第 1 期。

曲一歌：《大学生党建与思想政治教育协同育人论》，《学校党建与思想教育》2019 年第 16 期。

潘玉腾：《论思想政治教育的合力》，《探索》1998 年第 1 期。

任友群、徐光涛、王美：《信息化促进优质教育资源共享——系统科学的视角》，《开放教育研究》2013 年第 5 期。

沙红：《社会需要：大学存在和发展的根本动因》，《黑龙江高教研究》2006 年第 9 期。

邵献平、张耀灿：《需要：思想政治教育信息传输的动力》，《理论探讨》2006 年第 4 期。

沈莉萍：《试论班杜拉社会学习理论的道德发展观》，《教育探索》2001
　　年第 1 期。

沈琳：《学生党建工作与思想政治教育教学协同创新》，《山西财经大学
　　学报》2022 年第 S2 期。

沈壮海、刘玉标：《与时俱进：改革开放以来大学生思想政治教育的突
　　出标志》，《教学与研究》2008 年第 9 期。

沈壮海：《思想政治教育应在破除旧观念中创新》，《中国高等教育》
　　2003 年第 21 期。

沈壮海：《在立德树人实践中锻造思想政治教育智库》，《中国高等教育》
　　2014 年第 1 期。

史国君、龙永红、刘朝晖：《"三进三知"：大学生思想政治教育协同新
　　机制》，《江苏高教》2018 年第 9 期。

孙建：《论协同育人视角下高校思想政治工作机制及实践反思》，《学校
　　党建与思想教育》2014 年第 24 期。

孙清忠、黄方方：《高校协同创新中心资源优化配置机制构建探析——
　　基于管理协同理论视角》，《高教探索》2014 年第 5 期。

覃克强：《信息化背景下高校思想政治工作创新》，《学术论坛》2013
　　年第 4 期。

唐爱民：《帕森斯结构功能主义社会学的道德教育意蕴》，《教育科学》
　　2014 年第 4 期。

唐景莉、李石纯、韩晓萌等：《加强党对高校的领导——党的十八大以
　　来全国高校思想政治工作述评》，《中国高等教育》2017 年第 19 期。

田浩：《共生理论视角下大学文化与社会文化的协同路径》，《高校教育
　　管理》2015 年第 2 期。

田智、王艳、王骥：《协同创新视野下的研究生德育队伍建设研究》，

《江苏高教》2015 年第 6 期。

万美容：《论评价对大学生思想政治教育质量提升的作用》，《思想理论
教育》2015 年第 7 期。

王东方、肖永梅：《谈高校思想政治教育的虚拟环境及其建设》，《教育
探索》2010 年第 8 期。

王刚：《以"五大发展理念"统领高校思想政治教育》，《思想教育研
究》2016 年第 7 期。

王海建：《协同创新：高校思想政治教育创新发展的必然路径》，《探
索》2013 年第 1 期。

王恒亮：《论思想政治教育目标的和谐之维》，《求实》2014 年第 1 期。

王起友、张东洁、贾立平等：《协同理论视角下的大学生思想政治教育
创新研究》，《学校党建与思想教育》2013 年第 23 期。

王石：《高职校园文化与思想政治教育协同的依据、困境与路径》，《教
育与职业》2020 年第 23 期。

王相东：《大学生思想政治教育与辅导员队伍建设协同发展研究——评
〈高校思想政治教育与辅导员队伍建设研究〉》，《中国学校卫生》
2022 年第 11 期。

王鑫、陶思亮、齐久祥：《大学生思想政治教育"新三同"线上线下协
同探析》，《思想理论教育》2021 年第 10 期。

王学俭、李晓莉：《思想政治教育协同创新的育人机制探析》，《教学与
研究》2015 年第 10 期。

王训兵：《高校辅导员与学业导师思想政治教育协同探究》，《教育理论
与实践》2015 年第 36 期。

王义高：《和谐教育——苏霍姆林斯基的"和谐教育"核心思想解
读》，《比较教育研究》2008 年第 4 期。

王玉云：《内因和外因：毛泽东工农联盟思想的形成条件论略》，《广西社会科学》2010 年第 2 期。

王源平：《论主体视阈下的高校思想政治教育协同创新》，《学校党建与思想教育》2014 年第 20 期。

王惠：《新时代大学生思想政治教育协同育人实践》，《食品研究与开发》2023 年第 11 期。

王学俭、顾超：《思想政治教育整体性协同创新》，《湖北社会科学》2016 年第 12 期。

魏宏森、曾国屏：《系统论——系统科学哲学》，清华大学出版社 1995 年版。

文庭孝、姜坷炘、赵阳：《国内外智库发展及其评价》，《高教发展与评估》2016 年第 5 期。

吴林龙：《思想政治教育学科理论建设的生长点——论学生思想政治教育整体视域的形成》，《思想教育研究》2016 年第 2 期。

吴越：《基于理性选择制度主义的高校联盟分类研究》，《中国高教研究》2014 年第 7 期。

巫春庚、雷志成：《自媒体时代的高职院校思想政治教育工作协同创新机制》，《教育与职业》2015 年第 32 期。

夏达、胡雅娟：《高校思想政治教育自组织系统研究》，《学校党建与思想教育》2010 年第 8 期。

夏江敬、汪勤：《高校学生思想政治教育工作协同研究》，《学校党建与思想教育》2020 年第 13 期。

夏鲁惠：《开放、协同是我国高等教育改革发展的显著特点》，《中国发展观察》2012 年第 8 期。

夏美武、徐月红：《地方本科高校联盟的理论、问题与对策分析》，《中国高教研究》2016 年第 5 期。

肖薇薇、陈文海：《大学生思想政治教育协同创新机制：条件、效应与建构》，《学校党建与思想教育》2015 年第 19 期。

徐纯正：《论思想政治教育与创新创业教育的协同作用》，《学校党建与思想教育》2020 年第 10 期。

徐欢、吴国斌：《班杜拉社会学习理论的德育价值探索》，《人民论坛》2015 年第 2 期。

徐建军：《网络与思想政治教育的关联》，《现代大学教育》2009 年第 5 期。

徐进、朱坤：《构建高校思想政治"全面教育"体系的思考》，《教育与职业》2015 年第 21 期。

徐敏华：《强化"四方主体"作用　提升协同育人质量——论高校院系研究生思想政治教育工作的创新》，《研究生教育研究》2016 年第 6 期。

徐元怀：《苏霍姆林斯基"和谐教育"思想对校长工作的启示》，《学校党建与思想教育》2012 年第 23 期。

许锋华：《基于共生哲学视角的学校道德教育问题反思》，《国家教育行政学院学报》2012 年第 2 期。

肖慧：《高校辅导员与思政课教师协同育人的实践与思考》，《学校党建与思想教育》2015 年第 21 期。

邢军、郝锦花：《思想政治教育载体创新与实践转向探析》，《中学政治教学参考》2021 年第 16 期。

闫玉、黄佳：《协同效应下高校思想政治教育联动模式》，《思想理论教育导刊》2018 年第 7 期。

杨建豪、刘铁英、左晨琳：《高校"三圈三全"育人格局的协同路径优化研究》,《黑龙江高教研究》2022 年第 1 期。

杨克平、徐柏才:《试论媒介素养教育与高校思想政治理论教育的有机融合》,《学校党建与思想教育》2015 年第 1 期。

杨启光:《重叠影响阈:美国学校与家庭伙伴关系的一种理论解释框架》,《外国教育研究》2006 年第 2 期。

杨卫东、孙舒悦:《论高校辅导员与专业教师协同育人机制的构建》,《学校党建与思想教育》2018 年第 15 期。

杨晓慧:《加强高校党委在思想政治工作中的顶层设计》,《思想理论教育》2017 年第 3 期。

杨影、黄佳:《高校思想政治教育"双平台协同创新体系"的创建与实施》,《教育理论与实践》2018 年第 30 期。

杨玉良:《大学智库的使命》,《复旦学报》(社会科学版) 2012 年第 1 期。

杨尊伟、刘宝存:《美国智库的类型、运行机制和基本特征》,《中国高校科技》2014 年第 7 期。

于洪良:《对当前高校联盟化发展的审视与展望》,《中国高等教育》2013 年第 18 期。

于翔、刘永杰、杨金:《专业学位研究生思想政治教育的现实困境及其纾解理路》,《黑龙江高教研究》2023 年第 5 期。

苑博:《关于构建大学生思想政治教育数据资源共享平台的思考》,《思想理论教育》2014 年第 8 期。

岳龙:《思想政治教育协同创新视域下的高校全员育人体系建构》,《思想教育研究》2022 年第 8 期。

袁小平:《高校思想政治教育与创新创业教育的协同育人模式研究》,《教育评论》2014 年第 6 期。

张浩:《互融共生:思想政治教育内容建构研究》,《河南师范大学学报》(哲学社会科学版)2015 年第 6 期。

张驰:《系统思维视域下思想政治教育的作用机理探究》,《思想理论教育》2022 年第 4 期。

张金学、张宝歌:《建设地方区域高校联盟,全面加强教育资源共享》,《中国高等教育》2013 年第 8 期。

张雷声:《论思想政治理论课的学科支撑作用》,《思想理论教育导刊》2008 年第 12 期。

张莉、胡芝:《"大思政"视域下高校思想政治教育协同创新研究》,《学校党建与思想教育》2018 年第 22 期。

张梅花:《自媒体时代高校思政协同创新模式的构建》,《中国成人教育》2014 年第 12 期。

张琪:《大学生思想政治教育主体协同系统分析》,《东北师大学报》(哲学社会科学版)2015 年第 1 期。

张琼:《高校思想政治教育协同育人机制探析》,《学校党建与思想教育》2019 年第 18 期。

张荣、王晓飞:《以互联网为载体的思想政治教育信息传播论》,《中国教育学刊》2007 年第 S1 期。

张树良、张志强:《国际智库评价体系发展现状及趋势分析》,《情报学报》2017 年第 6 期。

张文强:《新时代构建高校思想政治教育协同机制研究》,《国家教育行政学院学报》2019 年第 12 期。

张瑀、姜威:《劳动教育融入高校思想政治教育的协同育人路径研究》,《思想理论教育导刊》2021 年第 6 期。

张桢:《新媒体环境下大学生思想政治教育载体探析》,《高教探索》

2016 年第 2 期。

赵达远、臧宏：《思想政治教育目标体系研究》，《思想教育研究》2016 年第 11 期。

赵君、张瑞：《高校思想政治教育管理队伍协同创新机制研究》，《学校党建与思想教育》2014 年第 23 期。

赵盈、李睿：《研究生思想政治教育协同机制探究》，《思想理论教育》2021 年第 7 期。

赵玉鹏、杨连生、侯坤超：《演化博弈视域下研究生导师和辅导员协同育人策略及路径研究》，《研究生教育研究》2022 年第 4 期。

郑广祥：《大学生思想政治教育的协同作用及序参量的探析》，《系统科学学报》2019 年第 4 期。

郑吉春、张超、高春娣：《大学生思想政治教育工作机制的协同问题分析及对策研究》，《思想教育研究》2016 年第 11 期。

郑晓娜、翟文豹：《高校构建"三全育人"协同机制研究》，《现代教育管理》2020 年第 10 期。

周琪：《论思想政治教育环境的生成、生活形态和自觉实践》，《教学与研究》2017 年第 10 期。

朱惠娟：《契合与共生——大学生思想政治教育沟通机制的现代转型》，《理论导刊》2014 年第 5 期。

朱绍友、孙伟、章孝荣：《对高校协同育人及其机制构建的若干思考——以安徽农业大学为例》，《高等农业教育》2015 年第 7 期。

朱松柏、李秀铎：《试论思想政治教育的"复杂性"——基于协同学的观点》，《自然辩证法研究》2012 年第 7 期。

邹艳辉：《论高校思想政治教育实践育人共同体的价值结构》，《学校党建与思想教育》2018 年第 22 期。

五　学位论文

崔晓丹：《大学生思想政治教育主渠道与主阵地协同研究》，博士学位论文，北京科技大学，2021 年。

何红娟：《新时代思想政治教育整合研究》，博士学位论文，陕西师范大学，2021 年。

贺军生：《大学生思想政治教育合力系统论》，博士学位论文，中国矿业大学（北京），2017 年。

胡新峰：《大学生思想政治教育机制研究》，博士学位论文，东北师范大学，2014 年。

李晓莉：《思想政治教育协同创新研究》，博士学位论文，兰州大学，2016 年。

马奇柯：《城市社区思想政治教育机制研究》，博士学位论文，华中师范大学，2006 年。

邵静野：《中国社会治理协同机制建设研究》，博士学位论文，吉林大学，2014 年。

石瑛：《思想政治教育过程机制研究》，博士学位论文，吉林大学，2008 年。

谭宇：《复杂性科学视野下大学生思想政治教育创新问题研究》，博士学位论文，郑州大学，2016 年。

王琴：《高校思想政治教育共同体构建研究》，博士学位论文，贵州师范大学，2022 年。

杨美新：《复杂性思维视域下大学生思想政治教育研究》，博士学位论文，湖南大学，2015 年。

杨睿：《基于协同学理论的思想政治教育方法创新研究》，博士学位论文，广西师范大学，2014 年。

张传宇：《试论高校思想政治教育的合力机制》，硕士学位论文，复旦
　大学，2010 年。

曾昭皓：《德育动力机制研究》，博士学位论文，陕西师范大学，
　2012 年。

六　报纸

《中共中央关于认真学习宣传贯彻党的二十大精神的决定》，《人民日
　报》2022 年 10 月 31 日第 1 版。

《把思想政治工作贯穿教育教学全过程》，《人民日报》2016 年 12 月 9
　日第 10 版。

本报评论员：《提升思想政治教育亲和力和针对性》，《中国教育报》
　2016 年 12 月 11 日第 1 版。

褚远辉：《坚持开放性与渗透性开展大学生思想政治教育》，《中国社会
　科学报》2018 年 3 月 1 日第 6 版。

董洪亮：《加强和改进党对高校的领导》，《人民日报》2015 年 7 月 2 日。

李珂：《高校思想政治工作要善用新媒体》，《学习时报》2017 年 1 月
　23 日第 8 版。

齐丹：《网络环境下高校思政教育创新研究》，《吉林日报》2015 年 12
　月 19 日第 7 版。

任雯、姜建：《坚持高校党建与思政工作协同融合》，《中国社会科报》
　2022 年 12 月 23 日第 9 版。

唐景莉、韩晓萌：《思政工作怎样接地气入人心》，《中国教育报》2017
　年 3 月 4 日第 4 版。

《习近平在全国高校思想政治工作会议上强调　把思想政治工作贯穿教
　育教学全过程　开创我国高等教育事业发展新局面》，《人民日报》

2016 年 12 月 9 日第 1 版。

杨宝光：《全国政协委员张坤：协同推进大中小学思想政治教育一体化建设》，《中国青年报》2023 年 3 月 8 日第 4 版。

张烁：《打通高校育人最后一公里》，《人民日报》2017 年 12 月 21 日第 8 版。

曾昭皓：《近三十年来思想政治教育动力研究述评》，《思想政治教育研究》2012 年第 6 期。

七 外文文献

Cross, Christopher, T., *Political Education*: *National Policy Comes of Age*, New York: Teschers College Press, 2003.

Dicksonp, ed., *Thinktanks*, New York: Atheneum, 1971.

Haken, Information and Self – organization, eds., *Amacroscopic Approach Tocomplexsystem*, Berlin: Springer – Verlag, 1988.

Kettler, David and Colin Loader, eds., *Mannheim*, *Karl's Sociology as Political Education*.

Kevin, R. and Mcleans, G. F., eds., *Character Development in Schools and Beyond*, New York: Praeger Publishers, 1987.

Kohlberg, L. and Mayer, R., "Development As the Aim of Education", *Harvard Educational Review*, Nov1972.

Leming, J. S., "In Search of Effective Character Education", *Educational Leadership*, Nov1993.

New Brunswick, N J: Transaction Publishers, 2001.

Peter, R. S., *Authorit*, *Responsibility andEducation*, London: Allen and Unwin, 1973.

致　　谢

　　《大学生思想政治教育协同研究》一书是由我的博士学位论文改编而成的，今日得以出版，也是缅怀读博的这段岁月，为博士学习生涯画上一个圆满的句号。2014—2018 年克服来自工作、家庭的种种困难到美丽的珞珈山求学读书，今时今日，我依然觉得是最正确的决定。虽然四年的博士学习生涯，随着博士学位论文答辩的完成画上圆满的句号，但这段学习的经历将永远尘封在我的记忆里，化为一笔宝贵的精神财富，伴我走过余下的春夏秋冬。怀念在武大图书馆的日子，忘我地搜索资料、撰写论文，看着那一张张陌生而又熟悉的面孔，便能激发自己无尽的学习动力和潜能；怀念珞珈的老师和同学们，从他们身上感受到的优秀和力量，也鞭策我不断地反思自己的不足，找到努力的方向。

　　感谢我的导师倪素香教授。是倪老师带我走进博士的殿堂，让我可以近距离地感受学术的魅力，领悟治学的道理。在求学的过程中，倪老师的一言一行，都为我树立了光辉的榜样。还记得博士招录时向倪老师请教科研报告的写作问题，当我因为时间紧、没有带笔记本电脑而对倪老师提出的修改意见表现出犹豫时，倪老师严厉地告诉我，要想读博士，就必须有吃苦的精神和克服困难的勇气，学术问题容不得一丁点马虎。当时,我就被倪老师严谨的学术态度震撼了,不得不硬着头皮回到入住的宾馆找电脑修改。因为没有订到有电脑的房间,那天,我只好在宾馆大厅的服务室修改了一整夜的科研报告。这次经历对我博士阶段的学习起到了很好的警示作用。它时刻提醒着我对学术要心存敬畏。基础不好可以学,态度不正就做不好研究。在我论文写作过程中,倪老师一次次精心的指导、耐心的修改,包括大纲的反复推敲、标题的总结凝练、错别字和参考文献符号的规范性校对,更给我留下了深刻的印象,让我进一步体会到她严谨的治学精神和强烈的责任意识。在我论文写作的关键时期,又恰遇父亲患病、离世。而倪老师对我的关心、鼓励和体谅,更成为我能够坚持完成学业的关键动力。不仅如此,倪老师在日常生活中对学生的尊重和因材施教,也让我感受到一位学者崇高的人格;倪老师对生活的乐观态度也一直鞭策着我在工作生活中要更加努力!遇见倪老师,是我一生的幸运!

感谢武汉大学马克思主义学院的博导们:骆郁廷教授、沈壮海教授、佘双好教授、项久雨教授、李斌雄教授、熊建生教授、左亚文教授、杨威教授。导师们的学术精神、学者风范都是我博士学习生涯中宝贵的精神财富。当我为学习、工作和家庭无法平衡而感到困惑时,骆郁廷教授的话经常响彻在我耳边:"当你学会从一团乱麻中理出头绪时,你的能力就提升了!"当我抱怨工作的繁忙,而欲为自己学业延期找理由时,我又想起了各位导师的教诲:"要珍惜读博的机会,争取早日毕业,不要浪费国家和社会的资源。如果努力读了博却不急于毕业,比不读博在单位的影响更糟糕!"正是老师们的谆谆教诲,坚定了我的信心!

感谢武汉大学马克思主义学院博士辅导员高裕老师以及办公室的张燕老师。在日常管理中,高裕老师总是通过多种渠道提醒我们注意安全，及时办理各种手续；在论文开题和答辩的过程中，张燕老师更为我们提供了悉心的服务，其耐心和责任心让我无比佩服。

感谢我的同窗好友：胡凤琴、裴艳丽、赵癸萍、许桂芳、向晋文、雷红、王火利。她们无私的关心和帮助让我切实地感受到在这个世界上还有一种感情值得一生铭记，那就是同窗情！不能忘记寒假大雪纷飞时和他们一起奋斗的场景，不能忘记快要放弃时他们坚持的身影和鼓励的声音。是他们积极进取的态度感染着我，也激励着我不断向优秀看齐！

感谢长江大学的领导和同事对我博士学习的关心和支持！也感谢在百忙之中抽出时间审阅我的博士论文并给予修改意见的各位专家教授。

当然，我还要感谢我最亲的家人。他们陪伴着我克服了博士学习中的各种困难，是我博士学习最坚实的后盾！在此，我特别要对我已故的父亲说声谢谢！博士学位论文写作的最后半年，父亲的身体状况一直是我最大的牵挂。其间，父亲住过四次院，进过两次 ICU。但为了支持我完成学业，家人总是克服着各种困难，以免我过多分心。2018年4月18日，父亲病危之时，也是我博士学位论文检测和网评的关键时期。为了不影响我论文的写作，父亲强撑着身体，从母亲手中夺过电话，并使尽所有的力气，故作轻松地告诉我他没事，让我不要为其担心；同时，还再三嘱咐家人和亲戚不要告诉我他的病情。但我没有想到的是，那竟是我与父亲的最后一次通话。4月19日晚，我完成了论文检测的定稿。4月20日清晨，我接到哥哥的电话：父亲病逝！那一刻，我心痛不已。从某种程度上说，是父亲为我争取了论文写作的最关键的时间，让我可以安心地把论文定稿。但是，未能与父亲见上最后一面，也成为我终生的遗憾，让我内疚和自责不已。也许，唯有努力，让每一天过得更有意义，才不枉父亲的良苦用心，不枉家人的辛苦付出！

此刻，回首博士学习的日子，它对我的意义已经不仅仅是学术入门那么简单，它更是对我心智的历练。相信每一个读博的人，都和我一样，有一段属于自己的刻骨铭心的故事。在那个故事里，我们痛并快乐着！只有不断地修炼，才能修到真功夫，让自己逐渐强大！

最后，感谢在博士学位论文修改成书的这段日子，李代凤、陈冉、周思雨、周琪、刘秋红、梁芷璐等同学帮忙查阅文献、校对文字。当然，由于本人能力有限，本书的很多内容不尽如人意之处在所难免。敬请各位专家和读者多提宝贵意见，以期在今后的学习和工作中进一步完善课题的研究。

肖　慧